信仰、传统与双重认知

乡村基督徒社会文化心理的田野研究

XINYANG CHUANTONG YU SHUANGCHONG RENZHI

徐凯◇著

宗教文化出版社

图书在版编目（CIP）数据

信仰、传统与双重认知：乡村基督徒社会文化心理的田野研究 / 徐凯著 .
-- 北京：宗教文化出版社 ,2024.1
ISBN 978-7-5188-1563-0
Ⅰ . ①信… Ⅱ . ①徐… Ⅲ . ①基督教徒—文化社会学—社会心理学—研究—中国 Ⅳ . ① B979.2
中国国家版本馆 CIP 数据核字 (2024) 第 024315 号

信仰、传统与双重认知

——乡村基督徒社会文化心理的田野研究

徐凯　著

出版发行：宗教文化出版社
地　　址：北京市西城区后海北沿 44 号（100009）
电　　话：64095215（发行部） 64095234（编辑部）
责任编辑：卫　菲
版式设计：张尹君
印　　刷：河北信瑞彩印刷有限公司

版本记录：787 × 1092 毫米　16 开本　18 印张　250 千字
2024 年 1 月第 1 版　2024 年 1 月第 1 次印刷
书　　号：ISBN 978-7-5188-1563-0
定　　价：198.00 元

基金项目

1. 河南省哲学社会科学规划项目“政治信任视阈下河南农村基督教治理长效机制研究”（2021BZZ007）；

2. 国家社会科学基金项目“农村基督徒政治认知的社会—文化—心理机制研究”（13CSH073）。

前　言

西镇自2009年起就作为我的田野点并持续至今，这一持续性的田野追踪调查为本书研究提供了变迁研究和深入分析的良好基础。在同一田野点进行追踪调查，可以很好地积累丰富的田野资料，对当地社会变迁有更深入的理解，从而清晰把握农村基督教会及其信徒发展变化的规律。为提升研究的生态效度和解释力，本书将解释置于西镇变迁的社会背景下，将研究对象与其生活经历联系起来，从社会—情景—个人的研究层次把握基督徒社会文化心理的变化发展。

尽管有关我国基督教信徒的经验性研究日益增多，有关其文化困境际遇的研究也不少，但尚缺乏深层次的分析和探究。基督徒社会文化心理研究作为交叉学科，目前尚处于初期发展阶段。基于此，本书秉承学术自觉和文化自觉，立足于本土契合性，采取跨学科的整合视野，综合运用心理学、人类学、社会学、宗教学等领域的知识路径，探究基督徒社会文化心理的现状、特征、结构、机制，企盼研究结果会取得创新性的学术贡献。

在研究策略上，本书不是从已有理论出发，而是采取以问题为中心、自下而上的方式，即从所研究问题的实际出发，构建研究框架，进行理论分析与构建；在研究方法上，基于人类学的田野调查，采取综合的研究方法，在内容机制层次上探讨基督信仰对信徒社会文化心理的影响。这种探索将有助于深入理解乡村信徒受到基督文化与传统文化的影响范畴及其内部机制。为此，本书深描基督文化表象与地方文化传统，通过分析参与观察与深入访谈所得的材料，探究不同文化在基督徒心理认知中的表征与加工，从中建构出乡村基督徒的社会文化心理路径。为更好探讨宗教信仰对乡村基督徒影响的具体层面，本课题引入了基督徒—非基督徒民众对比研究的思路与视角，明晰乡村基督徒社会文化心理的宗教属性来源，这对进一步探讨基督教对乡村基督徒内在影响及其机制具有重要意义。

本书研究发现，无论在宗教生活，还是在世俗生活，文化传统都对乡村基督徒有重要影响，但其程度有差别，相对而言基督徒在世俗生活会受到更多的影响。总的来说，文化传统的影响体现在：传统文化的意识、传统观念的影响、信仰实践的关系取向、张力下信仰与传统的实践融合、记忆中的文化符号认知图式。

基于西镇基督徒社会文化困境中的典型表现，本书进一步考察乡村基督徒社会文化认知过程中的特征与机制。研究发现，乡村基督徒的社会文化认知受到基督信仰和地方社会文化观念的双重影响，从而呈现出“双重认知框架”的机制与特征。分析显示，在社会文化观念中，基督徒不仅在构成因素上和非基督徒相同，而且其重要程度也与之基本一致。这一方面表明当地居民共同心理认知结构的存在，另一方面也说明基督信仰没有改变乡村基督徒所持有的共同认知结构，而是在共同认知结构之外形成的新认知框架，从而使基督信仰与社会文化观念在信徒认知因素中呈现分离状态。

究其根源，基督徒双重认知框架的作用机制取决于基督徒的意义评估。在具体情境中，基督信仰为基督徒提供相关的信念和动机，影响其情境意义上的评估，从而形成不同的价值感受和情感态度。此时，意义评估为个体的理性工具和价值情感两个心理系统的互动关系所决定，其基本规律为：理性工具上的考虑是首位的，即先满足物质利益的诉求，继而考虑信仰上的自我实现；如果不涉及物质利益，而仅在情感精神心理系统上，若基督信仰和社会观念出现冲突，信徒多采取重新诠释的方式消除冲突，从而达到一致。

这种先工具理性、后情感精神的心理系统趋向使乡村基督徒在信仰上表现出明显的功利性，突出体现在乡村基督徒在宗教、世俗生活中“意义赋予”的分离状态以及双重依赖的应对方式上。但功利性并不是基督徒宗教生活的唯一依据，功利性的信仰也可以转化为虔诚的信仰，从而呈现出信仰“信心”的阶梯性。这种转化取决于基督徒在信仰获益的基础上，其二维心理系统优势地位的变化。

本书共七章。具体内容如下：

第一章为导论，介绍研究缘起与意图，着重探讨终极信仰的概念理解和研究的本土化路径，进而提出本书研究的逻辑思路与结构框架。

第二章是理论基础与研究策略方法，分别介绍了精神性、基督教、意义、文化、心理认知的研究状况，在此基础上确定了本书的研究策略与方法。

第三章是田野点概述。首先是田野点的确定；其次介绍了西镇的总体情况；第三，重点论述了西镇传统文化的现状及其对当地居民的影响表现；最后回顾了西镇基督教的历史与现状，将其发展分为启蒙期、滞缓期与发展期三个阶段，然后重点介绍了西镇教会的形成与分歧，并简要介绍教会的组织管理情况。本章为本书研究提供背景信息。

第四章是从制度宗教和个体宗教两方面展开对西镇基督徒宗教生活的论述。制度宗教偏重于基督徒的宗教组织生活，根据基督徒成长的历程，论述西镇基督徒皈依缘由与途径、标志成为基督徒身份的圣礼、礼拜以及其他宗教活动。个人宗教偏重于基督徒的自我体验，包括对教义的理解、宗教体验，并着重分析了西镇基督徒的信心情况，提出信仰功利性转化的情况与条件。其中，着重探讨当地社会文化渗入基督徒宗教生活的情况，并对其进行相应分析。

第五章是从社会生活、社会关系以及个人心理三个层次论述西镇基督徒的世俗生活。社会生活主要涉及西镇基督徒的生计、人生仪式和社会活动，反映出西镇基督徒信仰的功利性以及传统习俗与观念在基督徒社会生活中的保留；社会关系主要涉及家庭成员关系、亲戚关系、邻里关系，从中反映出基督信仰对基督徒社会关系的影响，并重点探讨了不同信仰群体的关系；个体心理层面主要为基督徒的个人行为、心理健康与其认知特点，对基督徒的认知原则及其社会文化心理也进行分析讨论。

第六章采取田野准实验的方法，分别研究西镇基督徒社会文化认知的情况。其关注点为基督徒的社会文化认知，涉及基督信仰对信徒认知结果的影响、基督徒进行认知的内容因素及作用机制，以及当地社会文化观念融入基督徒认知过程的体现和机制。

第七章为结语和讨论，探讨了乡村基督徒身上所体现的文化传统、信仰的信心与功利、双重认知框架的机制和特征。

目 录

第一章　研究意图与概念辨析

第一节　研究的缘起与意图

一、研究缘起

1. 学术热点：终极信仰的研究

信仰是人的意义系统的重要方面（景怀斌，2011:52）。在中国人的概念系统中，信仰是“对某种宗教或主义极度信服和尊重，并以之为行动的准则”（《辞海》，2009: 2556），其他可见的中文词典给出的定义与此一致。这个定义包括两个基本要素：一是对某种宗教或主义深度信服的态度，二是将其作为自己行动的准则。这表明，在中国人看来，信仰提供了心灵和社会行为的终极性原则和出发点，它并不局限于特定范畴，而是指向人的精神生活机能的基础。在信仰对应的英文方面，中文文献大都主张，信仰即 belief，其定义是：“在没有足够的理智知识证明一个命题为真的情况下，就接受或赞同它的一种心理态度。”（参见 Encyclopædia Britannica Inc，1997: 63；大英百科全书公司，1999: 345）这种仅将信仰视为“一种被认为是真的命题”（Matsumoto，2009: 80）的做法，会导致将相关研究局限于具体问题对象上，如上帝和来世（Atkinson & Bourrat，2011）、死亡和迷信（James & Wells，2002），其实质是混淆了信仰与特定信念。由此可见，不同于西文中的belief偏重于具体层面，中国文化背景下的信仰指向抽象层面。在西方语境下，信仰往往是在宗教层面上讨论的，据此有学者主张西方文化中有关终极信仰的概念有两个——精神性[①]（spirituality）和宗教（性）（religion）（景怀斌，2005: 160）。

从学术态势看，终极信仰研究越来越受到重视。虽然James（1956:11）很早就指出，在影响人的行为因素中，信仰比洞察力和理智更为重要，它不仅影响人的行为，而且还决定着人在行为上的选择。但长期以来，因信仰被认为是不科学的而一直被排除在主流心理学和其他社会科学之外（Miller & Thoresen，2003）。近年来，这种状况正在改变，相关研究有了极大进展，从早期的信仰与身心健康（Hill & Pargament，2003；Miller & Thoresen，2003；Powell，Shahabi，& Thoresen，2003；Richmond，2004），已扩展到社会行为（Hall，Matz，& Wood，2010；Norenzayan & Shariff，2008；McCullough & Willoughby，2009；Shariff & Norenzayan，2011）、组织行为和文化领域（Barker & Floersch，2010；Bregman，2006；Pawar，2009；Tu & Tucker，2004；Zinnbauer，Pargament，Cole，Rye，Butter，Belavich，& Kadar，1997）。信仰研究逐渐成为社会科学特别是心理学的热点领域之一（Bartoli，2007；Helminiak，2011；Hill，Pargament，Hood，McCullough，Swyers，Larson，& Zinnbauer，2000；Kapuscinski & Masters，2010；MacDonald，2000；Zinnbauer，Pargamen，& Scott，1999）。

Bartoli（2007）回顾相关心理学文献时发现，20世纪上半叶共有3,803篇关于终极信仰的文献，那时研究多依从精神分析的理论观点。到20世纪下半叶，相关文献开始把终极信仰视为人性的潜在表达（potentially

① 有些研究者建议遵循传统将“spirituality”译为“灵性”。本文按照通用的做法，将其译为“精神性”。

enhancing expressions of human nature）。这种转变开始于60年代，在80年代急剧增长。60年代形成1,500篇相关文献，70年代超过2,000篇，80年代超过4,000篇，90年代超过6,000篇。这种急速发展的趋势在本世纪依然得到继承，仅2000-2006就有8,193篇相关文献，比20世纪上半叶整整超出一倍多。

目前，有关终极信仰的研究基本上是在西方文化背景下进行的。国内有关终极信仰的研究多数为哲学领域中的思辨研究，相关的心理学研究为数不多，且处于发展的初步阶段，大都跟随西方的理论建构和已有成果，关注于测量问卷的修订及信仰与心理健康的关联（杨宝琰，万明钢，王微，刘显翠，2008；沈洋，2007；常薇，2008；刘瑶，2007；梁恒豪，2006）。整体来说，这些研究基本上是运用西方已有的理论和工具进行强加式的客位研究（imposed-etic）（Berry，1969）。就社会文化现象来说，这种客位研究虽然有重要的学术价值，但由于信仰本身所具有的文化差异性，往往会造成相关研究与本土社会文化的实际缺乏内在契合性（Shek，2010）。这种文化的不契合性在中国的本土研究中更为凸显，原因在于中国人的文化意识远远超过其民族意识（杜维明，1986/ 2001），且中国文化传统是内隐和稳定的，较少受到其他因素的影响，能潜移默化地影响着人们的想法和行为（周丽清，孙山，2009）。因此，对中国人的终极信仰研究，需要更多的本土化策略研究。本书将基督信仰作为研究的对象，除了考虑到终极信仰研究基本都置于宗教背景下进行（Hill & Pargament，2008）外，更是由于作为一种典型的制度化的信仰系统，基督信仰近年来在中国的飞速发展及由此引发的文化张力，十分适合作为中国文化背景下研究终极信仰的切入点。

2. 社会现实：农村基督教的迅速发展

自史前时代至今，宗教一直存在于各个时代的社会中，已成为人类经验和文化的最重要组成部分（Nelson，2009: 3）。在人类社会长期的发展过程中，宗教有着重要的地位，发挥举足轻重的作用，它“是文化乃至文明的最基本要素：作为道德规范体系，它对人们的认知、互动、个人及群体关系等生活实践具有影响及制约功能；而作为象征符号体系，它对人们的世界观、价值、认同、思维逻辑等意识形态领域有建构及支撑作用”（王建新，刘昭瑞，2007: I）。在改革开放以后，特别是近些年来政府对宗教信仰自由政策的落实，我国出现了与全球性的宗教复兴与宗教世俗化相呼应的“宗教热”，呈现出宗教复兴和宗教情绪弥漫的趋势，各种宗教发展迅速。

在各宗教中，作为外来宗教的基督教（本书仅指基督宗教中的新教，不包括天主教、东正教以及其他的一些较小的派别），近 20 年来在中国的发展尤为突出，信徒人数飞速增长。1993 年以来信教的基督徒占信徒总数的 73.4%，1996 年至今增长近 3 倍，目前我国现有基督徒已约占全国人口总数的 1.8%，总数估计为 2305 万人（金泽，邱永辉，2010）。然而，对中国基督徒人数进行准确的统计是一个非常大的难度，以至于艾克曼（David Aikman）在其著作《耶稣在北京》（2003）开篇中就感叹道：“中国到底有多少基督徒，问题可能并不简单。”这基本代表了学界的一致看法。虽然各方数字不同，但大陆基督教近年来的迅速成长已成不争的事实，甚至于 Lambert 在《中国千百万基督徒》就乐观地预见“如果以现在的增长率继续发展，那么将来的一二十年中国将取代美国成为基督徒人数最多的国家”（杨华明，2011: 537-538）。

基督教近年来的发展有两个特点：首先，由东南沿海地区和城市向内地转移；其次，出现了越来越多的农村基督教信徒，其数量约占全国基督徒总数的 80%（段琦，2004）。这表明中国内地的农村地区已成为基督教发展的主要土壤。中国内地农村作为文化传统相对保留更多的区域，基督教为何能得以飞速发展，需要引起我们的重视。

目前国内对基督教的研究很多，并出现了所谓的“基督教热”现象，但相对而言，已有研究大部分集中在哲学、宗教和历史文化研究上（郭海良，2006），真正意义上的基于田野调查基础之上的实证研究并不多（王建新，2007；王建新，刘昭瑞，2007: I），更缺乏对基督徒信仰与日常生活中内心世界的关注。在心理学领域，就其研究对象看，虽然农村、农民问题已成为学界普遍关注的一个热点，但已有心理学研究大都以城市和大学生作为研究的区域和对象，对农村地区的关注度远远不够；有关基督教的心理学研究为数不多，且多采取西方成熟量表进行施测，生态效度和本土化取向不足。在公共管理领域，如何看待和应对基督教的快速发展在理念讨论和现实实践中都存在一些争议，两者之间还往往遭遇脱节。总之，学界对农村地区基督教及其影响的研究，无论是理论还是实际都明显存在不足，迫切需要以本土化策略为指导，考察作为异文化和外来宗教的基督信仰对农民信徒文化心理的塑造和影响。

二、研究内容与意图

1. 民间视野下的基督信仰

作为一个世界性的宗教，基督教具有很强的文化适应能力，“跨文化性”（transculturation）是其能够得以全球传播的根本特点（朱峰，2009: 4）。基督教的跨文化性是指它能结合当地的社会文化传统，呈现出本土化的趋向。这一特性会产生两种影响：一是宗教本身，基督教结合当地社会文化传统进行适当改造，使其更易被当地居民所接受，如有学者就提出基督教的学术身份已从西方宗教转变到地方宗教；二是对外影响力，基督信仰的影响范围并不局限于它的信众这一内部群体，它甚至参与到地方精神的塑造中，如东正教参与塑造了俄罗斯的民族精神。研究的路径也相应有两个：

一是自上而下的精英式研究路径，着重研究基督信仰的改造及其对基督徒和非基督徒产生的影响；二是自下而上的民间式研究路径，着重研究基督徒视角下的信仰解读与践行。

关于基督教的自上而下的精英式研究多特别关注基督教的“本色化运动”（indigenization）。本色化运动认为基督教在中国传播最重要的关节点在于基督教与中国文化的调试与融合，其基本思路承袭了利玛窦的“合儒”“补儒”策略，即通过诠释儒家经典文献，主要从神学和礼仪两个方面揭示基督文化与儒教文化相结合的可能性，从而形成基督教存于中国的理论依据（张西平，卓新平，1998: 5-21；陶飞亚、杨卫华，2009: 156）。从起源来说，本色化运动是教会人士为了应对非基督教运动的兴起而做出的积极回应。在 19 世纪末就有丁韪良、花之安、李佳白等传教士在中国传统文化的基础上，寻求基督教与中国儒学思想对话与融合的可能，力图为基督教在中国文化处境中开辟出一条道路。理雅各（James Legge）是他们之中最有成就的，他的思想见其著作《中国的宗教：儒道及其与基督教的对比》。之后，随着华人本土领袖的兴起，本色化运动也转向基督教和中国文化的联接，最具代表性的著作是徐宝谦和吴雷川的《基督教与中国文化》，该书致力于基督教与中国文化的对比（陶飞亚、杨卫华，2009: 153-155）。由此开始，基督教与中国文化的对比研究成为国内外学者一直都很关注的主题。当代新儒家的第三代（如杜维明、刘述先等）以及国内不少学者极力提倡耶儒对话，他们着重于讨论儒家对终极性实体的理解，并将之与基督教的神学观作比较。

相比较从上而下的精英式研究，倾听底层声音的自下而上的研究并不多见。这两个路径的学理思想与大小传统[①]之争相呼应。大传统看似在中国这一农业社会中一直占据绝对的主导地位，但小传统受到的大传统的影响不是单向的、被动接受的，而是一种“传统的再造”（郑萍，2005）。因此，仅关注基督信仰的自上而下的研究路径并不能有效回答农民基督徒的生存现状，很有必要采取自下而上的研究路径来倾听真实的底层声音。

2. 中西文化困境中的基督徒文化心理

基督教是否可以作为西方文化的一个代表呢？由于宗教指向终极的超越精神，它在各民族的文化起源时包容其各种形式，因此在文化形式分化和发展后仍在文化中处于深层或核心地位。可以说，宗教是“文化精神的集中代表，是各个文化的深度之维”，它既是活力的源泉，也是统一的源泉，当一个民族完全丧失了以其宗教为代表的精神时，它的文化也就在世俗化的同时平面化、肤浅化，甚至僵滞衰朽、分崩离析（何光沪，1998: 4）。总之，宗教就是文化的精神，体现了文化形式中的统一性（何光沪，1998: 6）；宗教是文化的实质，文化是宗教的表现形式，没有宗教，各种文化形式便失去了效用和依据，没有文化形式，宗教就会被架空（参见 卓新平，2008: 396）。所以，在某种程度上，基督教文化可以作为西方文化的典范。

① 罗伯特·雷德菲尔德（Robert Redfield）在1956年出版的《农民社会与文化》（Peasant Society and Culture）中提出的一种二元分析的框架——大传统与小传统，用来说明在复杂社会中存在的两个不同文化层次的传统。大传统（great tradition）是指“社会中占优势”的文化模式，尤其是指以城市为中心，社会中少数上层人士、知识分子所代表的文化；小传统（little tradition）是指复杂“社会中具有地方社区或地域性特色的”文化模型。雷德菲尔德认为大传统和小传统是文明社会的两个方面，具有非常重要的地位。台湾学者李亦园将大小传统的概念运用于中国文化的研究。他发现中国文化大小传统之间的关系不仅非常微妙，而且互相纠缠。从传统文化与现代化的角度来看，以社会精英和大传统为核心的文化更易接受新的变革观念，与“现代”紧密联系，而以农民和小传统为核心的文化则不易接受新观念，是保守的，与“过去”联系，也被称为“草根力量”。在现代化过程中，大传统对小传统的影响也并非是绝对的，这一过程实际上是一种“传统的再造”，并突出了小传统在这一再造过程中的作用。

在现实生活中，中国基督徒不断遭遇文化传统与民族意识的潜移默化和冲击，应对现实与超越交织下的张力世界。在基督教传入中国的一些特定时期，基督徒曾承受基督徒身份和中国人身份的两难困境。一方面，他们皈依基督，基于纯粹信仰，想成为上帝的选民，获得救赎；而在另一方面，他们又是面对列强侵略的中国人，有时甚至被国人称为列强的走狗。在身份尴尬的困境中，作为一个整体的中国基督徒群体，已经并且还在良好履行基督徒和中国人的身份、责任和义务（卓新平，2000: 164-183）。在当下，随着中国的日益崛起和中西决然对立的烟消云散，以归属不同来划分基督徒的做法已不多见，但有其形成的心理定势与污名化仍常常显现，农村基督徒常被邻里称为怪异的人[①]。如此，中国基督徒如何在文化张力下的自我建构就显得尤为重要。

对于这一问题，学界立足于教会立场，提出两种不同的观点。其中，多数学者肯定文化适应（culture accommodation）的必要性。如有强调文化适应是中国基督徒在基督教文化东来的处境中，面对异文化与本土文化的差异以及承受由此而来的冲击时，寻求协调整合的方法。如以 1860-1911 年间文化程度较高的晚清中国基督徒群体为研究对象，认为在探求基督教与中国文化的结合上，这些人的挣扎及反省为中国基督徒身份的塑造写下了具体的注脚，并为教会本色化及处境化的工作，奠定了不容忽视的基础。由此，他主张文化适应是建立中国基督徒身份的必由之路。

尽管文化适应得到不少学者的支持，但另一些学者对文化适应的必要性和实践效果提出了质疑。有学者就指出，基督教的快速发展并非是适应中国文化的结果，相反是它与中国文化的差异产生了很大的吸引力。为了证实基督教文化适应的实践效果，徐理和（Erik Zurcher）提出“边缘宗教”

① 在调查中，就有一些非基督徒认为，基督徒常常聚在一起，“唱唱、跳跳、哭哭，不是疯子是什么”。

这一概念，把基督教看作为中国社会中的一种特殊宗教类型。这种观点源于华人学者杨庆堃的宗教分类模式(钟鸣旦,1999: 515)。杨庆堃(1961/2006: 268-269)根据宗教组织结构的程度和特性，把宗教分为制度型宗教和分散型宗教：(1)制度型宗教(institutional religion)是指那些拥有独立的神学、仪式和组织系统,并独立于其他世俗制度的宗教；(2)分散型宗教(diffused religion)是指那些拥有与世俗制度以及社会秩序的其他方面密切结合在一起的神学、礼仪和组织的宗教。“制度性宗教作为一个独立的系统运作，而分散性宗教作为世俗社会制度的一部分发挥作用”。基督教作为边缘性的制度性宗教的典型代表，如果要纳入中国传统社会的结构框架之中，在社会功能的地位上会受到很多方面的制约，包括对教徒及其修行方式的局限、在正规教育体系中没有给教徒受教育的机会，以及它在中国伦理体系中的影响力微弱等，而这些局限使得基督教只能是一种“边缘”宗教(杨庆堃，1961/2006: 298；钟鸣旦，1999: 515)。

如上所述，文化适应观点和边缘性宗教观点里都隐含文化社会张力是宗教发展必须要克服的困难。他山之石，可以攻玉。那么，具体到每一个中国基督徒身上，当下他们又是如何建构自己的认知体系则是我们关注的视角。这种对基督徒文化心理的考察具有一定的现实价值，它不仅有助于了解基督徒在文化困境中的选择，而且也有助于理解国人在面临外来西方文化冲击时的心理调适过程。

3. 当前中国文化传统的处境与特征

文化传统(culture tradition)是在历史长河中一代一代传承下来的，它是“支配着整个民族的一种习惯势力和精神力量,是一种集体的潜意识”。因为文化传统是千百年来文化发展沉淀的结果，早已成了一种强大的习惯势力，支配着现时人们的思维和行为，时时刻刻影响着现时文化的发展。人们将文化传统作为行动的指南，但却很难意识到它的存在；历史越悠久文化传统就越顽固，人们就越难意识到（陈国强，石奕龙，1990: 78）。因而像中国这样有着五千年悠久历史，文化传统对中国的影响尤为突出，一些心理学的实验研究也证明了其潜移默化地影响人们想法和行为的能力（周丽清，孙山，2009）。

中国社会历来重视传统且其历史源远流长，故而国人的“文化意识远远超过民族意识”（杜维明，1986/2001）。在各种文化传统中，儒学传统的影响力为首。李泽厚（2004: 1-2）曾指出，儒学“以一种历史的积淀和社会意识的潜质，渗入社会生活和社会心理深层，融入民族的各时期的思维模式、生活方式、道德价值以及人格习惯之中，以极有规律性、极有生命力的动力形态影响现代生活。”“我至今认为，儒学在塑造、构造汉民族文化心理结构的历史过程中，大概起了无可替代、首屈一指的重要作用。”本研究之所以把伊洛地区作为调查的区域范围，正是因为伊洛地区在历史上长期处于政治文化中心，文化传统特别是儒学传统的历史积淀深厚，形成的河洛文化乃是中国传统文化的典型代表。

文化传统既然能潜移默化影响人们的思维和行为，那么异文化身份皈依的基督徒是否仍受其影响，如何显现，程度如何？相比较先辈及同代人，当代基督徒有什么样的变化？他们的文化社会认知如何，会受到哪些因素的影响而发生改变？对这些问题的回答，有助于理解中国文化传统对当前人们的影响状况。为此，我们的最终目的，不是从已有理论构建出的中国人的心理框架出发，而是以现实生活中民间大众的真实现状为着眼点，从田野调查分析出发，确定终极诉求对西镇基督徒认知和行为的影响，并据此建构出其影响的特征与作用机制。这种探索将扩充精神性研究的领域、资源、对象和视野，进而帮助增强国人的自我认识，更希望能为构建符合当下中国人的心理结构提供科学上的依据，这也是对学术研究“文化自觉”[①]的积极响应。

第二节　终极信仰：概念发展与本土化路径

一、概念澄清

终极信仰对应西文中的 spirituality（精神性）和 religion（宗教）。为能准确把握终极信仰的确切涵义，需要把握这两个词汇在西方语境下的含义及其发展变过程。

1. 精神性与宗教的含义

近年来，精神性、宗教激起了众多研究者的研究兴趣，已经成为流行词，越来越多的社会科学家们试图对这两个概念进行定义、研究和建立理论。然而，他们对宗教和精神性概念化和使用的方式却并不一致。尽管涌现出大量的研究成果，但对这两个概念的含义到底是什么没有达成一致意见。其中，对精神性的使用更是过于随意，以至于 Spilka 在 1993 年称精神性是一个“激情拥抱隐晦的单词”（a word that embraces obscurity with passion），并将这个概念贴上“模糊”的标签（Zinnbauer et al.，1997；Spilka，1993:1）。这种定义上的混乱状况不仅成为有关研究进一步发展的阻碍，它还会导致个人在提升精神性实践活动中出现种种问题（Jernigan，2001）。

① “文化自觉”为费孝通先生提出，其观点主要为在了解自己文化的基础上进行人类学的跨文化比较，通过文化间的对话，获得一种高度的文化自觉，进而消除文化之间的误解和偏见，达到“美美与共”的文化宽容境界（费孝通，1997）。其他学者也有类似的看法，如余英时（1992: 4-7）就呼吁国人只有发掘自己有的精神资源，更新自己继承的价值系统，才能期望在未来世界文化的创生过程中提出自己独特的贡献。

（1）宗教：心理学的理解

自宗教成为研究关注的一个焦点以来，关于宗教的定义层出不穷。但是，宗教对不同的人来说有着不同的含义，就连学者也不会例外。学者们从不同的角度和学科背景出发，对宗教含义的界定各不相同（吕大吉，1998；成穷，2003）。其中，心理学对宗教的理解不同于其他学科，了解不同学科中宗教的内涵，有助于对宗教本质的深入了解和全面把握。

在心理学领域，尽管很早学者们就开始区分 psyche（the psychological soul，心理灵魂）与 pneuma（the religious spirit，宗教精神），但学界一般都认为现代心理学对宗教的关注始于 20 世纪初（Hill et al.，2000；Zinnbauer，Pargament，& Scott，1999）。在整个 20 世纪的大部分时间里，心理学和宗教并不融洽（Loewenthal，2000/2002）。在上半叶，有关宗教的心理学研究大都基于经典精神分析理论，即追随弗洛伊德在《图腾与禁忌》（*Totem and Taboo*，1913），特别是《文明及其不满》（*Civilization and Its Discontents*，1929）与《摩西与一神教》（*Moses and Monotheism*，1939）等著作中的相关论述，把宗教视为一种病理症状，或远古人类和原始地区居民的特征。总的来说，当时的著作大都带着殖民主义者的眼光，仅 James 在著作《宗教经验种种》中的论述比较公允。James 在该书中的论述深具洞察力，对后来研究具有极大的指导价值，影响至今（Bartoli，2007；Kapuscinski & Masters，2010；e.g.，Hill et al.，2000；Hill & Pargament，2003，2008）。

从实用主义的观点出发，James 提出宗教生活是人类最重要的功能。据此，他认为宗教之所以应该成为心理学研究的对象，是在于宗教经验在促进道德和心理健康中具有巨大的效用（Kapuscinski & Masters，2010）。不仅如此，James 还充分肯定了人的宗教本性。他将其在由一系列讲座组成的经典著作《宗教经验种种》中，将副标题命名为“人性的研究”

（A Study in Human Nature），表明其目的是将宗教生活与人性之间联系起来，从宗教生活中理解人性（尚新建，2008: 8-9）。这种观点被心理学界普遍认同，进而主张如果不考虑宗教则无法完全理解人类的心理本质（the psychological nature of human beings）。对心理学者而言，他们所关注的并非教会的礼仪制度，而是宗教中所蕴含的精神事宜（matters of the spirit）。因为，在他们看来，正是这种精神才使我们成为唯一的人类（Matsumoto，2009: 438）。

James（1902/2008: 22）把宗教区分为两个方面——“原生”（firsthand）经验的个人宗教以及继承传统的“次生”（secondhand）制度宗教。在他看来，制度宗教是宗教的外表形式，相比较而言，宗教的本质部分在于个人的宗教经验，个人宗教比制度宗教更根本：

> 个人宗教，至少在某种意义上，证明比神学或教会主义（ecclesiasticisms）更根本。教会一经建立，便间接地依存于传统。然而无论哪个教会，其创立者的力量最初都来源于他们个人与神的直接感通。不仅基督、佛陀、穆罕默德这等超人的创教者如此，而且一切基督教派的组织者，都莫过于此。所以，连那些仍旧坚持个人宗教残缺不全的人，似乎也承认它是最原始的东西。（James，1902/2008: 21-22）

在个人宗教经验的基础上，James 进一步提出宗教的实质为“个人独自产生的某些感情、行为和经验，使他觉得自己与他所认为的神圣对象发生关系”。这种对宗教的划分及看法为后来的心理学者所接受，通览现代心理学的历史，对宗教的建构都包括个人和制度两个方面（Hill & Pargament，2003，2008）。他们基于 James 的工作，大多偏重于个人宗教经验，给出功能性的定义。如，Clark（1958）认为，宗教是“个人感知到超越力量时的内心体验，尤其表现在其试图协调超越力量与自己的生活时，内心经验对其行为的影响”；Bellah（1970: 21）主张“宗教是一套象征的形式和行为，它把人与其存在终极状态联系起来”；Meissner（1987: 119）则提出宗教是用来指示与神圣或超越性有关的人类的一切方面，它是人类生命和价值的来源及目标；而 Pargament（1997: 32）明确主张“宗教是一种过程，是以与神圣事物相关的方式对意义的一种追求”。与此同时，还有部分研究者从传统定义方式出发，结合制度性宗教，来探求宗教的本质。如 Argyle 和 Beit-Hallahmi（1975: 1）认为，宗教是“对神圣力量或超常力量的信念，以及对此力量的崇拜实践和其他仪式组成的一个体系”。

以上两种不同的定义方式，对应于 Pargament（1997: 25-27）对宗教定义的划分。在 Pargament 看来，社会科学对宗教的定义方式，不是“实质取向”，就是“功能取向”：在“实质取向”（the substantive approach）看来，“神圣事物”是宗教的显著特征，宗教是与上帝、神灵、超自然生灵、超验力量以及与这些较高势力相关的一切事物；“功能取向”（the functional approach）则认为宗教是以生命的特定功能而非神圣实体为特征，宗教关注于人们如何才能正视生命的终极性问题。“实质取向”的焦点是与较高势力或神圣事物有关的个体信念、情绪、实践以及关系；“功能取向”尽管像实质取向一样也涉及到信念、情绪、实践和体验，但其焦点在于如何用它们来处理生命、死亡、苦难、悲惨、罪恶、疼痛和不公这些存在的根本问题。尽管这两种趋向都相当广泛，包括许多范畴的要素，但从总的趋势来说，功能取向的定义越来越受到重视。研究者们开始把宗教理解为活动和生活的一种方式，他们认为宗教是伴随着共同生活的独特方式以及用于讨论他们“正在做的和为什么要做”的语言，而形成的“独特的情感，独特的习惯、实践或者道德，独特的目标、欲望、激情和承诺，以及独特的信念和思维的方式”（Dykstra，1986）。目前，心理学对宗教的理解是：（a）对意义（meaning）的一种特定追寻；（b）有助于加强自我控制；（c）由对统一、整合、和谐的需求所激发；（d）满足对亲密感、社会支持以及身份认同和归属感的需要；（e）促进和增强利他的倾向（Matsumoto，2009: 438）。

基于上述分析可见，心理学对宗教的理解是基于 James 所提出的个人宗教经验。在具体使用中，心理学界所理解的宗教不限定在具体的宗教形态中，而是更为普遍和抽象的层面，可以视为宗教性（religiousness）的替代词，在具体应用中二者是可以互换的。如，Hill 与 Pargament 在三篇关于宗教与精神性的重要文章中，交替使用 religion 和 religiousness（Hill & Pargament，2000，2003，2008）。与此同时，在提及宗教性的几篇文章中，对宗教性的界定都为宗教的相关定义，甚至其中一篇文章的标题也以 religion 来替代 religiousness（Zinnbauer et al.，1997；Zinnbauer，& Pargament，1999，2005: 23）。其他相关文献都存在相同情况。

（2）精神性

James 所提倡的个人宗教经验已成为心理学的研究主题，但同时也奠定了现代心理学研究中宗教和精神性密不可分的历史基础（Kapuscinski & Masters，2010）。随着个人宗教的发展，西方社会出现了一种新的精神实践活动——“spiritual，but not religious”，表述更加个人化和私人化，不再依附于传统的制度宗教，此外还存在宗教文化的多元化，这些都促使了宗教（性）和精神性的理解呈现多样化（Zinnbauer，Pargament，& Scott，1999）。

Smith 和 Orlinsky（2004）把精神性分为制度宗教性（institutional religiosity）和个体精神性（individual spirituality）。在他们看来，个体精神性偏重于个人内在的方面，独立于宗教组织。其后的学者多依据这个分类，对精神性进行阐述。总的来看，尽管学界对精神性的界定不尽相同，但一般来说，精神性起初被理解为与教会生活相对应的尘世，现被理解为个体化的、非制度性的通过寻求神圣存在而获得生命终极意义的精神现象，常指非宗教人士的终极观念系统（Wink & Dillon，2002）。相比较宗教一般被认为是外在制度性的、文化习俗熏陶或培育的终极观，精神性则被认为是个人经验性的、自我选择性的终极观（Kapuscinski & Masters，2010）。

2. 精神性与宗教的关联性

由于相关概念的模糊，不少学者关注于精神性与宗教的差别上。他们认为，出现概念模糊的原因是精神性在与宗教区别开的过程中，吸收了形式上属于宗教信仰的一些要素（Zinnbauer et al.，1997），这不仅使宗教定义的范围和兼容性受到影响，同时也使精神性的内涵如同宗教一样模糊不清、各不相同。此外，由于精神性能满足研究者的诸多需求，引起研究者们的广泛兴趣，他们在使用时往往是根据自己的需要赋予精神性太多的内容和作用，这也是导致其概念模糊的一个重要原因（Bregman，2006）。针对这一情形，一些研究者提出精神性与宗教的区分特征。Dalton、Elias和Wandersman（2001）认为宗教是体制化的宗教信仰、行为和宗教社会活动，而精神性则是个人性的。这一观点得到了其他学者的认可，Nelson（2009: 547）在谈到精神性时就认为：精神性常常被定义为与超越和神圣事物的关系中那种体验方面和个人方面；而在宗教传统中，精神性是指信徒所体验的宗教生存实在（the living reality）。在区分的过程中，一些心理学研究者把宗教和精神性对立起来，集中表现在三个方面：宗教是制度性的，而精神性是个人的；宗教是实质性的，而精神性是功能性的；宗教是世俗、有害的，而精神性是崇高、有益的（Zinnbauer，Pargament，& Scott，1999）。

尽管对精神性与宗教区分的重视有利于将来研究的开展，但不能因此而忽视了两者之间的密切关联。精神性和宗教的相关性远强于其差异性，它们是两个相关联的建构，而非独立建构，且对它们的研究基本都置于宗教背景下进行的（Hill & Pargament，2008）。综合已有论述，二者具有共同的本质如下（徐凯，2013）：

首先，从词汇发生与发展的角度来看，精神性源于宗教。精神性这一概念在其发展过程中，常与宗教常常混淆在一起。甚至有学者指出，历史上两者没有什么区别（Turner et al.，1995）。从词源来看，spirituality来自拉丁文spiritus、spiritualis，其本意是“呼吸”，意指生命的呼吸。据Michael Downer（1993: 1083）的研究，spirituality出自《圣经·新约》保罗的书信，但在其内容中保罗所说的“属灵”是指用圣灵引领一生。“spirituality”这个英文单词在17世纪开始使用，但一直没有引起重视，在整个19世纪也没有得到普遍使用，直到20世纪中叶这一情况才得以改变，它开始被用于代替笃信（devotion）、虔诚（piety）、内在生命（interior life）与心灵生命（life of the soul）等词语（Downer，1993: 1083）。特别是20世纪世俗主义（secularism）的兴起，以及一种流行的幻灭（a popular disillusionment）——把宗教机构视为个人体验神圣事物的障碍，公众对宗教以及宗教领袖的信任下降，精神性才开始获得独特性的意义和内涵（Turner et al.，1995）。

从另一方面来说，既然精神性源自宗教，那么宗教本身应该富含精神性。Bregman（2006）在对宗教学者的思想进行回顾时发现，把宗教视为内在的、个人的能力或倾向，而不是公共机构或教义的这种类似于精神性的看法，已经存在很长一段的时间，至少可以追溯到自由主义新教神学创立者施莱尔马赫（Friedrich Schleiermacher）那里。施莱尔马赫在1799年的《论宗教》（*On Religion: Speeches to Its Cultured Despisers*）中，重新定义了宗教，认为宗教的本质既不是信念也不是行动，而是对整体优先和绝对依赖的感受，或者是“在有限中对无限的知觉和体验”。他的这一定义为将来把宗教定位到人内在的深处铺平了道路。但由于施莱尔马赫及其追随者把内在感受性（interiority sensibility）之外的太多方面和实践包含在内，这就需要一个能替代宗教的词汇。这个词汇不仅能呼应“宗教”的某些方面，还能切断自身与教义和公共机构的联系。随后，精神性才应运而生，到 20 世纪中期后开始得到普遍使用。综上所述，就词源而论，精神性与宗教（性）本为一体，具有完全的同质性。

其次，从词汇的使用上看，尽管有学者有意把精神性与宗教区别开来，但在多数相关研究并没有对两者做明确的区分（Spilka et al.，2003: 8）。他们常常交替或者不一致地使用它们，如通过在 PsycINFO 上的搜索后发现，有相当多的研究者是把 spirituality 与 religion（或 religiousness）等同起来使用。此外，在测量工具上，过去用于测量宗教的成熟工具现被用来测量精神性，其内容除了用宗教来替代精神性外，基本没有任何变化。如简明多维宗教性 / 精神性量表（the Brief Multidimensional Measure of Religiousness/ Spirituality，BMMRS）（Fetzer Institute/NIA，1999；Harris，Sherritt，Holder，Kulig，Shrier，& Knight，2008；Johnstone & Yoon，2009；Traphagan，2005）。这表明，精神性在心理学的相关研究中被视为宗教的同义词（Spilka et al.，2003: 8）。

精神性和宗教的对立不再局限于学术领域，它开始波及到整个西方社会。西人在日常生活中开始兴起一个流行语——“Spiritual But Not Religious”（SBNR）（Wikipedia，2011），用于指一种对精神性自我认同的生活态度，但不再把传统的制度性宗教视为灵性增长的唯一或最重要手段（Fuller，2001: 6）。看似西人常把精神性和宗教作为对立的两个概念来谈论，但现实却恰恰相反，持此看法的人并不是很多。Zinnbauer 等人（1997）关于宗教定义的研究也证实，人们把精神性与宗教看作是高度相似的。研究者从 11 个组织中，包括从基督宗教和与教会相关的机构中抽取 348 名被试，要求被试选择一项对自己宗教信仰和精神性描述最贴切的陈述：①我既有精神性又有宗教信仰；②我有精神性但没有宗教信仰；③我有宗教性但没有精神性；④我既没有精神性也没有宗教信仰。结果发现，选择①的占 74%，选择②的占 19%，两者占了绝大部分；而选择③和④的仅仅只占 4% 和 3%。从上面的数据中可以看出，当代西人对精神性非常重视，而其中绝大部分是把精神性与宗教联系起来的。因此可以把这两个词视为同义词，当人们报告重视宗教时，他们也宣称重视精神性。Marler 与 Hadaway（2002）以 Zinnbauer 等人的研究、Roof 的婴儿潮研究（1993，2002）、1999 年的盖勒普和 2000 年精神性和健康人口调查为基础，统计了人们如何看待自我的宗教 / 精神性认同，结果证实了 Zinnbauer 等人的结果。

表 1–1 宗教和精神性的类型（人口占比）

		宗教性	
		高（互动、参与）	低（脱离，漠不关心）
精神性	高	传统整合（59-74%）	精神追求者个人主义（14-20%）
	低	文化教条（4-15%）	不感兴趣或敌对的（3-12%）

（资料来源：Marler. L.，& Hadaway，C. K.（2002）. “Being religious” or “being spiritual” in America: A zero–sum proposition? Journal for the Scientific Study of Religion，41，289–300.）

这些研究都在一定程度上反映了精神性与宗教的关联，多“religious and spiritual”而少“spiritual，not religious”。同时说明在信徒身上更易发现精神性，因此，信徒是研究终极信仰的一个较为合适的群体。

再次，从实现途径来看，宗教是精神性提升的有效途径，如 Elkins（1998/2007: 23）所言：

Spirituality 是滋养一个人灵魂、发展其精神生活的过程和结果。尽管许多人是在传统宗教的语境下实现这些的，但必须承认，宗教只是灵性发展的一种路径，还有许多种不同的路径。因此，Spirituality 是所有滋养自己的灵魂、发展自身的精神生活的人们都可以接近的，无论他们是在传统宗教的围墙之内还是之外。

国内的一些研究证实了宗教所带来的精神性的提高。如戴燕（2008）调查了青海省基督徒信教后的变化，结果发现基督教徒都承认自己信教后在身心等方面发生了朝向好的变化。

最后，从本质来看，两者有共通之处。Hill 等人（2000）强调精神性是对传统的宗教信仰概念的扩展，而不是所谓后现代意义上的“取代”。Wulff（1997）更是主张，精神性可能是一个当代多元社会里的宗教的替代物，因为精神性是所有宗教文化传统共有的本质。Hill 和 Pargament（2003，2008）总结了区分宗教与精神性会带来的弊端：第一，把宗教和精神性分裂到制度和个体领域中，它忽略了下列事实，即所有精神性的形式是在一定的社会背景下才得以表达，而所有组织的信仰传统都对个人事务感兴趣；第二，这个不断发展的定义隐含着精神性是好的而宗教是坏的意思，而这种过于简单化的观点忽视了无论是宗教还是精神性都具有潜在的长处和短处；第三，经验事实是，绝大多数在组织性的宗教情景中体验到精神性的人，根本不能区分两者；最后，宗教和精神性的极化可能会导致在概念和测量上的不必要的重复。目前对宗教性的测量覆盖了个体和制度全部领域，如果说是根据精神性的标准而设计出新的测量，那也许就是旧瓶装新酒。Stanczak（2006: 20）认为对精神性和宗教的知觉上的分歧，会导致个人精神性与社会背景的隔离。宗教主要是集体的、公共的和共享的，而精神性却同时是既是集体的又是个体的、既是公共的又是私人的、既是共享的又是内在私隐的，进而主张用“参与式精神性”（engaged spirituality）来囊括这些连接，强调与外部世界的联系。

综上所述，尽管二者存在一些差异，但无论是宗教（性）还是精神性在产生、使用、实现途径上都密不可分；此外，它们具有的共同本质正是终极信仰的反映，这也是本书将其作为英文对应词的基础和出发点。

3. 终极信仰的操作性定义

基于 Jernigan（2001）在其研究中的有关论述①，终极信仰的操作性定义应该满足下列条件：与研究的目的相关；有效的；把握到不同文化和宗教背景中终极信仰共有的本质；在识别和评估上的有用性。

之所以强调与研究的目的相关，是因为：相关定义如此之多，一方面反映了宗教和精神性生活的复杂性，在不同地域、民族和文化传统中有着不同的表现形态；另一方面，也反映了研究者的不同出发点、兴趣和视角。正如 Hood 等人（1996）指出的，没有一个宗教的视角在后现代文化中占主导地位，而是多种视角同时存在。因为宗教是如此复杂和个人化的，以至于没有一个定义能完全胜任，所以没有必要给出一个的定义，最合适的做法是根据研究现象和兴趣建构出一个与之相关的定义，这个定义应该与其他的观点相比较和对比，而且定义也应该是明确、清晰、可理解的，以便当讨论时能明白其意，也就是说它提供了一个组织思想和研究的框架（Pargament，1997: 24）。在这一点上，著名人类学家 Frazer（1922/1998: 77）也持相同的看法。在他看来，可行的方案就是研究者给宗教下一个在自己研究中所适用的定义并贯穿其中。

根据研究的目的，结合相关文献，本书赞同终极信仰一般指超越日常

---

①Jernigan，H. L.（2001）. Spirituality in older adults: A cross-cultural and interfaith perspective. Pastoral Psychology，49，413-437: 1. valid in the light of the author’s clinical experience working in different cultures；2. relevant to the experience of persons in different cultural and religious contexts；3. relevant to the aging process；4. useful for identifying and assessing spirituality in the lives of older persons and the cultures in which they live.

生活，涉及生命意义、生死参悟和个人整合等主题，具有终极关怀性质的心理建构（Jernigan，2001；Roof，1999）；终极信仰超越但不脱离日常生活，它并不局限在特定的时间和场合，而是对生命进行探寻、体验、培育和维持的方式（Hill & Pargament，2003）。总之，终极信仰是超越日常生活具有终极性质的对生命意义进行探寻、体验、培育和维持的心理建构。

关于终极信仰，还需要注意它的两个特征。一是，终极信仰的发展受到众多因素的影响，如人格、家庭、同伴、学校、宗教机构，甚至遗传等（King & Roeser，2009），这使终极信仰的具体内容和明确程度随个体的不同而有所不同：有些人是清晰意识到，甚至形成有机体系，而另一些人却是模糊的，甚至处于潜意识层面。二是，宗教是追寻终极信仰的便利途径，但绝不是唯一途径，如目前学界对儒学精神性日益关注（Tu，Wei-ming & Tucker，2004；香港浸会大学宗教与哲学系，2009）。近些年，儒学与精神性的内在联系已引起当代中国儒学的重要关注，在2007年香港浸会大学就举行了“当代儒学与精神性学术研讨会”。

二、终极信仰发展的时代背景

终极信仰（宗教、精神性）的建构是动态的而非静止的，它的兴起并非偶然现象，而是时代精神的反映（Bartoli，2007）。为适应西方文化世俗化（secularization）的趋势，心理学界及宗教界都重视人的终极性需求，这使终极信仰研究兴起（Kapuscinski & Masters，2010；Zinnbauer，Pargament，& Scott，1999）。

1. 宗教的时代响应

随着世俗化的兴盛，宗教的性质和形式也发生着变化，强度不断减弱，出现心理学化和去神圣化的趋势（Cirpriani & Ferrarotti，2005: 183-184）。当前，把宗教视为“是生活的模式，其价值就是促使人性趋于完美的力量”，已成为共识（Smith，1995/2001: 10）。

对于宗教应该符合时代的精神，Binkley（1969/1983: 287）进行了非常清晰的阐述：在圣保罗和圣奥古斯丁时代，他们按照希腊哲学解释耶稣的重要性；13世纪，托马斯·阿奎那使基督信仰与亚里士多德哲学相适应；对当代神学来说，必须要符合当代人存在的需求，“如果宗教要对现代人有任何价值，它必须适合他们生活环境的需要。”对探索生活方式的人来说：“只有在证明了宗教和人类本身的存在有关，它才能继续成为改造人生的一种力量”。

早在19世纪末20世纪初，Simmel（2003）就立足于生命哲学的视野，明确要把宗教性从宗教中区分出来。人们通常习惯于将宗教理解为一套教义、组织、仪式仪规、教堂机构等系统，但Simmel认为，这仅为具有特定形态的宗教客体，并不是宗教的本质。宗教的本质即宗教性，它是一种内在的生命特征，是先天的灵魂品性，而指称一种外在的客观的教义和机构的宗教，则是后天建构的结果。在Simmel看来，宗教性是宗教的核心。

随后，神学家们为适应时代的要求，提出了自己的观点，使宗教出现私人化的趋势。Luckmann（1967/2003: 1）提出“无形的宗教”（Invisible religion）的概念，认为在现代社会中，宗教已从有形宗教（即以教会为制度基础的信念体制）转变为以个人虔心为基础的无形宗教，即宗教影响日益衰退只是组织性宗教影响的弱化而已，宗教并未从社会中消失，它仅是在形式上发生了变化而已，从以前的“看得见”变成现代看不见的“无形宗教”，在社会结构中，它对人们日常生活的影响依在。同时，他提出：“一旦宗教被定义为‘私人事务’，个人就有可能从‘终极’意义的聚集中挑选他认为合适的东西。”（Luckmann，1967/2003: 109-110）也就是说，宗教愈来愈表现为一种个人化的形式，即宗教的“私人化”。这一观点已成为宗教与现代问题的重要著述，标志着从传统宗教中分离出私人的、去制度化的意义领域。

对于基督教来说，在当代的意义如何体现？被誉为“当代神学大师”的 Tillich（1958/1988: 1-9）依从存在主义哲学，维持基督教神学的立场，通过对基督教传统教义及《圣经》文本和象征的全面诠释来寻求有助于当代人走出生存困境的道路。Tillich 主张，宗教展示了人类精神生活的深层，使之从日常生活的尘嚣和世俗琐事的嘈杂中显露出来，它向我们提供了对神圣之物的一种体验，这种神圣是终极的意义和最后勇气的源泉。若从由此出发我们可以探究人类精神生活深层的那种角度出发去看待人类精神，那么人类精神本身就表现为宗教，所以宗教是“人类精神生活所有机能的基础”。而“深层”就是宗教的终极关怀——它指向人类精神生活中终极的、无限的、无条件的方面。也可以说，宗教就是被一种“终极关怀”紧紧把握住的状态。Tillich 把信仰重新定位为“终极关怀”，把信仰视为内在的、普遍的人类能力，而没有具体规定是对上帝、基督、《圣经》等的信仰，与前面所提到过 Gorsuch 对“精神性”的定义非常类似，以至于许多人说 Tillich 关注精神性多于信仰和宗教（Spilka et al，2003: 10）。有研究者更是把“spirituality” 视为标志了西方关于宗教思考的新历史时代的开始，在切断与普遍公众意义联系的世界中追寻个体的、私人的和内在的体验（Bregman，2006）。具体来说，宗教私人化含义是“宗教日益在私人领域中找到其伦理基础，在这一趋向中，宗教日益此岸化。结果，宗教的领域既是个体之间的（interpersonal），又是内向的（inward），前一种涉及私人领域中的社会关系，后一种性质涉及私人域中的认同问题”。这个概念描述的是，“宗教在个体层面的位移，与世俗化概念描述的宗教在社会层面的位移，构成结构性关系”（刘小枫，1998: 501），也就是说，宗教的私人化是自由民主社会的结构特征的一个方面，是被用来描述宗教信念方式的变化。

宗教的私人化对现代社会来说，有两方面的结果。首先，宗教的私人化不同于传统社会中皈依过程更多依附于社团、家庭的因素，它使皈依过程中个人选择的因素增大了。皈依过程的个体化表现为“超验的收缩”——个体性的私人问题更多渗入宗教的皈依过程中。这就意味着通过宗教的皈依，个体更多地走向自我的建构，使个体化得以实现。“超验的收缩”因此也意味着，通过宗教皈依，“个体更多确定的不是与彼岸的关系，而是高度分化的社会处境中个体的定位”（刘小枫，1998: 502-503）。其次，皈依决定性因素向个体性转移，必然影响到宗教的社会形式——宗教行为的社会化组织的多元性，使个人皈依脱离建制性的意义知识系统，出现建构形式的转变：“为社会秩序和基本道德提供基础的，不再是某一种在合法冲突中的意义知识的统一性社会治权，而是多种意义知识共同支撑的多元的意义知识网络。”但需要注意的是，这并不意味着组织化宗教的消失，也不等于意义共识的建制本身的丧失，因为它并没有脱离整个社会结构（刘小枫，1998: 504-508）。

宗教的私人化趋势在国内也得到了验证。常薇（2008）的研究发现，50 岁以上的信徒对基督信仰怀有更多的目的性和工具性，更加倾向于运用基督信仰为自己服务；而 50 岁以下的信徒则更愿意把基督信仰内化于生命之中。此研究结果和之前国外的一些研究相左，因为老年人处于知天命的阶段，应该对工具性的诉求不断降低，他们所具有的精神性也该更高。这里不排除受到文化、样本的制约，但至少反映了在当前中国，随着社会的发展进步，人们追寻精神性的愿望不断加强。

2. 心理学的时代响应

与宗教界一样，心理学界对宗教态度的改变也始于 20 世纪五六十年代，在 80 年代急剧变化。其重要特征为，把宗教和精神的信仰与实践视为人类发展的标志，而非像弗洛伊德经典精神分析学派那样视为病理症状

（Bartoli，2007）。这种趋势来自于人本—存在主义的视角（humanistic–existential perspective），这一视角最初属于存在主义哲学和人本主义心理学的范畴，映射 Frankl 在《活出意义来》（*Man's Search For Meaning*）（1963）、Maslow 在《人性能够达到的境界》（*The Farther Reaches of Human Nature*）（1971）中所涉及的领域，唯一的不同在于它的目的不是为了争取人格心理理论的科学地位（Bregman，2006）。

改变最早来自精神分析学派内部。出于不同意弗洛伊德对宗教的看法，精神分析的代表人物 Jung（1926）提出“个人神话”（personal myth），以他自己与神圣事物的独特关系来对比分析世界各地人类传统神话。这个概念类似于卢克曼的“无形的宗教”、蒂利希的“终极关怀”。这些概念有不同程度的重叠，尽管不完全等同于终极信仰的涵义，但与终极信仰有很多的相同之处，因此了解他们在历史进程中的地位，有助于对终极信仰内涵的把握（Bregman，2006）。

其后，Fromm 在 1950 年出版《心理分析和宗教》（*Psychoanalysis and Religion*），作为 1947 年《自我的追寻》（*Man for Himself: An Inquiry into the Psychology of Ethics*）中思想的一种继续。在书中，弗洛姆将宗教分为权威主义宗教和人本主义宗教。在他看来，权威主义宗教认为人存在的有限和局限，因而使人处于一种无力感，从而贬抑了人存在的价值。与之相对，人本主义宗教则承认人存在的优先性，主张人实现自己的最高潜能，并建立其在这个世界的主体性地位（Fromm，1950/2006: 29-32）。

随后，在先驱 James、Jung、Frankl 的启迪下，Maslow、Sutich 等人做了补充、扩展和提升，提出超个人心理学（transpersonal psychology，TP）。超个人心理学“不仅关注于个人及其潜能的充分实现，而且更加关注超越个人的经验和精神生活，将个人的生命与外部的世界和意义联系起来的精神领域”（郭永玉，2003: 127），现已发展成为心理学的第四势力。Lajoie 和 Shapiro（1992）收集了 1968 年到 1991 年这 23 年间所有关于超个人心理学定义，发现最常见的主题是意识状态、终极潜能（ultimate potential）、超越自我（beyond ego）、超越性和精神性，最后把超个人心理学定义为“关注的是人的最高潜能（highest potential），以及对统一的（unitive）、精神性的、超越的意识状态的认可、理解和实现”。这种心理学新的发展方向，主要探究人类的精神与潜能的终极价值和真我完满实现的问题（车文博，2003: 476），其研究领域是关于人的精神性（杨韶刚，2006: 1）。此外，从其来源上来讲，它汲取精神传统的智慧，进而提供一种包含身体、心理和精神（body-mind-spirit）的构架从而全面认识人类自己（郭永玉，2003: 127）。

人类意识自最初萌芽开始，就存在一种对生活的内向观察与外向的观察共存的倾向，“人类的文化越往后走，这种内心观察就变得越加显著”（Cassirer，2004: 6）。认识自我、关注自身的生存和未来命运是当时代人与生俱来的一种本性。无论在宗教界还是在心理学界，终极信仰成为学术热点，是与当代的时代精神相吻合。

三、终极信仰本土化研究的路径

鉴于现有研究的不足，亟需从中国社会文化背景出发，对终极信仰进行研究。这首先需要解决两个问题：一是如何避免对西方理论框架的依赖，实现研究的本土化？二是如何才能有效考察终极信仰？对于第一个问题，在研究策略上，采用“问题为中心”“自下而上”的研究策略（景怀斌，2008, 2006），即从所研究的问题实际出发，构建研究框架，选择综合的方法，进行理论分析与构建。这种策略在文化的契合性上更符合中国社会文化的实际，能更好地揭示终极信仰对中国人影响的机制和规律。对于第二个问题，能否准确把握切入点非常关键。本书将基督信仰作为研究的对象，其合理性在于：

首先，终极信仰与基督教有着天然的联系，从词源来看，它就源于基督教《圣经》新约中保罗的书信（Downer，1993）。终极信仰的本质，既因在“彼岸”（out there）而具有超越性，而且也是我们的身命（bodily life）、日常经验和实践所内在固有的（Nelson，2009: 3-4）。在这方面，基督教具有得天独厚的优势：不同于其他一些宗教传统，基督教既强调超越性（transcendence），又强调内在性（immanence）：神圣事物既可以在人的内心发现，也可以在外部世界发现；它可能产生于戏剧性的宗教经验中，也可能产生于孩子对其父母的那种简单而平静的爱（Nelson，2009: 4）。终极信仰在西方文化中对应的两个概念——spirituality 和 religion，具有浓重的基督教文化色彩，与中国传统的基于天道的“仁”的终极信仰性质不同（景怀斌，2012）。

其次，终极信仰源于宗教，宗教则是终极信仰的主要载体及其集中体现，二者关系非常紧密（参见 Bregman，2006；Spilka，Hood，Hunsberger，& Gorsuch，1995）。宗教的“功能取向”传统一直关注于如何才能正视生命的终极性问题（ultimate issues）（Pargament，1997），认为个体的内心倾向比教会、教义、仪式等更为根本（参见 Mùlle，1873/1989；James，1902/2008: 20-22）。就宗教存在本质和价值意义而言，宗教是超越精神的表现，它最为根本的指向便是提供了一个超越精神的解释和超越路径的选择及其带来的终极性的意义（世界宗教入门编委，2008: 2）。故而，宗教所体现的特点集中表现为，以其崇拜礼仪、社会实践、道德规范等形式寻觅终极意义，强调个人及群体的精神性（灵性）存在（卓新平，1994）。而对于作为世界性宗教的基督教来说，其本身就必定会给出一个超越性精神的解释，提供终极性的意义。将其作为研究的切入点，可以避免现有对终极信仰解构式分析研究的缺陷，从而更具生态优势。正是由于基督教是典型的系统化、制度化的终极信仰系统，十分适合作为终极信仰研究的切入点。

再次，人们在日常生活把终极信仰与宗教看作是高度相似、没有区别的（Hill & Pargament，2003；Marler & Hadaway，2002；Zinnbauer et al，1997）。如果将终极信仰和宗教做出区分，就会导致个人终极信仰与社会背景的隔离（Stanczak，2006）。相比较西方文化背景，在中国社会文化背景下，更没有必要对终极信仰和宗教做出明确的区分。Takahashi 与 Ide（2003）对终极信仰与宗教的区分进行跨文化研究，结果显示在东亚文化中终极信仰与宗教更难区分。

最后，基督信仰维持着西方文化形式的统一性和连续性，是其重要的组成部分（Barnard，2010；何光沪，1998），在许多方面与中国的文化传统有所不同。但现实是，中国人的文化意识远远超过民族意识（杜维明，1986/ 2001），且中国文化传统是内隐和稳定的，较少受到其他因素的影响，能潜移默化地影响着人们的想法和行为（周丽清，孙山，2009），在农村地区的表现尤为明显。那么，通过考察处于此种困境中的中国农民基督徒可以使研究更具操作性和生态效度。

终极信仰与所有类型和水平的经验（包括普通与超常；社会、情景与个人）相互关联，呈现出它们作为一个动态过程的特点。这对研究者提出挑战——如何把研究置于一个关于个人、情景和社会的宽广背景之中，将研究对象与其生活经历联系起来；且需要接近、伴随研究的对象，了解他们在面对生活不断变化的需求和挑战时如何寻求意义，把握其本质（Zinnbauer，Pargament，& Scott，1999）。这对本研究的要求就是，将心理学的相关概念、视角、研究领域与田野调查结合起来，以实现心理学与人类学在相关研究中的有机结合。

田野点西镇[1]在历史上儒、释、道曾十分流行，至今仍对当地居民有影响力，而其他民间信仰已渗入到当地的风土人情中，这为当地居民（包括基督教信徒）提供一个共存的社会文化环境。从学理上看，无论传统宗教，如佛教、道教、民间信仰，还是儒学，都提出超越性的解释，带有终极关怀。其中，儒家尽管在形式上区别于传统上的宗教信仰，但具有宗教的功能（杨泽波，2009）。无论是上层社会，还是广大民间，儒学都扮演着相当重要的角色（杜维明，1992）。儒家的基本特点为“内在超越”（immanent transcende）（牟宗三，1974），在其实现的方式上主张要与日常生活密切相连，从而实现超越性，这些都符合终极信仰的本质特征（详见 Nelson，2009: 3-4）。儒学这一基本特点把超越性精神诉求与凡世的日常生活结合起来：“儒家的宗教性就是要在这个所谓凡俗的世界里体现其神圣性，把它的限制转化成个人乃至群体超升的助源，把 conditionality 变成 resource”，从而实现“终极的自我转化”（杜维明，2002: 461）。这种转化，就是通过日常生活反躬求证的内在体验，以及现实社会里的修身、齐家、治国、平天下这一路径，从而达到“赞天地之化育天人合一”的境界。在一定程度上，儒学也可以说是个人终极信仰的典范。儒家思想可以说是融合、贯穿了理智的观念形态的探索以及修行的体悟印证的功夫，其关于心理和精神生活的阐述，不仅是思想观念的体系，更是精神生活的实践方式（葛鲁嘉，1995）。

对于基督教来说，本书基于研究意图，着重于探究基督徒通过与神圣事物（特指圣父、圣子、圣灵）相关联的方式来追求生命的终极意义和价值，确信其可以达到终极性目标并以此指导自己的认知和行为。这一界定基于个体的内心倾向比教会组织、教义、仪式等更为根本，它类似于 James

① 为保护受访者的隐私，本书所涉及的具体调查点用化名替代。

（1902/2002）提出的“个人的宗教”（individual religion）以及 Allport 和 Ross（1967）的内在的宗教倾向（ intrinsic orientation），着眼于个人是否将宗教教义内化为坚定的信仰并作为其行为的指南和生活的动机。

第三节 研究面向与内容结构

一、研究面向

为更好揭示地方文化语境下皈依后的基督信仰对农村基督徒社会生活和精神生活影响的多种面目，本书结合人类学田野调查方法和心理学的实证手段，由文化表象（宗教生活、世俗生活）过渡到内部机制（个体心理认知）（见表 1-2）。

表 1-2 本书面向框架

文化表象		内部机制
宗教生活（属灵生活）	世俗生活（属世生活）	心理认知
◎基督徒的宗教生活 ◎当地社会文化习俗及观念的影响	◎宗教信仰对基督徒影响的表现 ◎在这些影响中，是否融入了当地社会文化习俗观念	◎基督徒社会文化心理认知过程中基督信仰影响的内容因素、特征及机制

根据基督徒在神圣与世俗之间的明确区分，本书将基督徒的生活分为宗教生活与世俗生活，拟研究的内容为：在宗教生活中，深描西镇基督教信徒的宗教生活，从中梳理和发掘基督信仰对信徒影响的深度、指导信徒进行宗教活动的心理机制，以及是否有当地文化传统与习俗的参与；在世俗生活中，考察基督信仰对信徒的影响范围及其与当地传统观念与习俗的互动，特别是对立和分歧之处。

田野调查中发现，基督信仰和当地社会文化传统与习俗，对信徒宗教和世俗生活作用的范围与程度，都取决于基督徒个人的心理认知。换言之，个体认知起到了中介的作用。[①] 对于基督徒的认知，本书拟研究宗教信仰对基督徒认知是否有显著影响？基督信仰对基督徒认知影响的内容因素及作用机制，以及在认知过程中，基督徒的认知是否融入了当地社会文化观念，其机制如何？

二、内容结构

本书共七章。具体内容如下：

第一章为导论，介绍研究缘起与意图，着重探讨终极信仰的概念理解和研究的本土化路径，进而提出本书研究的逻辑思路与结构框架。

第二章是理论基础与研究策略方法，分别介绍了精神性、基督教、意义、文化、心理认知的研究状况，在此基础上确定了本书的研究策略与方法。

第三章是田野点概述。首先是田野点的确定；其次介绍了西镇的总体情况；第三重点论述了西镇传统文化的现状及其对当地居民的影响表现；最后回顾了西镇基督教的历史与现状，将其发展分为启蒙期、滞缓期与发展期三个阶段，然后重点介绍了西镇教会的形成与分歧，并简要介绍教会的组织管理情况。本章为本书研究提供背景信息。

第四章是从制度宗教和个体宗教两方面展开对西镇基督徒宗教生活的论述。制度宗教偏重于基督徒的宗教组织生活，根据基督徒成长的历程，论述西镇基督徒皈依缘由与途径、标志成为基督徒身份的圣礼、礼拜以及其他宗教活动。个人宗教偏重于基督徒的自我体验，包括对教义的理解、宗教体验，并着重分析了西镇基督徒的信心情况，提出信仰功利性转化的

① 引进中介概念，是为了更深入地解释文化社会困境中农民基督徒的生活以及探索其背后的内部作用机制。中介作用，简单来说，可以理解为 X 通过 M 对 Y 产生影响，M 就起到中介的作用。它又分为完全中介（full mediation）和部分中介（partial mediation），前者为 X 只有通过 M 才能对 Y 的影响。

情况与条件。其中，着重探讨当地社会文化渗入基督徒宗教生活的情况，并对其进行相应分析。

第五章是从社会生活、社会关系以及个人心理三个层次论述西镇基督徒的世俗生活。社会生活主要涉及西镇基督徒的生计、人生仪式和社会活动，反映出西镇基督徒信仰的功利性以及传统习俗与观念在基督徒社会生活中的保留；社会关系主要涉及家庭成员关系、亲戚关系、邻里关系，从中反映出基督信仰对基督徒社会关系的影响，并重点探讨了不同信仰群体的关系；个体心理层面主要为基督徒的个人行为、心理健康与其认知特点，对基督徒的认知原则及其社会文化心理也进行分析讨论。

第六章采取田野准实验的方法，分别研究西镇基督徒社会文化认知的情况。其关注点为基督徒的社会文化认知，涉及基督信仰对信徒认知结果的影响、基督徒进行认知的内容因素及作用机制，以及当地社会文化观念融入基督徒认知过程的体现和机制。

第七章为结语和总体讨论，探讨了乡村基督徒身上所体现的文化传统、信仰的信心与功利、双重认知框架的机制和特征。

第二章　理论基础与策略方法

第一节　终极信仰与基督教研究状况

一、终极信仰的理论与研究

1. 终极信仰的类型、主题、功能和形成

基于支持和开放性两个维度，终极信仰可分为四种类型，分别为成长型（growth-oriented type）、落后型（underdeveloped type）、教条型（dogmatic type）和过渡型（transitional type）。其中，成长型是支持和开放都高，落后型是支持和开放都低，教条型是支持高而开放低，过渡型是支持低而开放高。具体而言，落后型的人有一定的宗教偏好，偶尔参加宗教活动，但是往往给人以精神性缺乏的印象；教条型的人执着地坚持自己的精神信条，不容许有丝毫改变；过渡型的人注重对自己信仰状态的自我审视与重新检验，试图追求更完善的人生理想；成长型的人拥有坚定的精神追求，并对其他信仰持有宽容的态度。精神性是按照"落后型—教条型—过渡型—成长型"的顺序向前发展的，虽然这一发展历程存在个体差异，但基本趋势大体如此（Genia，1997）。

Roof（1999）认为精神性的主题有四个：（1）个人价值观、终极意义或超越自我目标的来源，包括神秘感和自我超越；（2）理解世界的一

种方式;（3）对“内在自我”（inner self）的一种意识，即“内在意识”（inner awarenes）；（4）把自己不同的方面整合为整体的一种途径，即个人整合。这四个主题表明了这个时代的人所追寻的精神深度，其中又以个人整合最为重要。Roof的观点建立在他所推崇的“自我”（self）概念的基础上。Roof指出，自我的确立涉及到世界的哪些方面被“主体化”的定位过程，从而使自我经由文化认同或系列认同而“客观化”为个人，这对终极信仰至关重要。同时，他认为，对“自我”的理解不应放在支离破碎的背景上或将其大众化，因为当代人的精神诉求是要向往内在生命的重构，冥想并付诸努力来塑造整合自我、超越既定限制。为与时代精神保持一致，Roof主张应把自我视为“以努力和反身性（reflexivity）为特征的，参与或面向世界的一种不确定的能力”，可塑性与创造性是其属性特征（Roof，1999: 35）。

终极信仰对个人的自我确定有着重要意义。Nelson（2009: 8）认为终极信仰具有综合、协调的功能，主要表现在两个方面：一是对人的内在统一性，二是对人与能推动人实现超越能力的他人或者更广大实体之间的关系和连通性。可见，终极信仰不是人具有一个分离的性质或特征，而是人存在的不可分离的一部分（Schneiders，1998）。

终极信仰的形成是建立在个人与自我、个人与他人、个人与自然或神这三种关系的基础上。Simmel在论及从客体的宗教外在形式（教义和机构）转向主体的宗教内在形式（宗教情绪和宗教虔诚）时，认为转型是基于生命的三种关系态度才得以发生。这三种关系是个体与外在自然、自身命运、周围人世的关系，它们分别使个体产生震惊感、获得生命意义感、构成归属感和共契感（Simmel，2003: 87；刘小枫，2003）。基于基督教教义的理解，Niebuhr（1943）将“你要尽心、尽性、尽意、尽力爱主你的神。这是诫命中的第一、且是最大的，其次也相仿，就是要爱人如己”这段《圣经·马可福音》中的金句视为“爱的律法”。在他看来，必须要肯定“爱的律法”在人身上作为法则和要求的持续存在，由此派生出来的自由的特殊要求（也称为“自由的律法”）可使被罪败坏的人性重返健康之路，因为它促进了人与上帝的和谐（爱主你的上帝）、人与人的和谐（爱人如己）、人与自己的和谐（尽心，尽性，尽意）（Niebuhr，1943/2006: 6）。由此可见，终极信仰的形成和实现必须要处理好与自己、与他人、与神的关系。Hill 等人（2003）认为，对终极信仰的追寻不是一帆风顺的，个体精神性的成长主要会遇到三类抗争：（1）个体内抗争（interpersonal struggle），这是个人体验到所信奉的美德、感情与实际行为之间的紧张关系；（2）人际抗争（intra-individual struggle），涉及个人与社会背景中的其他成员，如配偶、家庭成员、教会成员、神职人员、其他教派领袖或者其他宗教团体的成员之间的宗教冲突；（3）与神抗争（struggles with God），这是与神圣事物的抗争，质疑神的存在、仁慈、威严或者出于私欲目的。因为抗争涉及的是生活中最神圣的、终极的、永恒不变的真理，引起终极性的问题和关怀，所以这三类抗争都有着非常重要的影响：个体内抗争能引起对自我价值、自我控制、自我效能的基本质疑；人际抗争加强对他人诚信和忠诚的基本怀疑；质疑神的本质及神人关系，会引起对超越性的恐惧、失望和不信任。

2. 终极信仰的研究进展

通过在 PsycINFO 上对 spirituality 和 religion 的检索发现，现有终极信仰研究基本集中于身心健康主题上。研究发现，精神性、宗教行为能提高人们的健康行为、社会支持、心理统合感和意义感，减少生理和精神上的疾病，降低死亡率和犯罪行为，增强其对身心疾病的康复和调整（George，Larson，Koenig，& McCullough，2000），降低寻求死亡、绝望和自杀意向（McClain，Berry，& William，2003），提高自尊（常薇，2008），有效缓解抑郁（McClain et al.，2003；梁恒豪，2006），促进家庭关系和睦和亲社会行为（常薇，2008）。

目前，国内关于终极信仰的研究集中于宗教性（religion），大都是从历史、哲学、文学、哲学领域进行阐述，特别是依据耶儒对话的对比视角进行诠释。这些研究尽管在数量和深度上还存在不足，但促进了国内宗教性课题的开展。宗教性一般都包括宗教态度、宗教信念、宗教卷入和宗教经验四个方面（Argyle，2000/2005: 33-35）：（1）宗教态度（religious attitude）是指把基督教倡导的美德作为毕生追求终极目标（动机因素）；（2）宗教信念是个体对于上帝、精神性和相关问题的信念（认知因素）（Loewenthal，2000/2002: 65）；（3）宗教行为（宗教卷入，religious involvement）是指个体参与宗教活动和宗教实践的程度，一般通过去教堂的频率、阅读《圣经》的次数、祷告等这些指标来研究（行为因素）；（4）宗教经验是指体验到上帝的力量，并获得过与此种力量交流的感受（情感因素）。

杨宝琰等人（2008）以148名甘肃农村年轻基督教徒为被试，研究了他们的宗教性中的取向、认知和行为。研究结果表明，年轻基督教徒的宗教信仰的坚定性在减弱，没有表现出性别差异，出生于基督教家庭的青少年的宗教坚定性高于某个时期皈依的青少年；宗教倾向包括内倾宗教、外倾个人和外倾社会等三个方面，以外在个人倾向为主，不存在性别差异，保持宗教者在内倾宗教和外在个人维度的得分显著高于脱离宗教者；高宗教卷入的年轻基督教徒在内倾宗教和外倾个人维度的得分显著地高于低宗教卷入的年轻基督教徒；宗教倾向内部各维度间表现出显著的正相关，宗教态度的各维度与宗教卷入、内倾宗教倾向和外在个人宗教倾向表现出显著的正相关。在论文中，杨宝琰等人指出，年轻基督教徒的宗教性是在信徒的深度宗教卷入中，实现外在宗教性向内在宗教性的转化，建立起积极的宗教态度，反过来推动着信徒更加积极地融入到宗教信仰中去，表现出高宗教卷入，因此，高度宗教卷入是宗教社会化的重要条件。

目前，国内已有精神性（spirituality）的研究方法基本都采用问卷测量法，很少使用实验的方法来做研究。这可能是因为终极信仰的实验方法取向在具体操作时存在难度，即研究者需要解决如何去评估精神性，如何控制无关变量的干扰的问题。在国外已有的相关研究中，仅有寥寥无几的实验研究。Verno、Cohen 与 Patrick（2007）调查了作为一种积极生命主题的精神性如何与人的认知加工风格相关联，他们找了 80 个被试（40 个老年人，40 个成年人），要求被试对 10 个积极的、10 个消极的、10 个中性的和 10 个宗教 4 类词汇（共 40 个）识记，随后运用回忆和识别两种方式评估其记忆效果。结果发现精神性并没有与认知偏差相关联，只存在年龄与测量方式的交互作用，成年组在回忆积极的、中性的词汇优于老年组，在消极词汇上劣于老年组，而在宗教词汇上没有发现差别。但之前 Bonner（2002）用同样的方法和对象，结果显示老年组要比成年组更加精神性。到目前为止，还没有发现有学者研究精神性对认知的影响机制研究。

二、基督教研究的状况与趋势

基督教作为一种具有多种表现形态和丰富内涵的社会性精神现象和文化现象，已经不仅是信仰者和研究者的事，它是涉及文化思想界的一个普遍性课题，而且很多时候是一种核心性或基础性的课题。

随着基督信仰的恢复和迅速发展，国内学者关于基督教的研究逐渐增多，特别是进入 20 世纪 90 年代以后，出现“基督教热”的现象，来自不同学科的学者越来越多地关注基督教问题，产生了大量的文献资料，研究成果接连不断地涌现出来。但大体来说是循着两条线索展开：一是关于基督教本身诸领域的研究；二是关于基督教在中国的传播（郭海良，

2006）。这些已有成果大多是从哲学、宗教学、文学、历史研究的角度进行思辨性质的研究，依赖对已有资料的比较，关注理论建构以及对国外学说的引进，而很少立足于田野调查的研究方法，相关宗教民族志研究的比较匮乏（黄剑波，2003；王建新，2007；王建新，刘昭瑞，2007: I）。

理论的运用固然重要，但是提高对实证研究（empirical studies）的认识及重视也是未来进行同类型研究的必由之路（梁冠霆，2007）。近年来，对宗教的实证研究开始重视起来，如王建新与刘昭瑞（2007）主编了《地域社会与信仰风俗：立足田野的人类学研究》，随后又于2010年3月在中山大学举办的“中国宗教人类学的回顾与前瞻——首届宗教人类学学术论坛”，这些标志着国内学界对宗教实证研究的重视程度，并出现了一批关于民间信仰、伊斯兰教、天主教的人类学调查，但关于基督教的比较少见。此外，宗教社会学除了传统的量化研究之外，也开始注重实证研究和田野调查，其他一些学科如行政管理学也用田野调查的方式对中国基督教做了研究，但总的来说，他们基本上是服务于其特定的学科目标，并不能算人类学的宗教研究。

具体到基督教上，目前国内关于基督教真正意义上的人类学研究成果早些年并不多见[①]，其中包括了国内的一些博士毕业论文，如黄剑波（2003）的《“四人堂”纪事——中国乡村基督教的人类学研究》、刘志军（2003）的《乡村都市化与宗教信仰变迁——山西平陆张店镇个案研究》、刘诗伯（2006）的《在教堂内外——都市基督徒群体的人类学考察》等。最近几年有关基督教的田野调查日渐增多，虽然其中一些并不是完全意义上的人

① 本研究只涉及新教，关于其他流派的研究也有一些，如对天主教人类学研究的代表性有：吴飞（2001）：《麦芒上的圣言：一个乡村天主教群体的信仰和生活》，香港：香港道风书社。刘昭瑞（1999）：《上帝的山葡萄园——一个天主教村的调查报告》，载于刘小枫（主编）《基督教文化评论（第10辑）》，贵阳：贵州人民出版社，第89—111页。

类学研究，但它们使用的方法是田野调查，“他山之石可以攻玉”，为了能更好地把握到中国基督教人类学研究的走向，下文的文献回顾也将其包括在内。

首先，一个值得注意的现象是，近来的一些经验性研究在研究取向上开始发生转变，从过去简单地借用社会科学的理论和方法进行针对基督教的研究，转为采用基督教的个案调查材料，去建构或评估某个理论，在整个学术脉络中进行反思和发展。在公开发表的研究成果中，不乏相当深入、详尽的调查报告，但是总体来说，不少调查报告或调查性论文在很大程度上都将实地调查单单作为资料收集的手段，而没有做深层的分析和探究（黄剑波，2010）。

其次，研究区域和对象呈现丰富化，如开始关注西南少数民族和新疆地区的基督教；对青年及大学生基督徒的研究增多；从组织机构的角度研究教会的发展历程等。但相对来说，基于基督教主要在农村地区发展的客观事实，农村基督教研究仍属重点，目前这方面的研究成果数量不断增多，并开始侧重对乡镇一级基督教进行考察。但多数研究者对农村基督教的调查都带着比较强烈的问题意识，希望找出农民皈依基督教的社会和个体因素，从而解释基督教在农村快速发展的原因。如刘霁雯（2004）通过对湖北团林镇的实地调研，指出宽松、自由的社会生活大环境是乡村基督教组织产生和成长的前提条件。而农村基层组织作用弱化、农村社会保障能力的欠缺、不平衡的人际关系、村民对生命无常及无意义的烦恼与恐惧、信徒紧迫的使命感和有效的劝教方法，是基督教组织得以不断成长的重要原因。李红菊等（2004）通过对豫北新乡张巨乡蒋村教堂的调查，通过对当地教徒的深入访谈，认为农村居民信教主要有个人因素、社会因素、基督教自身的魅力三个方面的原因。陈占江（2007）通过皖北某村庄的田野调查，发现农村基督教之所以能迅速发展是有其自身的实践逻辑和内在机理：

基督教的传播策略已深深嵌入到农民的日常生活中并与乡土社会的文化结构、社会结构和农民的心理结构进行着深层互动，而在社会转型加速期得到迅猛的发展。

以往的一些研究认为，在基层特别是乡村基层的基督教信徒，其信教动机和行为表现经常被视为带有较强的功利性，而城市中文化程度较高的教徒，则被认为信仰素质较高，带有较少的功利性。刘诗伯（2006）从入教动机和原因、信仰的行为方式以及文化处境等几方面入手，对城乡基层基督教信徒的“功利性”的判断作了研究分析，认为从“主位”和“自者”的角度来看的话，城市和乡村的基督教在功利性上并没有什么区别，所不同的只是具体经验的差异。这就要求研究者在进入社区调查以及后期的分析中，注意“走进他者的世界”“理解他者的理解”。

最后，开始重视跨学科的研究的价值。由于目前的学术界更注重跨学科的研究，面对中国基督教的迅速发展，出现不同学科之间的理论与方法的“借用”，特别是与心理学的结合开始受到学者们的重视。方文（2005）《群体符号如何形成》一文，就是在对北京基督教群体的调查基础上，对基督徒身份意识和群体构建的一个深入的社会心理学研究。而且，作者试图要说明的不仅仅是基督徒的群体符号的形成问题，还希望扩展开去，对所有人类群体的分类方法和群体构建在整个学科发展的脉络提出看法。换言之，他的研究严格来说已经不再仅仅是对基督教的研究，其最终的意图是进行普遍意义上的学术反思。

本书主要研究范围涉及到上面所归纳的四种趋势，不仅是对小区域的深入研究，而且结合心理学与人类学的跨学科的研究范式，兼顾“非建制的教会”，通过对河南伊洛地区西镇的研究以考察文化社会困境中农民基督徒的现状。据 2007 年有关基督教研究文献的相关统计显示，当时研究河南基督教的文献只有 9 篇，且都没有涉及到到伊洛地区的研究，且基本属于文史研究（金以枫，2007: 559）。近年来，越来越多的研究者开始关注河南地区的基督教发展：如李红菊等（2004）对豫北蒋村教堂为例探析乡民社会基督教信仰的原因，金妍妍（2005）对河南潢川城关教会探析基督教的“马大现象”，李创同和林连华（2007）对X市基督教T聚会点为例探讨“以堂带点”的管理模式，王奇昌（2007）对镇平县北庄基督教的现状进行调查，杨卫民（2007）对驻马店上蔡县，李顺华对（2010）以河南某基督教会唱诗班为例探讨仪式的交融与亚文化团体的存续，王莹（2011）以身份建构与文化融合的视角调查了Y县基督教会，孟玲（2011）以河南某村庄为例研究农村社区基督徒的身份建构，王万轩（2011）对豫东Z市基督教发展的现状调查，王鑫宏（2011）对河南整体农村基督教现状，潘薇（2011）以河南为例探讨发挥基督教正功能以为构建和谐社会服务，杜晓田（2011）基于豫西南H村的调查分析农民社会保障需要，张素威（2011）对一个中原村落基督教信仰的调查，赵凤娟（2012）以河南省一个村庄为例考察基督教在中国农村的传播，李华伟（2012）对河南三地乡村民众改信基督教的社会根源进行探析，韩恒（2012）基于河南省14个调查点的分析探讨农村基督教群体特征的演变等，《中国宗教报告（宗教蓝皮书）》（2013）也开展了对河南宗教的专题调研报告。

但我们也应看到对河南基督教的研究还存在一些不足。首先，现有研究调查伊洛地区的文献数量极少，实地田野调查更少，亟需进一步巩固和拓展。如2013年《中国宗教报告（宗教蓝皮书）》尽管着重调查了河南的基督教，但其集中于开封和南阳两地，这两地位于伊洛地区边缘地带或范围外，并没有处于伊洛地区的核心地带，代表性不够。其次，现有研究多着重于对基督教教会的调查，对信徒本身的研究不足。第三，现有研究基本多为对基督徒自身的研究，而与非基督徒的对比研究相应比较缺乏。第四，现有研究各自为营，人类学学界基本采用传统的田野调查方法，而心理学学界多采取问卷调查的方法，较少结合两者的长处进行研究，基督徒的文化心理研究相应比较匮乏。基于此，本研究意图从本土化策略出发，通过基督教信仰来探讨中国社会文化背景下终极信仰的影响力。基于研究的意图，在研究策略上，采用“问题为中心”“自下而上”的方式，即从所研究问题的实际出发，构建研究框架，选择综合的方法，进行理论分析与构建；在研究方法上，采取经验研究，兼顾定性和定量分析；在探讨层次上，偏重于内容机制，这些都是之前研究较少涉及到的。

第二节　终极信仰与文化、意义心理

一、终极信仰与文化

终极信仰的研究应该根植于文化。Boas 在为其学生 Benedict 著作《文化模式》做的序中，指出“必须把个体理解为生活于他的文化中的个体；把文化理解为由个体赋予其生命的文化”（Benedict，1935/ 2009）。在 Geertz 看来，人的本性却不能脱离文化而存在。他认为，正是借助于文化，人类才使自己完备或完善，他甚言，“没有文化就没有人类”（Geertz，1973/1999: 56-57）。

每一文化的起源和发展都必定受到信仰的制约和影响。公认的信仰体系不但决定着文明体内个体认知与行为的性质与走向，而且还决定着该文明体的社会结构和形态，决定着文化的形态（景怀斌，2011: 52）。Norenzayan 等人（2007）认为，中西文化在认知方式上的不同，即不同于西方文化的分析性思维（analytic thought），中国文化倾向于整体性思维（holistic thought），在很大程度上是两种不同文化的信仰系统导致的。在中国文化的形而上的信念体系中，更为注重实用和直觉，而非形式逻辑和理性抉择。据此，他们提出文化心理研究的两种不同的解释水平：远端解释与近端解释。其中，近端解释是个人层面，它是容易辨认的，直接反映在个人认知上的差异。这说明，通过对个体认知的研究，在特定文化背景下更容易把握到终极信仰的影响。

二、文化传统与人的心理

任何社会的行为都是文化实践的一部分，所以对这些行为的了解就必须在文化的框架中进行（Price-Williams，1980）。文化一直为人类学所关注，在心理学领域却一度被忽视。而近年来，文化作为心理学理论和研究中的主要因素再次引起重视（Kashima，2000）。

Bruner 认为，文化传递对人的思维模式、思维特点有着重要的影响，可以通过积累的文化遗产来进行考察（张爱卿，1999: 179）。关于对文化传统何以能得到传继的阐释，Tomasello 的理论受到广泛关注。Tomasello（1999: 36）从人类进化的历史中指出人类社会是通过“棘轮效应”（the ratchet effect）和“累积文化演变”（cumulative cultural evolution）将文化传递下去。“棘轮效应”表示累积文化演变这样一个过程不仅需要有创新，更重要的是有个像棘轮一样可靠的社会传递方式，它带着这个创新随着时间的推移进行下去，致使该创新的最新状态和改良形式得以保持，直至到下一次的改良过程。总而言之，棘轮效应就是表示一种行为不断被改进，不断地具有适应性，并代代相传下去。“累积文化演变”是一种社会的学习，它能够不断地改进文化并一代代地积累下去，最终能提高群体的适宜度（fitness）。这样的累积文化演变被认为只存在于人类群体之中。这也就是说，每一代的文化都建立在先前的基础之上，并且为后代不断地积累。为什么会出现这种文化的现象，Tomasello 解释道，这是因为演变所需要的机制（文化认知）是人类所独有。文化认知是社会认知随着经验的累积而逐渐形成一种认知模式，它是人类所独有的高级认知能力，包括对他人心理状态进行归因和推理，以及对他人意图的理解能力（Tomasello，1999: 210-218）。人类正是由于具有了这种高级认知加工能力，才能产生如此独特的文化内容。

一个民族的历史传统和文化模式通过社会化的过程决定着该民族的国民特性。人类学家 Boas 在《原始人的心智》中，强调文化对人格的决定作用，“决定人类行为习惯的不是遗传因素，而是文化因素。人类行为和信仰所反映的不是他与生俱来的智慧，而是他所生活的文化系统”（Boas，1919/1989），从而奠定了文化人格学派的基调。Kandiner 的基本人格结构、Benedict 的文化模式、Mead 的青春期研究，以及后来的许琅光对中美生活方式的比较等，都着重于文化的传承。此学派主张人通过“濡化”（enculturation）而接受文化传统，从而应对环境，故文化对个人的个性、认识和行为有着决定性的影响（庄孔韶，2006: 50）。而心理学的一些研究也证明了文化传统是稳定、内隐的，潜移默化地影响人们的想法和行为（周丽清，孙山，2009）。

Freud 经典精神分析的两大支柱为性驱力（libido）和幼年经验决定论。自弗洛伊德超越临床情境，发表《图腾与禁忌》（1913）、《文明及其不满》（1930），使得精神分析成为一种理解人类经验的方式（Mitchell & Black，1995/2007: 9）。文化与人格学派以精神分析理论为指导，强调幼时社会化的重要性。但个性的发展不仅是早年经历的结果，更是在社会文化及其习俗中不断发展和融合的产物（许琅光，1967/2001: 13）。这也就是说，文化研究的重心并不在于处于文化中人的早年社会化，而是在文化变迁过程中人的心理变化。对本研究而言，即是在基督信仰与地方文化传统的互动下，西镇基督徒的行为表现与心理认知变化。

三、终极信仰与文化、意义心理

就文化—文明层面看，意义是以文化体的终极观念（spirituality or religion）为核心而形成的价值观念系统。文化沟通或互动，在一定程度上是文明体的“意义”系统互动（景怀斌，2012）。因此，对终极信仰的研究不仅要放入文化背景中进行，还需结合“意义”进行。这是因为，文化和在文化范畴内寻求意义才是人行为的真正起因（Bruner，1990: 20），而终极信仰恰是以超越方式实现意义追求的一种方式（Pargament，1997: 32）。

意义是人的心理活动的本质和核心（O’Connor & Chamberlain，1996），对意义的寻求不仅是人的基本需求，也是人在日常生活中的普遍动机（Geertz，1973/1999[①]；King，2004；Krause，2007）。将意义作为其学科建构核心概念的标志性学者，在心理学领域为 Bruner，在人类学领域为 Geertz（Bruner，1990: 3）。Geertz 在《文化的解释》序言中指出“人是悬挂在由他们自己编织的意义之网上的动物”，意义之网即为文化，因此，对文化的分析便是探究意义（Geertz，1973/1999: 5）。出于对现有研究的不满，Bruner 认为个人和文化都被共享的意义和价值观主宰，所以心理学的阐述体系一定要重拾意义化才有出路。他进而主张将意义确定为心理学的核心概念，其目的为发现和描述人与周围世界交互而产生的意义，进而提出有关意义生成过程的假设（Bruner，1990: 20，2）。

鉴于学者在各自领域对意义提出不同理解，基于意义是人的心理活动的本质或核心，景怀斌（2011: 49）将意义定义为“个体具有我向性的意向事物的符号含义及体验状态，为个体的理性工具和价值情感心理系统所决定”。由此提示，意义具有以下特征：意义是个体的而不是普遍的，即

① 绫部恒雄（1984/1988: 161）明确指出，Geertz 把“追求意义”视为人类的根本需要，并将其结果作为分析对象。

意义是个体情景性的，是个体已有的心理内容和环境信息互动的结果；意义是意向的或心理选择的；意义可以是有意识或无意识的；意义为事物的符号所表征；意义具有情感（情绪）体验；意义具有我向性。

个体的意义系统具有本质抽象和具体表现两种水平：作为抽象水平的整体意义（global meaning）指向终极价值，用以解释自己存在的价值和生命的意义；作为具体水平的情景意义（situational meaning）指在日常生活中，个体根据整体意义对具体事物进行的意义评估（Park & Folkman，1997；Skaggs & Barron，2006）。在整体意义的来源中，信仰的地位最为重要，其他来源都根植于信仰之上。信仰是个体用以建构世界本质的基本内部认知结构（internal cognitive structures），影响个体诠释现实的方式和个体总体目标的构建，从而引导人的一生（Cacioppo，Hawkley，Rickett，& Masi，2005；Park & Folkman，1997；Park，2005；Skaggs & Barron，2006）。简言之，信仰通过整体意义左右着个体在具体情景中赋予事物的意义，进而影响个体的心理和行为。

第三节　终极信仰与认知

一、社会认知

就学理上的分析，认知是人的心理活动的中心环节。心理学惯常将人的心理划分为认知、情绪和意志三个基本成分，而认知能根本地影响着其他两个成分的性质和走向——在情绪上，认知交互理论提出个体的认知评价往往影响个体对外在环境的主观感受和反应方式（Lazarus，1984）；在意志上，认知心理学家认为人的认知系统通过调节与控制心理活动和行为反应来实现目标（梁宁建，2003: 7）。60 多年前，心理学发生了一场认知革命，开始关注人们在推理和决策过程中如何整合信息、形成观点和做出决定。随着认知革命的深入开展，特别是社会认知相关研究不断取得进展，心理学日益变成“认知性”的，认知已成为心理学家关注的热点领域。

在心理学视野中，对社会认知概念的准备把握需要立足于对“认知”概念的准确理解上。这是因为，社会认知都是认知在社会领域中的具体呈现，它们之间为普遍与特异（universalism vs. particcularism）的关系。在心理学中，认知既可以指心理过程的所有形式（包括感知、思维、记忆等有意识过程以及语法结构等无意识过程），还可以指特定的思维（Matsumoto，2009: 114）。前者为过程范畴，后者为内容范畴，我们对社会认知概念的把握正是需要基于过程和内容两个范畴。

社会认知（social cognition）是人关于自身以及社会关系的认知，包括自己、他人以及群体三个相互联系的层次（Moskowitz，2005: 2；Pennington，2000: 2；薛灿灿，叶浩生，2011；俞国良，2008: 200）；同时，社会认知也是人们解释、分析和记忆社会世界信息的方式（Pennington，2000: 1），关注于信息如何被加工、储存、记忆表征以及与社会世界感知和交互的分析研究（Hamilton，2005: 2）。总之，社会认知是人对自己、他人、群体社会行为信息的理解和推断。

依据人观隐喻的不同，社会认知研究范式先后经历“一致寻求者”“朴素科学家”“认知吝啬鬼”“被驱动的策略家”“积极的行动者”五个阶段（Fiske & Taylor，2008）。在不同的阶段，它们先后受到认知相符、归因、图式、热认知（重视动机和情感的影响）、内隐认知等理论的深远影响。可以说，每次社会认知理论的变革都带来社会认知研究的相应变迁，不断打开了新的思路，从而推动了其研究的蓬勃发展。“积极的行动者”是近十几年来才发展起来的研究路径。研究者们在过去理论的基础上采用生态整合的视角，主张社会情境可以迅速激活人们的无意识概念，同时与之相关的认知、评价、情感、动机和行为等也必然被激活。由此他们关注于情境、动机、情绪情感和认知间的交互（Way & Masters，1996），并以此来理解极短时间内寻找线索的无意识联结（张宝山，2010: 202-203）。至此，社会行动者不再是被剥离了社会语境特征的抽象主体或去语境化的主体，也不再是追求预期效用最大化的理性行动者，而是有着合适人观的积极行动者（方文，2005）。这种路径为当前社会文化认知的下一步研究创造了前提条件，不仅兴起内隐认知等新的研究领域，还促进了对传统领域问题的反思和重新检验。所以，就发展趋向而言，“积极的行动者”是当前和未来一段时间内社会文化认知研究应该依从的路径取向。

由于受到经典信息加工论的影响，社会认知研究强调个体内在特质解释。随着研究的深化开展，学者们也开始意识到仅研究个体的思维、大脑的记忆和信息加工的解释力不足，他们开始转向文化层面，认为文化在人信息加工的机制及处理上起着重要的作用。出于心理行为“文化嵌入”（cultural embeddedness）的特性以及“文化自觉”的要求，中国社会认知的研究就不能忽视中国文化的独特性。此外，社会文化认知的研究要面向现实问题。学科研究最终是要为现实服务的，因此在选题时要始终保持对当前社会热点和争议问题的敏感性，基于科学严谨的研究最终为问题的解决提供学理依据。本书选择农村基督教信徒作为调查对象，正是基于对终极信仰本土化以及现实面向的反映。

二、终极信仰与认知

在 Tyler（1969）看来，文化不能还原为房屋类型、家庭类型、亲属类型、经济类型和人格类型这些特征和制度，也不等同于关于这些现象的整合模式（integrative pattern），因为这些描述仅涉及学者自己思考文化的方式，而不是当地人们如何组织和使用他们的文化。因此，他主张人类学应该研究行为背后的认知。王建新（2007）在已有理论和人类学田野实践的基础上，从“整体—个人”和“行为—观念”两个维度出发，形成一个宗教民族志研究的理论范式。这个理论范式包括 4 个不同取向的研究领域：（1）宗教与社会控制、社会组织；（2）宗教与象征体系、群体认同；（3）宗教与人际互动、社会网络；（4）宗教与心理、认知模式。其中，尽管目前第四个取向的研究还处于初步阶段，但对人类学宗教研究的扩展影响深远。对宗教心理认知的研究，正是本书的研究取向。

目前，越来越多的研究发现，就认知过程看，终极信仰根本性地影响着人的认知。终极信仰使人认为世界发生的一切都是有意义的，从而平和地接受一切的错误和不确定性（McCullough & Carter，2011）；它是构成人的经验、信念、价值观和行为最重要的因素（Rose，Westefeld，& Ansley，2008）；甚至对封闭的演绎逻辑也能产生作用，影响着人们判断的有效性（Goel & Dolan，2003）。终极信仰可以被视为一种认知图式（schema），它类似于其他图式但仅被信仰者所激活，并对其认知过程产生重要影响（Koenig，1995；Lau，1989；McIntosh，1995；Paloutzian & Smith，1995）。Verno、Cohen 和 Patrick（2007）认为，终极信仰影响人注意、加工和解释他们周围的世界的方式，使他们产生优势图式（dominant schema），通过对刺激编码的过滤进而引导人的认知过程。总之，终极信仰决定着人的行为的性质和走向（景怀斌，2005）。

终极问题体现在与自己、与他人、与社会三方面的理解上（景怀斌，2011: 51），这在认知上就反映为社会认知。从定义上看，社会认知亦包括自己、他人以及群体三个相互联系的层次：对个人的认知、人与人之间相互关系的认知，以及群体内或群体间各种关系的认知。基于上述分析和 Simmel、Niebuhr 和 Hill 等人的论述（见上文），结合基督教相关文献及前期调查，基督徒的社会认知的三层次内容具体为：个体内认知，它是基督徒的个人宗教体验，兼顾自我认识和与神关系，因为基督徒通过与神相关联的方式追求生命的终极意义和价值，实现个人的整合，突出表现在基督信仰与信徒实际行为间的关系上，以获得震惊感和生命意义感；人际认知，它是基督徒与信教及不信教他人间关系的认知，以获得归属感和共契感；群体认知，包括群体内认知和群体间认知，后者为基督徒群体认知的主要成分，以获得信徒身份的认同。

社会文化认知的传统议题有对候选人的知觉、信念体系、社会判断和决策、刻板印象、偏见及其他社会态度、社会群体认同、公众舆论、印象形成以及其他涉及到在社会文化理解和交互中与记忆表征和心理过程相关的议题（Lodge & McGraw，1995；Iyengar，McGuire，& William，1993；van Dijk，2002）。随着研究的深入，社会文化认知出现了新的特点，终极信仰的作用日益受到重视，对研究者而言需要关注这一有发展前景的新议题。鉴于社会文化心理研究中信仰（spirituality，religion）与信念（belief）的混淆使用，我们首先要对信念和信仰做一个区分。中文文献一般多将 belief system 翻译为信仰体系，这种翻译是不准确的。Belief 的准确翻译应为“信念”而非信仰（参见第一章第一节），故而 belief system 应翻译为信念体系。在社会心理学中，信念可以看做是某类心理的“捷径”，能够快速对各种信息进行归类，从而帮助个体认知世界（Houghton，2009/2013: 130）。终极信仰是指具有终极性质的个人心理建构，它的作用正如前文所提到过的，对信仰者的信息加工过程和内容都有至关重要的影响。为能更好地揭示出宗教信仰对社会文化心理与认知的影响，本书的研究工作包括两个层次，一是检验影响的显著性，二是关注信仰作用的过程与机制。

第四节　研究的策略与方法

一、跨学科的研究视角

人类社会和人的心理行为是一个非常复杂的问题，仅用一个学科的理论和方法并不能很好地得到解决。不同学科提供不同的视角和方法。对于宗教信仰这一人类社会复杂的现象来说，更要避免学科自我中心主义，因为不同学科（人类学、心理学、社会学等）可以提供不同的视角和方法，能有效提高研究的解释力和在现实中的适用性。

跨学科的研究取向的出现是近十几年来知识社会学所取得的最新发展。科学的诞生，是建立在对来自于实用知识不同方面的科学知识进行严格分离的基础之上。尽管科学的观念以及科学与现实生活的关系发生了重大变化，但这些形成于早期的科学知识理念仍旧起着作用（Hirsch Hadorn et al.，2008: 19）。学者们开始认识到，目前的学科代表着实用主义的社会构建，它实际上并不能对社会中离散的和独立的层面进行研究，这是人用并不存在的界线把自己隔离起来（Baker et al.，2003）。对于这一问题的解决，跨学科研究（Transdisciplinary research，TR）具有得天独厚的优势：它可以处理生活世界（life-world）中的问题，把握问题的复杂性；考虑到科学和生活世界知觉问题的多样性；联结抽象和具体个案的知识；发展出能促进理解共同福祉的知识和实践（Pohl & Hirsch Hadorn，2008）。对人类学而言，它与其他学科的结合非常普遍，不同学科间的研究视角与研究工具得以相互学习和使用，由此诞生了一些交叉学科。在人类学交叉结合的学科中，最值得关注的学科是心理学。祖父江孝男（1987: 42-53）就企望毗邻诸学科间合作的倾向，特别是人类学与心理学的结合会变得越来越多。

目前，尽管宗教信仰的心理、认知研究取向还处于初步阶段，但对人类学宗教研究的扩展有着深远影响（王建新，2007）。Bender 等人（2010）提出，在研究文化对人的影响时需要关注两个方面：一是人想什么（what people think），二是人为何这么想（how people think），前者为人类学研究的侧重点，后者为心理学研究的侧重点，从而呈现出内容和过程之分（the content-process distinction）。若要抓住文化影响的本质，需要心理学与人类学的结合才能得以实现。基于此，本书从人类学的定位出发，结合人类—心理两种学科的研究视角与方法，构建地方基督徒宗教信仰现状以及由此带来的影响。回答这个问题，必须要多个学科共同努力才可能将研究向深度和广度拓进，除了传统意义上的田野调查之外，运用心理学的实证研究方法能更好地解答这一问题。

二、问题中心的策略

为能准确把握农村基督徒的文化心理，需要“以问题为中心”指导整个研究。“以问题为中心”并不是仅仅关注问题即可，而是在研究策略上采取“自下而上”的方式（景怀斌，2006，2008），即从所研究问题的实际出发，构建研究框架，选择综合的方法，进行理论分析与构建。在研究过程中，防止先入为主的倾向或抱着既定目的，而是持开放的态度进行调查。此外，研究方法各有优势，所以在选择时尽量避免方法论正统主义，而是通过研究方法的综合应用，相互补充和验证，从而为本研究提供最为准确的方法路径，让研究更精细和更深入。

以问题为中心，需要重视多重资料来源。好的研究应该采用多种渠道收集资料，每种收集资料的方法应该在运用中灵活地调整组合，加以综合运用。这种多重证据来源的使用有利于研究者全方位地考察问题、相互印证，使研究的证据来源和研究的结果及结论更准确，更有说服力和解释力（Yin，2003/2004: 106-109）。在调查分析中，本研究常对同一问题进行反复印证，以访谈材料印证书面材料，以多名对象访谈印证之前的调查材料。

三、综合的研究方法

本书尝试采取综合的研究方法，在人类学田野调查的基础上，结合质的研究与定量分析，兼顾因果关系与意义建构，结合宏观与微观，力图将微观的基督徒个人认知、中观的教会发展状况和宏观的自然社会文化环境综合起来，以揭示中国文化传统下基督信仰对农民基督教信徒的影响及其作用机制与特征。具体为：

1. 人类学的田野调查

在研究中采取人类学的田野调查，主要的研究方法有：（1）参与观察。深入调查地区，参与基督徒的日常生活，细致观察基督徒在当地文化传统与习俗的约束下，他们的宗教社会与世俗生活的现状，以及他们所做出的适应性行为。（2）深入访谈。采用半结构或开放式的访谈方法，对当地基督教信徒进行访谈，了解他们的皈依动机、信仰历程、社会背景、宗教生活、日常生活等。

笔者的田野工作主要是在伊洛地区西镇进行的。对西镇的田野工作从 2009 年冬一直持续至今，可分为两个阶段：第一阶段是博士研究阶段，2009 年秋冬为准备我的博士学位论文而首次进入西镇，2010 年夏至 2011 年夏一直待在西镇进行田野调查；第二阶段是工作后研究阶段，对西镇的调查是作为国家社科基金项目等课题研究开展的，其中 2013 年秋冬至 2014 年夏在西镇进行长时程调查，其他时间集中于暑期、春节、圣诞节、元旦以及五一和十一期间重返西镇进行田野调查。

2. 基于田野调查的现场实验

心理学与人类学的结合不仅表现在研究的视角与领域上，还表现在研究方法上。许琅光（1972: 435）很早就明确提出心理学与人类学的方法论上的相互关联，认为这不仅对两个学科自己内部的纯粹问题，而且对它们之间跨学科的合作有极高的价值。研究方法上的跨学科结合，在本书中体现在对基督徒社会文化认知的研究中。对认知的研究不应仅局限在基于实验室实验的一系列命题上，而是应该去理解人类生活的真实世界（D'Andrade，1995），故本研究在对基督文化表象与地方文化传统进行详细描述后，构建两种文化与基督徒心理认知之间的路径。

研究的意图决定了研究的方式。为深入理解基督信仰对信徒的影响程度及其作用机制，本书依据社会情境所提供的独特的实验处理，进行无处理对照组后测设计的准实验研究，[①] 以考察基督信仰对信徒认知的影响。准实验由 Campbell 和 Stanley（1963: 34）提出，认为准实验是在自然社会情景中，研究者在数据收集程序上引入实验设计，但由于不能对实验刺激做到完全控制，使之缺失成为一个真正实验的必要条件。后继的研究者进而在准实验与实验法的异同上，提出准实验的判断标准：（1）研究的目的是因果描述，即研究干预对一个或多个反应的影响；（2）通过对照组考察干预的影响，但没有随即安排被试到处理条件（Aussems，Boomsma & Snijders，2011；Shadish，Cook & Campbell，2001: 13-14）。可见，采取准实验设计，是因为无法随机分配实验组和控制组，基督徒和非基督徒都是先前存在的。准实验设计的优势在于：一、它是在现实生活和文化背景中研究人的心理过程，因而具有"生态效度"（王重鸣，2001: 106）；二、根据研究问题，准实验设计可以使研究者能够灵活地协调控制实验对象和利用自然场景之间的组合，找到最具说明性的答案（林诚光，2008:

① 关于无处理对照组后测设计是否属于准实验设计还存在一定的争议，本书持肯定的态度，认为这一界定符合当前学术界的主流观点，如林诚光的《准实验研究》以及金志成、何艳茹的《心理实验设计及其数据处理》。

154）。具体研究步骤如下：

（1）编制实验材料

在研究材料上，选用两难故事以引发深层认知信息，此类方法的有效性在道德发展研究中得到证明（Kohlberg，& Kramer，1969；Kurtines & Greif，1974）；在问题构建上，采用问题空间策略（Simon，1969），构建研究材料的具体情境。

具体情况为：在前期调查和相关文献分析的基础上，基于真实发生且与当地基督徒相关的社会文化事件，编制 3 个两难故事（详见 7 章）。依据社会认知的内容层次，社会认知的实验材料依次为爱心捐助、信心治病、游行传教，分别涉及对他人、对自我、群体间的认知。

（2）取样

按照扎根理论的理论饱和原则确定样本。所谓理论饱和（theoretical saturation）是指新抽取的样本不再提供新的信息（Glaser & Strauss，1967）。根据扎根理论研究经验，样本量在 20- 30 人之间为宜（Fassinger，2005）。据此，本研究先从基督徒和非基督徒中各选取 21 人，为验证是否达到理论饱和，又选取 2 人，结果未发现新的信息，故最终确定的样本量为 42 人。其中，男性 28 人，女性 14 人；最小年龄为 31 岁，最大年龄为 69 岁，平均年龄为 54.60 ± 1.65 岁；受教育程度，小学 14 人，初中 15 人，高中 13 人，平均受教育年限为 7.83 ± 0.47 年。样本的人口统计学分布如表 2-1：

表 2–1 样本人口学分布（人）

年龄	30-45	9
	45-60	17
	60 以上	16
性别	男	28
	女	14

文化程度	小学及以下	14
	初中	15
	高中	13
信仰	基督徒	21
	非基督徒	21

就研究经验看，应兼顾到样本的组成层次（Topp，Barker，& Degenhardt，2004）。本研究选取样本的职业包括务农、教师、村干部、职工、个体户。非基督教中含无神论者、民间信仰者以及其他宗教信徒。

（3）实验程序

依次给被试陈述两难故事内容，结束一个两难故事访谈后再陈述下一个故事。在故事呈现给被试后，围绕故事情节进行开放式访谈，即请被试根据自己的经验和理解给出自己的看法。呈现时，由于考虑到访谈的时间限制和精炼原则，材料二和材料四一样，都是在集资修路这一事实的基础上进行问题设置。因此在具体呈现时，材料二与材料四是结合在一起的。之后，将访谈录音整理成文字，反复研读、思考，对访谈结果进行概念界定、类属归类和关系分析。

（4）结果分析

一为定量分析，即根据样本在相关材料中所持态度进行赋值，以考察基督信仰对信徒认知影响的结果。为控制性别、年龄、受教育程度这些混杂因素的影响，本书采取 Logistic 回归模型分析考察基督信仰对农民认知影响的显著性。

二为质性分析，即汲取扎根理论（grounded theory）方法，从访谈材料中发现意义关系（Glaser，2001）。为能更好地构建西镇基督徒意义化生存形态，采取自下而上的研究策略，决定了本研究要以扎根理论为指导进行理论建构。扎根理论是一种研究策略，其宗旨为从资料的归纳分析中“生成”理论，而非从已有理论演绎出可验证的假设。扎根理论的优势在于它能超越描述性的研究，通过对研究对象进行抽象的、概念性的理解而进入解释性的理论框架领域（Charmaz，2007/2009: 5-7；Lyons & Coyle，2007/2010: 51）。扎根理论的基本程序为：以开放方式深度收集研究材料，通过概念持续比较（constant comparisons）的方式进行资料的意义分析，逐步把纷繁的原始资料缩减、转化、抽象为更高层次的概念、范畴，进而通过深度分析范畴的性质、特征、关系，形成理论。在研究过程中，要循环性地对资料比较、归纳、演绎，从而形成符合其材料的理论（景怀斌，2008）。

在质性分析过程中，相关因素、类属和关系的确定是与相关参与者反复商讨形成的。完成后，另请博士研究生和硕士研究生对访谈材料再单独编码，所得一致性系数皆大于 0.9。

经验驱动型的实验设计探索或发现现象与规律，但其内外部效度却不能统一起来（Willer & Walker，2007/2010: 58）。因此，本研究着重于认知内容机制的探讨，以发现研究对象的意义结构及其关系规律，形成结论，并不追求结论的推论，即研究的外部效度。所以，本研究的意旨在于以深描（thick description）为研究法则，注重从当地区域的历史、文化、社会变迁等各个方面背景入手，梳理为一幅西镇信徒生活的素描画，寻找一个可以相互呼应（coherence）最佳诠释，以期求把握当地农民基督徒宗教信仰的状况及其认知机制。本书结论是否具有普遍适用性（universal），还需要对其他地区进行调查分析。即便如此，本书结论的适用性还是得到一定的保障：调查地区在社会结构和文化方式上与许多中国农村所处条件基本相同，是能够代表中国农村共同的类型或模式（费孝通，1996）；而且，当地基督徒与其他农村地区基督徒的情况一致，如文化程度普遍不高，多为小学和初中文化，老人和女性占绝大部分比例，信教原因多为自己或家人生病，多通过亲朋好友开始接触基督教等（中国社会科学院世界宗教研究所课题组，2010）。可见，对当地基督徒的调查分析，是可以反映出在基督信仰的影响下，中国农村地区基督徒的生活写照和内部的心理认知机制。

第三章　进入田野与西镇介绍

第一节　确定田野点

基督教在不同区域的特色比整体情况更具价值，从区域入手是认识和研究中国基督教的重要途径。选取西镇作为田野点，正是基于当地文化传统厚重，适合本文的研究意图。在选取时，依据由大及小的原则进行。

一、河南境内

基督教自恢复宗教活动以来，发展迅速，形成所谓“基督教热”现象，但其在中国不同区域的发展并不均衡：1918 年，信徒最多的五个省分别为广东（18%）、山东（12%）、福建（11%）、江苏（9%）和浙江（8%），信徒占全省总人口的比例最高的前几个省分别是福建（0.28%）、广东（0.14%）、浙江（0.13%）与奉天[①]（0.13%），说明当时基督教在东南沿海地区发展较好；到 1949 年，超过一半的信徒集中在浙江（19%）、云南（11%）、福建（10%）、广东（8%）、江苏（8%）五省，沿海地区仍是基督教发展的主要地区；但到 1997 年，超过一半的信徒集中于河南、浙江、安徽和江苏四省。其中，河南省基督教信徒超过全国总信徒的 1/4（26%），

① 奉天省，即辽宁省，为清末和中华民国时的另称，简称“奉”，省会奉天（即沈阳）。

占该省的总人口比例高达3.79%，其增长速度极为迅速，居全国之首。从河南省基督教自身发展情况看，其信徒数量迅速增多的趋势非常值得关注。新中国成立前夕，河南省基督教会共有信徒7万人；至1987年，为80余万人；到2009年，已增至240万人（王保全，2008）。

基督教在河南的传播比较凸显基督教文化与中国传统文化的矛盾和融合。河南人口众多，历史文化积淀深厚，且处于中国的中心地带，受外界的影响相对较少，因此基督教在河南的发展常遇到相当大的阻力。新中国成立前，河南省更是被某些传教士称为中国的心脏，是中国诸多省份中关键的一个，但由于传统文化根深蒂固而很长时间无人问津。因此，从时间上看，基督教进入河南比较晚，河南是基督教进入最晚的省份之一（董延寿，2014: 214）。所以，河南必将成为研究我国基督教不可忽视的区域。时至今日，作为与中国传统文化存在诸多差异的基督教，如何能在这片有着中华民族最悠久历史的土地上扎根并得到如此快速发展，是值得深入探讨及研究的。

二、伊洛地区

选择伊洛地区作为调查点，与本文的研究意图有关。如何研究文化传统的影响，可能有不同的研究策略和方法，其中历史资料的研究方法是主要的手段，但这种方法主要以对历史文献的分析为依据，并不能很好地掌握当下民间社会中的实际情况与变化的趋势。所以，本书采用的是由Medin、Unsworth和Hirschfeld（2007: 620-621）提出的“三角研究策略”（Triangulation as a Research Strategy），其主要思想就是找出一个群体，它不仅具有所研究文化的一些特质，而且同时还具有异文化的一些特质，把它作为研究的对象，观测这个群体文化特质的情况，并把它与所研究的文化做对比。通过这种策略，不仅能获得当下第一手的资料，还能把历史资料与现实情况结合起来，从而了解文化影响的变化情况。在“三角研究策略”中，寻找符合要求的群体非常关键。伊洛地区文化传统深厚，自恢复宗教信仰自由政策以来基督徒在当地发展迅速，当地基督徒身上兼具文化传统典代的伊洛文化以及西方文化基石的基督文化，研究该地区的基督教可能更容易发现文化上的冲突、适应与融合，这正是本研究把伊洛地区的基督徒作为调查对象的缘由。

伊洛地区，也称河洛地区。其范围以洛阳为中心，东至郑州、中牟一线，西抵潼关、华阴，南以汝河、颍河上游的伏牛山脉为界，北跨黄河，以汾水以南的济源、焦作、沁阳一线为界（薛瑞泽，2005）。对于河洛的来历有两种说法：其一，“河”指黄河，“洛”指洛河，因此“河洛”就是黄河与洛河交汇的流域；其二，“河洛”指“河图”和“洛书”的合称，这是根据历史传说，即龙马负图出于河，神龟背书出于洛而来。河图洛书被誉为中华文明之始。《易经・系辞上》说：“河出图，洛出书，圣人则之。”《论语》上讲：“凤鸟不至，河不出图。”《竹书纪年》里讲：黄帝在河洛修坛沉璧，受龙图龟书。此外，还有传说认为，太极图是河洛交会的自然现象，这是因为太极图很像是黄河洛河交汇形成的旋涡，通过这个自然现象触发灵感，人族伏羲才创造出太极和八卦。

伊洛地区地处中原腹地，历史上曾是我国经济、政治、文化的中心，所以古有“居天下之中”的说法。产生、发展于伊洛地区的区域性文化即为河洛文化，是中原、荆楚、闽粤和东北四大板块文化中开发最早的，是中国文化的重要源泉之一。也有学者认为，河洛文化就是中原文化，没有河洛文化，中原文化就没有了内容（周文顺，徐宁生，1998: 435）。

伊洛地区在中国文化的发展中，起到了重要的作用。首先，伊洛地区与三代文明密切相关。《易・乾凿度》：“帝王始兴，各起河洛。”《史记・封禅书》：“昔三代之居，皆在河洛之间。”这是说，在夏商周三代，其统治中心均在伊洛地区。其后，伊洛地区一直是孕育中国古代汉文化的核心区域。历史上，《河图》、《洛书》及周易八卦、儒家经学、道家经典、释教佛学、老庄玄学、谶纬神学、伊洛理学，或肇始于斯，或兴盛于此，河洛文化在中国几千年的古代社会中都处在正统的地位，对中国传统文化的产生和形成产生了巨大的影响（李玉洁，2005）。但需要注意的是，这并不是说河洛文化就是中国文化的唯一源头，因为除此之外，中国文化还存在其他源头，如荆楚文化等，它们共同构成了中国文化的整体。

三、选择西镇

最后确定西镇为田野点，理由如下：

首先，要想深入了解伊洛地区基督信徒的生活和认知，必须通过深入到一个特地地区，通过剖析其历史背景等诸多方法，了解当地基督徒对宗教信仰的认识和践行，并对其梳理提升为一幅西镇信徒生活的素描画，以期求把握农民基督徒信仰的状况与机制。而在中国，基督教基本上是以乡镇教会为基层管理组织，下面的各个村庄通过它而有机地联系起来。所以乡镇一级是调查宗教信仰的合适场所（刘志军，2007: 8）。由此考量，选择镇作为田野考察点的前提条件是可行的。

其二，西镇文化传统比较厚重。前期调查发现，西镇保留了较多的文化传统与习俗。当地距二程（宋代大理学家程颢、程颐兄弟）故里很近。二程在中国儒学思想发展史中占有很重要的地位，是中国儒学第二次复兴的主要骨干人物，是宋明理学的实际创立者，他们所创立的“洛学”还使理学具有了完整的形态。此外，在历史上，当地佛教、道教曾十分兴盛，至今仍保留一些遗迹，当地居民至今还有不少“烧香”者[1]。在这样一个

① 当地居民基本都认为佛道合一，鉴于去寺庙、道观都要烧香祈福，故统称之为“烧香”。

有着深厚文化传统的地区，当地基督教信徒所承受的文化适应的压力较大，如何调适是摆在他们面前非常重要的一个门槛，其皈依前后的心理历程很值得关注。当地一名基督徒曾对笔者感叹，信教就是要“断绝关系”，所以信徒们要坚守自己的信心。因此，选择西镇作为田野点，不仅可以观察到当地基督徒的信仰如何对其产生影响、他们如何在文化传统的压力下重新建构自己的精神世界；同时，也能看到信徒的宗教信仰是如何随着社会的发展变迁而变化的。置于这样的社会情境中进行研究，对于认识农民基督徒的宗教信仰、认识文化传统在国人心理构成中的作用和地位大有裨益。

第三，笔者调查西镇还具备一些便利条件。由于涉及到宗教问题，信徒往往都会有所顾忌。正如 Whyte（1943/1994: 339）认为的，必须要靠自己的私人关系方能被调查地区的人们所接受，其中最重要是要取得关键人物的支持，这比什么都重要。笔者爱人的家乡就在西镇，她有几个亲属皈依基督教，在旧居常常举办礼拜活动，而且之前几年笔者每次去都参加他们的活动，有一定的基础，相对较容易进入。此外，笔者远房的一个表亲曾担任西镇教会的教务组成员，他对笔者的调查提供了不少便利。

第二节　西镇概况

为了更好地对当地基督徒进行研究，我们有必要对其生存环境有所了解，包括自然环境与社会环境，这有助于了解当地人的劳动和生活方式，并可以此作为我们相关考察的背景材料。

一、自然环境

1. 地理与气候

西镇隶属伊县。伊县全境山岭连绵，地势起伏，地貌多样。地势由西南向东北逐渐降低，境内两千米以上山峰 7 座。全县总面积中，中低山占 95%，丘陵占 4.5%，平川占 0.5%，有“九山半陵半分川”之称。伊县北部多为黄土丘陵，人口密集，植被较差，水土流失较为严重；伊县南部为土石山区，人烟稀少，植被较好。

西镇位于伊县南部，距伊县县城 105 公里，是全县距离县城最远的乡镇。西镇东西长 51 公里，南北宽 45 公里，总面积 556 平方公里。西镇地处伏牛山腹地，属深山区，四周深山环绕，呈盆地状，是伊县南部的农业主产区和人口聚居地。西镇海拔高度在 575—2129 米之间，镇域平均海拔 600 米，境内千米以上山峰有 9 座。全镇呈“南山北岭中河川”之势：东西系高岭，南北是高山，中间为平川：西镇南部有伏牛山东西横亘，大多为人迹罕至的原始林区或原始次林区；中部莲花山因山顶酷似莲花而得名，属浅山区经济林带；汝河川区位于伏牛山与外方山之间，是粮食和药材、蔬菜主产区。

西镇地处亚热带向暖湿带过渡地区，属暖温带大陆性季风气候，又是 1 月 0℃等温线穿过地区，加之四周高山环抱，中间低平，一年四季分明，平均气温 14℃。年降雨量 750mm 左右，无霜期 150—200 天，年平均日照 2293 小时。西镇是三山对接、四水分流、两带过渡的地域，具有“一山跨三域，十里不同天”的特点。南北物候迥异的区位、气候及物产，这使当地野生动物达 200 余种，其中列入国家级重点保护品种达 18 种。

2. 自然灾害

西镇地处山区，经常会遭受各种自然灾害。主要有以下几种：（1）洪涝。由于西镇地处山区，周围都是大山，所以当夏季汛期来临的时候，突发暴雨顺山而下，非常容易形成洪涝灾害及泥石流。尤其是那些住在山脚下的居民，每个夏天都会遭受不同程度的损失。（2）干旱。这是西镇乃至整个伊县最主要的自然灾害。以伊县全县来说，1986—2000 年，共 9 年出现干旱，频率为 60%，其中重旱 1 年。出现春旱 4 年，频率为 26.7%；伏旱 2 年，频率为 13.3%；秋旱 1 年，频率为 6.7%。其中 1986 年冬春连旱，降水量比常年减少 37%，全县小麦大面积减产；1994 年 7、8、9 月连续干旱，全县 50% 地区旱地玉米绝收。在 2011 年上半年就发生过干旱，幸而当地居民大多已不种植小麦，只种植夏秋间的玉米，故而对粮食产量的影响不很严重。（3）冰雹。当地居民称“冷子”。西镇地处伏牛山区，气流遇山坡抬升，4—9 月，常有冰雹发生。最近几年每到夏季都会遭受不同程度的冰雹袭击，给当地居民的生产和生活造成较大损失。（4）虫灾。据当地一名 70 多岁的老人回忆，他们小时候经历过大规模的蝗灾。蝗虫飞来的时候遮天蔽日，数量非常之多，过后地里的庄稼什么都不剩了。

在各种自然灾害中，山洪对西镇的威胁最大。每到夏季，当地的雨水较多，且多为暴雨。一旦众山植被不能吸收雨水，都会沿着地势流入三河，容易造成山洪等自然灾害。据 HB 村 T 岗王家的家谱记载，当地在清朝年间曾晚上爆发山洪，使当时王家全族被冲走，只有一人因外出未归而幸免于难。

特别是在 2010 年 7 月 23—24 日，西镇遭遇了 30 年来最大水灾。据气象部门统计，两天降雨量超过 200 毫米，为伊县境内受灾最严重的地区。造成部分房屋倒塌；多处干线和村村通公路损毁，多座桥梁被毁，周围交通中断；大量农田受损；通讯中断，电力受损严重；灌区、水坝、机井和石堰多处受损；自来水管道被冲毁，全镇（镇区和几乎所有村）自来水中断。以至于有百岁老人惊叹：“活这么大岁数，第一次见，乖乖！”这使得当地居民和政府开始对夏季的防汛工作更加重视起来。据初步测算，该次暴雨导致的水灾共使西镇损失 4500 万元。镇区大型超市金源量贩，紧邻一条从山上下来的小溪，小溪穿过街区的地方架有一座小桥。平时水流不大，但当时由于桥洞被山上冲下的大树和石块堵塞，使得从山上下来的洪水在此拥堵，往上翻涌，导致大量洪水从金源量贩朝向小溪的后门处涌入，所有商品包括冰箱等固定设备被冲走，造成损失达 400 多万元。

做调查期间，爱人和岳母反复告知笔者，在夏季，下河的时候只要看到远方有乌云，都要赶紧上岸，因为高处往下的水非常湍急，等你发现水来了，就有可能来不及上岸，被洪水冲跑。她们告诉笔者，大约 15 年前的一个夏天，西镇连续的暴雨引发了河水暴涨，附近的村民纷纷在早饭后去河边看大水。其中 HB 村 T 岗的一对五六岁的龙凤胎姐弟，等不及父母吃饭，拿着妈妈蒸好的包子吃着就往河边去看大水，结果他们站的岸堤下方被凶猛的洪水掏空了，瞬间这对姐弟就掉入了湍急的河水中。当时很多人都看到了两个孩子掉到水中，但由于水势过急，没有人敢下水营救，最后还是孩子一个懂得踩水的堂哥舍命跳入河中，最终才在下游救上来了弟弟，但姐姐却再也没找到。同时，这次大水还把该村临河的大片土地冲毁。于是这次大水后，HB 村 T 岗村民全员发动起来，修建了一条坚固的河堤，来抵御洪水。

3. 资源优势

独特的地理气候条件，使西镇拥有较为丰富的林业、矿业和旅游资源。目前，萤石、中药材、林果、土特产已成为西镇四大优势资源。在矿藏资源中，萤石总储量最大，达 1000 万余吨，是我国四大萤石产销基地之一。中药材资源丰富，被誉为“天然药库”，品种多达 1294 种，年产中药材达 2000 吨，以山茱萸（当地居民称为“枣皮”）、桔梗、五味子、杜仲、连翘为主。全镇林坡面积 41330 公顷，森林覆盖率 78%。其中，浅山区槲叶坡已占全镇林坡面积的 80%以上。各种天然林、经济林、风景林品种多达1190种。山珍资源丰盛，年产干鲜果近万吨，主要林果产品有核桃、板栗、木耳、香菇等。

此外，由于自然环境优美，山川秀美，景色宜人，西镇的旅游资源丰富。1995年，伊县对全县各乡镇进行规划时，就重点把西镇规划为以集市贸易和旅游服务为主的旅游型乡镇。近几年来，随着生态旅游的升温，西镇境内已开发形成4A和5A级旅游景区。

二、西镇历史

1. 建制沿革

西镇的历史较为悠久。秦汉时期已是连接中原西南部的重要驿站，车马云集。北魏及西魏时期在西镇建太和城，宋时成为伏牛山腹地重镇。明朝时期西镇是中原伏牛山寺庙文化中心。清时曾设四品守备衙门。1948年在西镇建立县政府，1950年设立乡，1958年建立人民公社，1961年复建为镇。1963年撤区并社，复建人民公社，1984年1月改为乡，1995年6月撤乡建镇。目前，镇政府驻西镇街，辖26个行政村，381个村民组，1.4万户，5.6万人，是伊县人口、资源和经济大镇。

2. “西镇”由来

围绕着“西镇”的由来，当地流传着几种说法：

其一，很早以前，有姓西的人在这里生活过，后繁衍成村，所以后人叫此地为“西镇”；

其二，秦时，为便于运送粮草，而在此设立驿站，常停车辆，后来逐渐形成了乡镇；

其三，北魏及西魏时，“太和城”位于西镇，当时就车马云集，形成了较大的集市；

其四，据西镇老墁场“红椿寺”的碑刻记载：明朝万历十七年（1589）

四月初八，是规模宏大的“红椿寺”重修工程的竣工庆典之日，庆典地点就在现在的西镇。这天，由当朝太后的钦差大臣在众太监和御林军的陪护下，前来送金经、金佛，表示祝贺，各地各级官员、僧侣、道徒也都前来迎接和祝贺。由于庆典大会时人山人海，车水马龙，故称之为镇。此后，西镇每年都要照例按时举办四月初八古刹大会，一直延续至今，已有400多年的历史了。

对于以上诸多说法，或许最后一种说法更合乎实际，因为现在西镇仍保留有红椿寺的一些遗迹。但不管何种观点，都说明了西镇悠久的历史。

3. 西镇发展

据史载，西镇早在公元前五千年前就有人在这里繁衍生息。据《伊县文化志》中“第二期文物保护册”记述：“西镇西南高台地”为“新石器时代的西镇遗址”；《古文化遗址表》中也记述：“西镇‘三城’约2000平方米的地域为仰韶中期文化的遗址。”仰韶文化是黄河中游地区的新石器时代的文化。那时的西镇（三城），是一个或几个有血缘关系的族群，当时人们分布在东、中、西三地，过着部落生活。

进入封建社会后，西镇（三城）的生产和社会都有了很大的发展和进步，居住的人口也越来越多。据史料记载：北魏时期，这里建起了城池；西魏时期，这里驻兵，成为防御之所。《魏城碑记》碑刻显示：其遗址规模约为南北宽七百米，东西近千米，面积为1.5万平方公里。这一时期，可以说是西镇历史上最辉煌的时期。

明时，西镇仅有零星散户居住。到万历年间，由于红椿寺庆典大会召开后，特别是四月初八古刹大会兴起后，在西镇居住的人慢慢多起来。到了明末清初，西镇已初具规模。民国时期，先是被划为“太和里”，管辖多地；后又被划为南区，再后来就是现在的西镇区。

三、社会经济

1. 总况

西镇位于伊县南部深山区，总面积556平方公里，辖26个行政村，381个村民组，517个自然村，1.6户，6万人，是伊县人口、资源和经济大镇。

镇区坐落盆地中心，镇区面积2.4平方公里。近年来，西镇城镇化步伐加快，三纵四横七条街道和工业、商贸、居住、文化四大园区的镇区框架基本形成。镇区商户1500余户，常住人口达1.7万人。2000年，全镇生产总值1亿多元，财政收入147.5万元，农民人均纯收入2000元。2007年底，全镇生产总值8.3亿元，全年财政收入1400万元，农民人均收入3554元。到2010年底，全镇国内生产总值达13.68亿元，财政收入866万元，农民人均纯收入达5440元。

2. 民族构成

在民族组成上，西镇绝大部分人口为汉族，仅有少量回族和满族。当地满族的习俗已与汉族没有什么区别，而回族集中居住，自成体系，对当地汉族的习俗观念并无影响。目前西镇的回民主要分布于三个自然村，其中多以丁为家姓。1990年4月，县政府拨款在西镇HB村建清真大殿3间、水房1间，共占地667平方米，建筑面积132平方米。穆斯林在这里从事宗教活动、料理回民葬礼、处理民族内部事务。

3. 经济发展

伊县是一个传统的农业大县。西镇由于位于深山区，全镇耕地面积仅有2414公顷，以种植玉米、大豆、小麦为主。全镇共建小型水库4座、水塘56个、提灌站23处，40%农田可以灌溉。但最近七八年，很多的当地居民开始不种植小麦，只种一季的玉米（当地居民称为秫秫）。对于此种变化，老年人显然不如年轻人那样容易接受。在HB村T岗东头的一次闲聊中，当地居民郭奶与高嫂就此事展开争论①：

个案：郭奶，67岁②，非基督徒，小学文化程度，HB村T岗居民；高嫂，36岁，非基督徒，高中文化程度，与郭奶是邻居。

郭奶：近两年不种小麦，人太懒了。去年说是旱，今年到现在也没人种。

高嫂：（一年两熟）那股劲种那秫秫可瞎，实际上，群众们干招忙，多出力，也不见得多收成，所以说才种一季。（现在秫秫）再不收，一年四口人也吃不完。

郭奶：我看不如两季，打麦好些。

高嫂：两季投资也老大，人也老累得慌。

郭奶：就是哩。麦打下来，有天就得赶紧晒，老累得慌。种一季秫秫，不种麦的话就不咋累了。

上述对话反映了当地居民不种植小麦的原因：除收成不划算外，收割时天气炎热，人太辛苦也是原因之一。此外，当地不种小麦与地方气候特点也有一定关系。当地海拔较高，比临近平原地区的气温要低一两度，当地平均气温为14℃，比伊县平均气温（14.5℃）低，这就使得种植物的成长周期较长。有居民回忆，以前一年两熟时，小麦还未到收割的时候就要种植玉米，这使得小麦和玉米的收成都不好，甚至有时什么收成也没有，而现在只种玉米，玉米的收成比以前要多许多。同时，他还认为，把家中吃不完的玉米到镇上粮油店兑换面粉，也省事了很多。此外，当地的自然灾害也会使一年两熟的风险增大，当地一信徒告诉笔者，“这里种地没一点保障”，“不旱不涝（小麦才）能长熟，歪好一旱一涝都长不熟了”，“今年（2011）前半年一下旱到啥时候，一直到五月还没下雨”。而成长

① 为保护受访者的隐私，本书所涉及的人名均做了技术处理。

② 年龄计算的年限为出生年到报道时间，该计算能有效反映出报道人在报道时的年龄。

周期长使得种植作物的口感很好，如当地的玉米比平原的更香甜。即便是在西镇，当地居民普遍认为，海拔更高的南山所种植的“老两口”土豆（当地居民称为“芋头”）和玉米都比海拔低的地方更好吃。

从整体发展来看，西镇的经济发展主要依托其资源优势。目前，已建有县萤石矿 1 座。但相对来说，无论在利润还是从业者数量上，矿业和当地居民的关系不大。对于中药材资源，镇区已建有中药材大市场，占地 1.2 万平方米，为洛南最大的中药材购销集散地。在中药材中，当地居民以种植“枣皮”（山茱萸）和桔梗为主，产量多；其他药材多是天然野生，产量少，仅为靠山居民的副业收入。林果产品中，以种植香菇和木耳为主，一些家庭以此作为家庭主要经济来源。西镇前任教务组长李 ZJ 告诉笔者，他每年都种植香菇，年收入两三万，觉得收入还是很好的，并以此供儿女上完大学。

西镇浅山区槲叶坡生长的槲叶，是优质食品包装材料，主要加工出口到日本。西镇年产优质槲叶产品占河南省的 70%，占日本市场需求量的 40%。1995 年西镇槲叶成品加工厂已发展为 6 家，成为当地出口创汇的主要企业。同时，每年春天采摘槲叶也为当地居民带来一定的副业收入，特别在早些年，满山遍坡都是人们在采摘槲叶。这项活动甚至影响到了当地的中小学的假期。前些年每到春季斛叶成熟的时候，全镇所有的中小学都会放假一周，当地人称作“斛叶叶假”，即让学生上山摘斛叶卖钱，然后回校后交一定数额的钱，称为“勤工俭学”。直到近几年，这种假期才取消。另外，槲叶坡每年放养蚕种 1000 公斤，年收蚕茧 300 吨。

此外，西镇由于地处山区，有着较为丰厚的在旅游资源，目前已有 5A 级的旅游景点白云山国家森林公园，4A 级的旅游景点木扎岭原始生态风景区，还有卧龙谷等多个已经开发的旅游景区和众多人文景观，从而带动了当地居民的就业。家庭宾馆已成为旅游景点附近居民的重要的谋生手段之一。旅游产业已成为西镇经济新的增长点和支柱，带动了第三产业快速发展。

四、基础设施

1. 交通

伊县境内重峦叠嶂，沟壑纵横，制约了伊县交通事业的发展。1983年伊县就被省定为山区公路建设重点县。1995年起，借交通部对口扶贫机遇，伊县掀起县、乡、村修路高潮。2000年，除一个乡外，其他乡镇全部通公路，316个行政村通汽车。目前，311国道纵贯西镇全境。镇区设长途汽车站，班车可直达伊县县城和临近各县市。

之前去县城的路有两条：河路和西路，但都盘山、沿河而建。后来政府对西路进行重修，开凿涵洞多达十几个，即便如此，去县城还需要两个多小时。此外，由于西镇周围多为大山，修建公路的难度相对较大。即便是国道也仅为单车道，当地不少居民也都沿路建房，这些都导致当地容易发生堵车和交通事故。特别是在山道转弯处，视野不佳，极易发生事故。笔者在多次去县城的路上，就遇到多起交通事故。

由于西镇地势高低不平，故而当地居民极少使用自行车，基本上每家每户都买摩托车作为交通工具。由于镇域面积较大，当地公共交通工具主要为机动三轮车，当地人称之为“摩的”。摩的后厢上撑有敞篷，两侧各担一块木板作为座位。一般为个体运营，依据距离收费，起价一元。

2. 教育、文化与卫生

教育方面，镇内有县第二高中、初中、小学及幼儿园多所。1998年投资600万元建成可容纳3000人的镇中心学校，完善镇区幼儿园教学设施，新建和改建校舍面积达51431.5平方米。

镇区建有大型活动广场、影剧院、县文化馆西镇分馆等文娱设施。乡村电影队11个，业余剧团10个。当地GT村狮子上绳、铜器和SD村的高装、背装，在伊县民间艺术界享有盛誉，每年正月十五在镇区举办大型元宵文化艺术节。

镇中心医院，设门诊科室17个，配备有X光、心电图、B超机等基本医疗器械，医务人员100多人。2000年，镇中心医院又进行了全面改造，新配置大型医疗设备。此外，西镇还有村级卫生所26个。整体来说，当地公共医疗卫生水平还很低，存在疏漏，看病难、看病贵现象严重。此外，由于当地山多路远，有的地方离镇上有十几里远，坐车非常不方便。再加上当地人的经济收入非常有限，常常有病不是去镇卫生院就医，而是找村医或者用土方法治疗，治不好就换另一种方法，往往耽误了最佳治疗时期。

五、文化娱乐

相对于中原其他乡镇，西镇给笔者留下印象最深的是当地居民对文化娱乐生活的强烈渴望。每到晚上，镇上各个广场都是群众自发组织的娱乐健身活动，有跳秧歌的，有跳民族舞的，十分热闹。

西镇的文娱活动，突出表现在重要的传统节日上。一到春节，老百姓们纷纷积极参与，把文化娱乐活动推向高潮。受到河南电视台《梨园春》节目的影响，当地人在前几年的春节期间都会组织戏迷擂台，让热爱戏曲的广大群众能有展示自己的舞台，受到当地百姓一致好评。春节期间，西镇较大的村中都会演大戏，对此，当地居民形容道："三天戏，五天年，稀哩呼啦就过完。"在HB村，一到春节，就有音乐爱好者自发组织娱乐活动，比如扭秧歌，一般男性负责敲锣打鼓，女性则在场子中间扭秧歌。

相比较而言，西镇的元宵节要比春节更为热闹。西镇每年都要举办元宵灯展、灯谜。正月十六上午，在镇区还组织各种庆祝的娱乐活动。听当地居民说，前些年一直有舞狮、铜器、高跷、旱船、高装、背装等娱乐活动，但近几年种类越来越少，好的表演者都到伊县县城，在西镇大都只是“敲敲锣，打打鼓”。

西镇娱乐活动的兴盛，与当地一大批热爱文艺的人密不可分。他们经常在闲暇时间聚在一起，切磋、共享音乐艺术，并以此为乐。以HB村村民贺QW为例，他从高中开始跟着学校的音乐老师学拉二胡到现在，几十年的时间没有中断过对音乐的热爱和探索。现在他已自学了包括电子琴、手风琴等多种乐器，每到清闲的时节，几乎每天都会有附近村子同样喜欢音乐的人去他家里，他们时而合奏，时而有唱有奏，时而一起高歌。这些好友经常是吃过早饭就相约去到他家，一直到晚上才离开。他们的音乐和快乐，也感染了村里其他的人，只要他家有音乐响起，就会有或多或少的村民前去欣赏。尤其是春节和酷暑的晚上，那里俨然是一个火爆的小型剧场，时不时也会有爱好唱戏或唱歌的村民加入他们的行列，唱上几段。不管唱得好与不好，那种真诚、那种热情，总会让在场的每一个人感受到那种纯粹的快乐。此外，贺QW还经常自己动手制作孔明灯等手工艺制品，其生活可谓丰富多彩。

经常与贺QW一起玩音乐的人中，有一位是同村退休的中学教师黄老师。黄老师的人世经历了无数坎坷，可他却从未间断过对音乐的热爱和追求。期间他曾自学五线谱，并在还是民办教师的困难条件下，花了全部积蓄加外债二百元买了一架他至今还小心呵护的电子琴。用黄老师自己的话说：“音乐为我的生命保驾护航。”

镇上还有一位卖饲料的老郭，他每天在店里除了卖饲料外，大部分时间都用于玩音乐。他在店里靠后的地方摆放着他每天必玩的二胡、电子琴等乐器，也经常有喜爱唱戏的乡亲到他那里让他伴奏，唱上几曲。另外，老郭还喜欢练书法，经常会为自己的饲料店手绘一些宣传画放在门前，并做一些文字说明，以此吸引顾客购买他的产品。春节时他也会为了正月十五的灯展，自制画有肥猪的观赏灯挂在自家门市前。在西镇，像这样热爱音乐的人还很多，他们不惜付出金钱和时间，陶醉在艺术的海洋里。他们对艺术的热情和执着追求，陶冶了自己，同时也引领了西镇人的文化娱乐生活。

第三节　变迁下的文化传统

西镇的文化传统保存较好，并影响着当地居民的思想、价值观念和行为。总的来看，当地文化传统可分为社会行为（习俗）和思想观念两个层面，前者主要包括传统节日、人生礼仪、民风，后者包括传统观念、历史记忆和传统信仰。

一、传统习俗

1. 传统节日的保留

随着社会的变迁，不少传统的节日在当地已很少庆祝，如寒衣节[①]；另外一些节日，如端午节、中秋节[②]、祭灶节[③]等，即便是过，很多人也觉得意义不大。不少人就认为过不过都一样，即便是过也大都是“吃顿好的”。但一些重要的传统节日，当地人还是十分重视的：

春节，当地居民称之为“年下”“过年”。除夕和初一早上要吃水饺，

① 农历十月初一。民间传说为鬼节，家家户户备置五色纸、冥币、供食等，日暮在祖先牌位前或到十字路口焚烧祭奠，给故去的亲人和“游魂路鬼”送钱、添置寒衣。

② 由于当地年轻人大都外出求学、工作、打工，中秋期间很难返回，家人不能团聚，当地居民对中秋的态度越来越冷淡。

③ 农历腊月二十三，传说为灶君夫妇上天界省亲奏事的日子，故家家户户备佳肴饯行。在厨房内贴灶王夫妇像，两侧多书“上天言好事，回宫降吉祥”“二十三日去，初一五更回”对联，晚餐前要摆供香，燃放鞭炮。晚餐一般为火烧馍、粉汤。

从初一到初五一直称为过年，所以初五早上还要鸣炮以示年已过去，这被称“破五”。从初二开始才能“瞧（走）亲戚”。过年时，当地的风俗规定有一些禁忌，如已婚女子不能在娘家过农历大年初一和腊月二十三。

二月二，即农历二月初二，处于二十四节气中“惊蛰”前后，当地居民认为是“龙抬头”的日子。这一天，当地居民会到自家祖坟处上坟，即进行祭祖活动，添土、挂白纸、摆供品、燃香、磕头祭祖、燃放鞭炮。而在清明节，却很少有人祭祖。

2. 礼俗：人生礼仪

（1）生育礼俗

家中添丁是家族的一件大事，也是人生礼仪中的一件大事。当地居民称女子怀孕为“有喜”，生子叫“添喜”。

孩子满月时，亲朋好友都要去“送米面”，即去探望产妇和孩子，表示祝贺和关怀。这时家庭会举办宴席，称为“待米面客”。传统礼品主要有白面、鸡蛋、红糖、花布和小孩衣物等，这些年逐渐变成送现金。一般生男孩或头胎都会大宴宾客，但有的家庭生女孩不待客。

当地风俗要求，孕妇不能在娘家生孩子；产妇生下孩子一个月之内称为“月子婆娘”，不能串门，也不能回娘家。

（2）婚嫁礼俗

当地的婚嫁礼俗仍较完整的保持传统样式，但也有所改变。首先是说媒提亲，以前在山区很多结婚并不是自由恋爱，而是由“媒人”介绍。如今即便是自由恋爱，也要找一个媒人从中说媒。说媒一般不少于三次，其内容分别为：第一次是媒人到女方家中，征求女方父母同意双方以结婚为目的交往。第二次是订婚，一般男方要给女方一定的彩礼，现在基本为结婚双方一起到县城购买衣服和“三金”（戒指、耳环、项链），另外要给女方一些现金。现金以前不多，只是“意思到”即可，近两年却从临市传过来风俗，金额较之前多了许多。这与当地经济发展也有关系。一般来说，订婚需要两三万。第三次是商量出嫁事宜。婚事征得女方父母同意后，男方择好结婚的吉日，并将日期写在红纸上，再备好礼品，由媒人和男方父亲送到女方家里，商讨婚嫁事宜。礼金一般要比订婚时的多。

传统的婚礼只在男方家举行，但这些年也有很多女方家庭在男方举办婚礼前几日，在自己家中招待前来贺喜的同宗近门、亲友街邻，当地称之为“添箱”，贺礼现在多为现金。

当地传统的结婚仪式是在早上举办，但现在由于有的结婚双方离得较远，为了迎亲的时间更充分，也有在中午办的。在结婚前一日，男方家中会将所有门上都贴上婚庆的对联，婚房中还要贴大红“囍”字和窗花剪纸。另外，还要组织一个迎亲的队伍，一般要有双数的男性和一位女性，这些人的属相必须要和新娘和新郎的相合。其中男性主要是到女方家搬运嫁妆，女性则是接新娘，帮新娘拿一些贴身东西。结婚当日，迎亲队伍会按照事先算好的时辰去女方家接亲，现在迎亲队伍一般是轿车，而轿车的数量和档次要视家庭经济情况而定。男方的迎亲队伍从家出发的时候，要放炮，表示要去迎亲了。走到女方家门口时，也要放炮，这是为了让女方家人听到炮响，知道是迎亲的来了，好出来迎接。这时女方家一般由姑、姨等亲属出来迎接，男方就拿出准备好的油馍篮，现在也可以拿红包给女方亲属，然后女方会将男方的人请进家中吃饭。饭后男方的人要把新娘的嫁妆搬到车上，原则是一人只能搬一次，搬不完的由女方的人给送出来，而男方要给女方帮忙搬运的人封分（红包）。等嫁妆都装好车，新娘子就要准备坐车走了，但有一点是要遵循的，就是要等日头发红方可出发。也就是说等太阳出来了，女方才可以出发。从女方家出门的时候，新郎官要与新娘共打一把红伞，把新娘护送到车上。到车上后，由女方家的侄女拿出家里准备好的绿鞋子，让新娘换上，而这双绿鞋是不让沾地，也不让再穿回娘家。

女方随身携带的东西主要是用床单包裹的成对的洗脸盆、梳子、镜子、衣饭碗（吃饭的小碗，寓意女儿出嫁后衣食无忧）、烧饼（当地的老习俗是结婚时要烙烧饼，上面点上红点，让客人吃。当地有一种花就叫烧饼花，因为结的果子和往年做的烧饼极其类似。现在这些年大家都不稀罕吃这些，就不做了，改用市场上卖的米饼代替）等。另外，以前新娘要为新郎家的每一个人做一双鞋，现在都改为买鞋。当一切都准备妥当的时候，就放鞭炮，启程回男方家。往年人娶亲多是步行或是骑马、骑自行车，行进速度比较慢，有时候同一天会有很多对新人结婚，如果路上遇到别家结婚的，双方要互换手绢，以“驱除不祥”。

迎亲的人回来时，从进村开始的所有井和磨盘都要用红纸或红布盖上，不能让新娘看见。等新娘快娶到家的时候，男方家门口要放鞭炮迎接。等女方从车上下来的时候，要另外换一双鞋，或是由新郎抱着到屋。当新娘进大门的时候，会将门口放着的两堆由红纸包着的干草堆点燃，进而引爆里面放的花炮，传说这样可以避邪。当地人在“驱赶邪气”的时候会说：你走不走，不走用干草出溜（抽）你。表明干草在当地被认为是“驱邪”之物。烧干草实际上就替代了其他地方跨火盆的仪式。在进门的同时，会有人向新娘头上撒五谷、硬币十二个、栗子、核桃等。

当新娘被接进屋里的时候，会由男方家的妹妹或是侄女给新娘端洗脸水，新娘给她们“封分”（给红包）。然后男方家的婶子会给新娘端来面汤，这时新娘是不能喝的。因为按照老规矩，以前的婆婆都十分厉害，新娘进家门要端一端架子，表明不惧怕婆婆，以前甚至有把面汤倒在地上的传统，现在都是放在那里不喝就是了，但要给端面汤的人“封分”。最后再由男方的女性亲戚，把女方家带来的饺子煮好，盛到新娘带来的衣饭碗中，端给新娘和新郎。这碗饺子新郎和新娘是都要吃，同时也要给端饺子的人“封分”。

在宴席开始之前，新娘和新郎要去谢厨，就是给做饭的厨师送去香烟、肥皂、毛巾和红包，并且敬酒以示答谢，然后就可以开席了。开席之后，新娘和新郎要去给席上的每一位亲戚朋友敬酒，其意义主要是让新娘子认人，但由于去的亲朋好友多，一般只介绍近亲给新娘。

结婚当天婚房中的灯要一直亮着，以前是点蜡烛。另外，当地人认为“新媳妇头上三尺火”，所以新娘三天之内不能去别人家。

新婚第二天，新娘由长辈接回娘家叫回门，新郎要由同辈人陪同到女方家，女方家设宴待客。结婚后的第三天中午，男方家要请邻居、亲戚和几个老人去家中吃稠面条，谓之“喜面条”。到三天之后，女方家的兄弟姊妹会去男方家中接新娘回娘家，在娘家住三天之后，新郎再到女方家将新娘接回。从此以后就可以与娘家自由来往了。

另外，结婚当年的六月六，新娘要带上油馍篮，回娘家看望父母、姑、姨、叔、伯、舅等亲人，当地称为“望夏”。现在新娘主要带买的礼物去，比如牛奶、方便面之类的。这些亲人要为新娘买扇子、毛巾、汗衫等过夏用品。到了春节的时候，新娘和新郎要到双方所有的亲戚家中去拜访，称之为“认亲”。以前主要是带油馍篮，现在多是买礼品或是带一块用红纸包着的猪肉，称之为“礼”。

嫁娶时，添箱送礼，当地一般为 30 到 50 元，100 元的很少，只有近亲和挚友多一点，一般为 100 到 500 不等。相比较临近地区的“礼重”（至少 100 元），西镇的礼金不多。

不同于邻近地区的流水席形式，如伊县北部的“三八场”或“八碗四”，当地是传统的“十大碗”，多为萝卜菜[①]。虽然样式显得单一，卖相也不好，但是吃起来味道还不错。到第七碗为凉菜，可能为提醒可以离席了。餐桌

① 当地特色菜，把萝卜菜和五花肉烩在一起。

也不是高凳大桌，而是低凳小桌。对于当地人来说，这种独特的酒席有着其他形式不可替代的作用，那就是做起来省事，成本低，基本上礼金就够用，还有剩余。这是由于当地参加宴席（“吃桌”）基本是全村出动，还包括紧邻的村庄；而且，当地的习俗一般是递一份礼金，但全家出动去参加婚宴，因此，当地每场婚宴的参加人数十分多，坐四个人的桌子至少要有一百桌，所以菜并不精细。此外，参加婚礼的亲朋好友都是在婚礼的前一天晚上，甚至中午就到新人家里去递礼金，新人家里要准备和第二天婚宴一样的晚餐招待客人。晚上一些家离得远一点的亲戚都会在新人家里留宿，等吃过第二天早上或中午的正式婚宴之后再离开。那么，对于办婚宴的家庭来说，就要操持两顿一样的婚宴。所以，面对不多的礼金，这么庞大的人群，还要办两次，如果按其他地方的流水席来操办婚宴，开支将是一般家庭所负担不起的。因此，当地人世世代代选择了这种“十大碗”的形式来招待客人，目的主要是给自己省事、省钱，也能让客人吃饱。当地，也曾有人照着“三八场”宴请，但由于当地“礼轻”，一般都要往里贴钱。如果有人这么做，就会被视作要“讲排场”。

也许这种习俗跟当地人之前生活条件差有关，人们对于能吃上这样一顿饭菜十分向往，因此会全家出动享用难得的美餐。这种物质上的匮乏也造就了当地人不讲究饮食的习惯，就算是现在很多人的经济都比较宽裕，但饮食方式与以前也相差无几，多是吃制作较为简单的面食和大锅烩菜。他们更愿意将钱省下来，花在供养孩子读书和盖房子上面。现在有些经济条件较好的居民家里举办婚礼，也还是选择这种传统“十大碗”的做法，但会多上一碗或两碗。

制作婚宴的主勺人一般都是由嫁娶家庭出钱聘请，他们多是以此为生。但负责洗碗、烧火等打杂的工作要近亲、邻里帮忙料理。为能将具体事宜进行详细分工，各自准备，当地要设总管、礼桌、库房、照客、旋风、大小厨等执事人员，并将其写在红纸上，贴在墙上告知。

（3）丧葬礼俗

当地丧葬礼俗基本保留传统的风俗，变动不大。丧葬礼俗只能针对老人，小孩夭折的，过去大都不能埋葬，而是扔在后山，现在的要求就没这么严格，可以埋葬，但一般不进祖坟。

家中老人去世，先是通知四邻，然后派人向老人的舅家报丧。家中的晚辈人都要戴孝帽、穿孝衫，在鞋头表白布。“办白事”，首先要给死者换全套新衣服。换衣服是一个技术活，死者家属都会提前请来有经验的人前来帮忙。据当地人说，如果死者股间有屎就被称为“死前留一泡”，这是死者为后代留的最后东西，是一件对后代有利的好事。停尸时，先是找一门板，上面放草铺，置于堂屋。随后，将死者头朝门外、脚朝里停放，脸上蒙一白布，并将双脚扎起来。据当地人说，这是因为怕死者受到惊扰而诈尸。靠近死者头处为摆放贡品的小桌子，贡品一般为“倒头肉”，一般为插着筷子的猪肉块。此外，有两份面食和纸、箔、香等祭品，正中点老式的香油灯。

守灵中，死者嫡亲、近族晚辈，无论男女都要在一旁守着。遇到近亲或吊唁的人前来哭，这些孝子们都要陪哭。哭的是否厉害成为当地人评判近亲是否有孝心以及其他人关系远近的依据。一般守灵三昼夜，其后设奠，请亲友前来吊丧。前来吊唁的亲友所带祭品中，“火纸”和鞭炮是必备品，他们将祭品放在供桌上，鞠躬或磕头。这时，都有主礼人高喊，“孝子回礼”，跪在一侧的孝子对前来吊唁的亲戚、朋友四邻，不分大小，在来人鞠躬时都要磕头回礼。一位居民回忆道，由于跪拜的时间较长，行礼结束后不少人站不起来，都是旁人搀扶起来的。

吊唁时，死者的家庭设立账房，一般为在一小饭桌上进行登记，专门负责登记亲友送来的钱、挽联、花圈等。招待吊唁人的酒席，一般也是“十大碗”。

其后，将死者饰容后装殓即入棺，长子负责抬死者头部。当地有老人的家庭提前几年就已置备棺材。棺木多用桐木、柏木。棺木做成后要涂黑漆，不用时，过年要贴上“百年不用”“千年不用”这样的红帖，以象征长命百岁。钉棺前，至亲、近戚都会前去瞻仰遗容。入棺时，棺内放衾褥衾被，在死者的头部、腰部、脚处分别放 4 枚、3 枚、3 枚硬币，为“十全”。硬币前些年多用方孔的清代古钱币。近些年，都放入现在发行的硬币，多为 1 元的硬币。

在坟地选择上，要先请风水先生确定坟位方向，以求福荫子孙。在殡葬前一天下午和晚上，由孝子行九叩礼。起殡赴墓地时，孝子举花圈、纸扎的房子等前行，由懂礼的人端供品在前面引导，长子抱遗像，次子等执引魂幡在棺前哭行，其他所有送殡孝子执“哭丧棒”在棺后跟随，沿路撒方孔纸钱。掩埋时，孝子向墓穴铲放第一锹土，而后所有人参与封土，形成丘状，随后插引魂幡于墓首。

3. 民风淳朴

（1）孝敬老人

在当地，如果你孝敬老人，就会被大家格外尊重。相反，大家对于不赡养老人的村民则是十分鄙视的，都不愿与之过多交往。受这种风气的影响，当地人都比较看重自己在孝敬老人方面的形象。这方面较为典型的是一个叫吕 YJ 的人。当地居民经常谈起他，一是说他家住深山，非常贫穷，但刻苦努力、“聪明”[①]，现在发展很好；二是最令当地居民敬佩的是，他曾先后把他的父母、三个姐姐、岳父、岳母接到身边，让他们都得到很好的照顾，颐享天年。

① 当地居民认为读书好的就是聪明，也大多以聪明和“记性”（记忆力）来评价别人。

（2）裸浴

在西镇的各个村庄，每到夏天，就会有很多村民到附近的河里洗澡，这种习俗延留至今。他们三五成群在河流的一段裸浴，而且男人与女人洗澡的地方不过 50 米远，相互之间完全能够看清楚对方的轮廓。就算是离人来人往的村落大桥不远，他们也都毫不在意往来的路人。尽管对外地人来说，有些诧异，但对于当地居民来说，是一件很自然的事情，都没有太过在意。不过，由于这几年过度采砂，把河道弄得很脏，一些村民经济富裕了，在自家房子里面盖了能够冲凉的房间，就很少有人到河里洗澡了。

4. 其他

吉日。在当地，一旦盖房破土动工、生意开张、出行、迁居、婚嫁、垒灶台等，都要请人择吉。当地把农历逢三、六、九日或腊月下旬当做吉日，有“三、六、九，不问就走”之说。

忌讳。出行择日，有“七不出门，八不回家”的习惯（即逢农历七、八的日子）。人亡忌讳说“死”，对长者称“老了”，对中年人称“不在了”，对幼儿则说“板了”。

二、传统观念

1. 讲面子

当地居民的饮食比较单一，做法也都较为简单，主要吃当地产的农作物，以小麦、玉米为主。早上面汤、玉米糁汤，吃馒头，中午多为捞面条；晚上一般喝稀面条、糊涂面条。当地传统饮食中的蔬菜种类相对较少，其原因主要是前些年当地交通不便以及经济发展相对落后，因此吃菜基本得依靠自己种植；同时，由于当地土地资源有限，大都距离住处较远，所以蔬菜的种植大都在自家的院中和周围，有条件的在村落边的自留地上种植，种类十分单一。当地居民大都会种植萝卜、白菜，在夏、秋，蔬菜品种较多，到了冬天就只能吃储备的白萝卜和白菜。当地居民都非常偏爱白萝卜，每家每户都种植许多，一是萝卜相对容易储存，只需埋在地中即可；二是与饮食习惯有关，可以和肉一起做出萝卜菜，而萝卜秧还可以腌制做成“黄菜”（即酸菜），成为面条的必搭菜。这一习俗在当地非常普遍，一些现在移居外地的人，还会托家乡的人带黄菜过去。春节时，待客也是以萝卜菜为主。

有趣的是，这些年随着当地居民经济条件的改善，他们的饮食习惯却没有太大改变，吃的样式仍然比较单一。因为自己家里种的菜只有那几种，菜成熟的时候很长一段时间都只吃那几种；自己家菜少的时候，就少吃菜，或吃自家的腌菜，而不会经常花钱到镇上花钱购买蔬菜。笔者的岳父就非常喜欢喝糊涂面条，认为这比炒菜什么的要好多了，他经常说，这里的人吃的都一样，再有钱也是吃这个。对于他们来讲，吃得差不多就好，不愿花过多的精力和金钱在这方面。

与不重饮食的习惯不同，当地人普遍比较注重穿着，他们认为俗话说“穿衣吃饭”，先穿衣后吃饭，更愿意把钱花在着装上。

当地人最大的开支是用于修建房屋。这些年当地农村经济有了较快发展，很多农民通过进城打工等方式攒了一部分钱，纷纷在自家宅基地上盖起来楼房。也有很多村民都表示，说自己家原来的瓦房或平房住起来还是蛮舒服的，只是不如现在房子的样式好看，所以都忍痛推倒旧的，盖起新的来。其实，有很多村民盖房子的钱都是辛辛苦苦、省吃俭用大半辈子积攒下来的，也有很多是需要转借亲戚朋友的钱才能盖得起房子的。

当地居民不注重饮食，但注重穿衣和住房。对他们来说，房子盖得好、衣服穿得好，别人都看得到，才“排场”。由此可见，“面子”在当地居民观念中的重要程度。

2. 重功名

（1）重教育的功利性动机

作为山区的西镇，主要以农业为主，大部分人都要从事非常繁重的农业劳动。尽管这些年有很多人走出大山，到外面的城市打工挣钱，但由于没有较高的文化水平和特殊技能，也只能从事最简单的机械操作，或在一些建筑工地里面做苦力。因此当地的大部分人都认为孩子要想有出息，只有好好学习，考上好大学，在城市得到一份安稳的工作这一条路。因此，当地人把读书的重要性看得很重，并把读书看成是功成名就的最重要途径。①

在当地，家长教育孩子时会给孩子讲一些模范人物，主要就是当地考上大学，现在有成就的人。其中，章 JG 的事迹基本已成为标准教材在当地广为流传。笔者在 HB 村时，也有不少居民对笔者谈论起。章 JG 是西镇 SD 村人，现是一所知名大学的博导。当地人都知道，他小时候上学时，学校离家比较远，每次回家吃饭时，为了节省时间，回到家后会盛好两碗饭，一碗在家里吃，另一碗端着在路上吃，吃完了把碗放在路边的草丛里，回家的时候再捎回去。在学校里，他同样也是最努力、最聪明的学生，他经常在课堂上指出老师讲错的地方，老师也经常让他代替自己给同学们讲课。现在，身为知名高校博导的章 JG，同样能给自己家人带来很多帮助。比如说他父亲得病时，把父亲接到北京，花了当地人眼里的天文数字治好了父亲的病。另外，他的几个兄弟也在他的帮助下，过上了富裕的生活。在当地居民看来，章 JG 通过努力求学，过上大家羡慕的生活的事例，充分证明了山里孩子完全可以通过自身努力学习，过上城里人的富裕生活。这就是成功，而章 JG 就是成功的典范。所以，当地很多家长都以此来激励自

① 曾经是唯一的途径，但随着物质观念的发展，当地人又加入金钱上的评价。这一点在下一部分内容会谈到。

己孩子努力学习，成为成功的人。

在当地这种注重求学风气的影响下，有很多学子都在求学路上奋力前行。在HB村T岗，王YJ一波三折的求学之路，被当地老乡认为是坚持才能成功的楷模。他曾经参加过三次高考，第一次是由于考试时身体不适，监考老师为他端来了水让他吃药，结果不小心把水洒在了卷子上，因此失去了第一次上大学的机会；第二次是高考之前，在把自家粮食搬往学校食堂用以换取粮票的时候，掉到深沟里面，导致双腿骨折，这样又失去了第二次高考的能力。尽管如此，他那原本十分贫瘠的家庭还是支持他复习参加第三次高考，终于在第三年金榜题名，考上大学。大学毕业后，一直在山东工作。

由于条件所限，求学成为当地居民改变人生命运的重要途径，同时也使得受教育的动机太过于功利性，即过多注重教育所带来的成功，而非教育本身。

（2）功名上的评价与求学现状

在当地，走出去的当地学子大都从事公职，在当地人看来这种“吃公粮”的工作是非常令人羡慕的。

现在，有很多家住山区的孩子，他们从上幼儿园开始就要到离家几十里的地方上学，而且好多学校没有食堂也没有宿舍，因此孩子们需要在学校附近租住民房。这些孩子的父母都在大山里面，每天都有很多事情要做。因此，有的母亲会舍弃家中的事情陪着孩子，给孩子在出租房里做饭，照顾孩子的饮食起居。而有的家庭只有一个家长，或者是实在走不开，就只能由年幼的孩子独自在外求学。这些孩子要自己应对全部的日常生活，十分辛苦。

如此强烈的求学动机，使得当地学生，特别是高中生的压力非常大。相比较章JG这一楷模学生时代的努力，当地人真正在意的是他现在所取得的成就，以及他给家人带来的实惠。可以说，如果他没有取得功名，那么他的努力不仅会被遗忘，更可能成为一种笑谈。高考过后，HB 村有家孩子小鹏再一次落榜。小鹏高考已有六年，尽管很是努力，但一直没能成功。而且，小鹏家的经济并不好，父亲挣不来钱，母亲靠在斛叶场打零工挣点钱。但小鹏仍坚持想考上大学，要求再复读一年，考上大学。此事在村里看来，说明他不够聪明，“人的脑子努力到一定程度就到尽头了”。还有人说“他家的祖坟不冒青烟，就这个命了”。此外，甚至有人还举出例子来说明小鹏的“不聪明”：“那年春节他家卖肉，他舅去他家买肉，看他家可怜，给的钱多了一点，他硬是不要，把钱算清楚，把剩下的钱给他舅。你说他有多不会办事！”

（3）变化：从功名到金钱衡量

随着这些年大学扩招等一系列变化，当地很多大学生毕业后找不到很好的工作，一些人初中没毕业却能在城市里打工挣不少的钱，这也让当地民众对于通过上学找出路的信心减少了。同时，由于这些年社会的大环境从原来人们以自己是“公家人”为荣，变成了以“有钱”为荣，当地人也从原来单纯对于功名的追求变成了对于利益的追求。

当地居民都对赵 SY 家的儿子羡慕不已：博士后，每月工资上万。但赵 SY 却说，相比较其他几个经商的子女，他这个身为博士后的儿子是收入最少的。并感叹道：“说来说去都得经商，经商的人才能挣钱。”

HB 村王婶在谈到小鹏时，认为他的坚持“差窍（傻）成啥”。她说：“上学也是图挣钱，图个生活。”“你就当是出来考个公务员，村官也是公务员，镇长也是公务员，就是当个镇长工资该有多高啊？”王婶仅从金钱衡量的角度，就连管辖的他们镇长也看不到眼里，说明当地人在对待名与利的态度上，已经有较大转变。

现在，当地居民已不再完全以上学的好坏来评价，他们对成功的评价标准已不再是单纯的功名，而是结合金钱上的考虑：从原来以自己是“公家人”为荣，变成了以有钱为荣。现在即便这个人上学很好，或在政府部门工作，但是收入不多，大家也不羡慕；相反，不管受教育程度如何，只要这个人挣钱多，大家都会对他刮目相看。能挣到钱就是大家的追求目标。一个被当地居民视为在深圳“混社会”的华子开车回家过十一节假日，被不少人评价为“有本事”“能挣钱”。

虽然从表面看，从重功名倾向于重物质，但对物质的重视一直就很重要。在过去，功名是确保自己物质利益的最有效途径，因而形成当地只重功名的初始出发点，所谓的名声和“面子”也是建立在这个基础之上的。也就是说，变化的只是实现的途径，不变的是利益。这种变化反映的实质一样，即追求自己的最大利益，而衡量的标准是与同时代的主流态度相吻合。

（4）影响：村庄日益呈现阶梯状的空心化

出于对孩子教育、结婚、交通便利、未来发展等因素的考虑，居住在山里的村民大都准备迁往街道附近。近两年随着当地政府政策的鼓励和收入的增长，在镇区及附近村庄建房、购房成风。同时，随着外出工作和定居的人越来越多，一些临近镇区的村里开始出现老人化和空心化。如HB村T岗村民的子女大都考上大学在外定居，很多房子都是只有老人在家留守，或者无人居住。

当地居民的迁移多是两种情况：一是从深山迁往街道附近，二是从当地（包括街道附近和深山区）直接迁移到城市。但由于受到传统意识的影响，在当地人看来，祖房是不能轻易出售的。这使得像HB村T岗这样的临近镇区的村庄，也出现严重的空心化现象；而与此同时，T岗周围特别是临近去往镇区的道路旁边的很多土地，都被从深山搬出来的居民购买用于兴建住房。

3. 重子嗣

当地对子嗣非常重视。从西镇实行计划生育到现在，即便是超生，也会要儿子，甚至有的连“铁饭碗”也不要，就为生儿子。

究其原因：一为养老。在当地人看来，女儿嫁出去之后就是一门亲戚，“嫁出去的闺女泼出去的水”，就是人家的人了，而儿子则要负担对父母的赡养。如果只有女儿，父母则要招一个女婿上门。如果一个家庭里面是两个儿子，在至少保留一个养老的基础上，是允许其他的儿子成为别人家的上门女婿，并不觉得有什么丢脸的。因为，当地不少地方为山区，人烟稀少，大多地方经济收入非常有限，所以当地女子大都会嫁到镇区、临近公路街道和旅游区这些比较富裕的地方，这造成当地不少男子“找不到媳妇”。也可能是这种资源的紧缺，使得当地女性的地位要比临近地区的高。当地较为普遍的现象是“男人在外打工，女人在家打牌”。而入赘，在临近地区却是一个让人看不起的做法，被认为“把自己的祖宗都丢了”。

二是，传宗接代。当地习俗认为有儿子则意味着“自己这一支没断”，没有儿子就是再有钱也会被人看不起，甚至还会被人欺负。有时候，儿子也成为“证明自己品德”的一个证据。有一对亲弟兄，关系一直都很不好。弟弟个性非常要强，什么都要做得比别人特别是哥哥家强。而且，他对自己的父母并不十分孝敬。有同族的长辈就此事批评他，他很不忿，说：“我没良心，还能生两个儿子？”以此表明自己的孝心。

当地这种重视儿子的观念至今也没有大的改变，现在西镇医院的大门口还悬挂着“禁止婴儿性别鉴定，杜绝非医学需要人工终止妊娠”的标语。

在实际生活中，家庭中的男人必须要参与家中重要的事情。比如 HB 村 T 岗组有两家居民因为宅基地问题引发矛盾。最后，其中一家的男主人决定做出让步，但要等到两家都正在上大学的儿子放假以后，当着两家儿子的面解决问题，也就是要让自己儿子清楚两家的争端，更要让对方儿子知道是自己家做出的让步。值得一提的是，这两家其实都有女儿，但她们在这件事上始终没有被要求参与其中。

由以上事例，充分说明当地重儿子的风俗是普遍的，也是根深蒂固的。究其原因，最主要的应该与中国农村几千年的生活方式有关，即以繁重的农业劳动为主。那么，在这种情况下，儿子就显然比女儿有优势。同时，在农村地区，当家庭面临外部侵犯的时候，男人被认为是家庭最好的保护者。所以，那里的人们更愿意生男孩来增加家庭的劳动力和捍卫自己的利益。

4. 家族观念

伊县地区家族的观念很强，突出表现在当地人对族谱的编修上。据《伊县县志》记载，该县共有 378 个姓氏。除极少数是原居民外，绝大部分都为外来者。据记载，元末战乱，自然灾害频繁，使得中原人口锐减，田地荒芜，而山西则“地狭人稠生计难”。明代，官府大规模从山西向河南（包括伊县）移民垦荒复耕。清代又大量从山西向河南移民。伊县民间久有“洪洞县大槐树下迁来”的传闻，许多姓氏族谱也都明文记载。西镇前湾宋氏家谱记载，明初宋东山（举人）带 5 个儿子由山西永济县上路村迁豫。为纪念山西祖籍，宋东山为五个儿子改名，名字中间的字为“西”，最后一个字为迁移地名。自 20 世纪 90 年，族谱编修风行，伊县大多姓氏都修族谱，以记载着姓氏来源和发展变化情况。一般由同族中有文化的老人筹办，到各地同族中专访、记录资料，然后整理印刷，费用由各家集资或在外人员捐资。新修族谱都把妻子、女儿记载其中。至 2000 年，人口比较集中的大姓都修印有族谱。

西镇情况与其相同。以西镇 HB 村 T 岗为例，这个组分东、西两队，其中东队主要是王姓家族的人，西队主要是贺姓家族的人，两个家族都修有家谱。从两个家族的家谱看，有一些共同之处：（1）两家家谱显示，他们都是从外地迁移过来的。最初都只有一个家庭，后来发展成了一个大家族。（2）从捐资人来看，都是自己家族中现在经济条件和社会成就较高的人。他们修建家谱的目的，除了使本家族的人能够了解整个家族的历史和现在，很重要的一点就是为了给自己树碑立传，这一点从家谱中对修谱人单独的大篇幅介绍可以看出来。（3）两家的家谱都没有按照传统只记男性的原则来写，而是受现代社会男女平等思想的影响，将所有的女性族人也列入其中。

对贺姓、王姓的基督徒来说，他们也欢迎族谱的重新撰写。但他们多是依据《圣经》内容，认为旧约中记载亚当以下各代的名字，与族谱一样。总之，族谱的修订加强了当地居民的家族观念，进而促进了人们对祖宗崇拜和其他传统习俗的追求，使之保留并形成一种社会压力。

三、历史记忆

西镇历史悠久，尽管随着社会变迁，历史的记忆并不详实，但在地名、历史人物传说和传统表演中得以体现出来。

1. 地名

太和山和太和城。太和山位于西镇南，现在俗称摘星楼。得名于汉魏时期，与道教有关。当地人大多只知道摘星楼，却不知其原名是太和山。太和山附近的太和城，是现在西镇所在地。现在西镇街在当地人的称呼中，可以分为东城、西城和中城。但是大部分人只知道是这么叫，却不知道怎么写，更不知道是什么意思。

顺汝河而下，有一个官亭村。对于官亭这个地名，当地大多人都能说出其历史根源。清朝时守备衙门设在 SD 村。因经常会有上级官员前来，守备衙门便在其通往县城和州府的必经之地建一“接官亭”，作为迎接和送别莅临上级官员的处所，寓有“送君十里长亭”之意，以彰显其热情好客和谦恭之情。

SD村守备衙门。当地人对于清朝时在SD村所设的守备署，大都比较熟悉，称其为SD村守备衙门。该衙门存在时间较长：从乾隆七年到宣统三年，有170年之久，所以这段历史在当地人的记忆中也较为深刻。当地很多人都知道，现在的镇二中就是守备衙门的原址，而且当地至今还流产有许多关于当时官员公正廉明，敢于惩恶扶善、伸张正义的故事。

除了前面提到的“GT村”，还有一些由SD村守备衙门产生的地名。比如“校场沟”，它位于衙门北边的山沟，由于地势平坦，为当时衙门兵丁练兵比武之地，故得其名。还有“养廉沟”，当地人传说曾经有位守备衙门的邱大人，每半年就要到这里访贫问苦一次，为百姓排忧解难，为群众所敬仰。随后的每任官员都效仿邱大人，把这里当成了沟通百姓、拒腐倡廉的基地，故后人称此地为“养廉沟”。

2. 历史人物传说

西镇历史上出现过很多的历史人物，尽管很多的事迹都不十分详细，但一些依旧在当地百姓的口中流传，为当地代代相传的“说瞎话”提供了丰富的素材。

关于刘秀。西镇传说西汉末年，刘秀起兵讨伐王莽，因寡不敌众，被王莽穷追猛打，逃亡中途经西镇。所以，在当地留下了许多有关刘秀的传说和印记。有因刘秀登高望乡得名的“望乡台”“望石沟”；因刘秀在此明白正确行军路线得名的“明白川”“明白河”；因刘秀喝米粥后向南跪天感恩而得名的“黄柏”（“皇拜”的谐音）；因刘秀跪拜过的石头而得名的“跪拜石”（当地现简称“拜石”）；因刘秀休息过夜的石庵得名的“刘秀庵”；因刘秀垒石成灶得名的“支锅石沟”；因刘秀洗澡而得名的潭取名为“龙潭”；因刘秀安营扎寨休整得名的“安寨”。

张良。当地传说汉代张良辅佐刘邦取得天下之后，深谙“敌国破，良臣亡”的道理，所以归隐山林，选择的地点就是现在西镇的白云山。现白云山上建有一座留侯祠以纪念张良。

土匪。“土匪”在当地也叫作“刀客”，很多人都能讲述出有关民国期间，父辈们多次遭受来自“刀客”侵扰的事件：当时那些外来“刀客”在西镇烧杀抢掠，无恶不作，给百姓造成巨大损失。还有一些本地的小“刀客”，主要以抢东西、抢姑娘为主。“刀客”的行径在现在还留有许多印记，比如现在还有一些老年人能回忆说，当年哪里来的“刀客”从村里抢走了谁家的闺女，然后现在谁家媳妇是自己寨里的人从哪里抢回来的。另外，由于当地人对令人闻风丧胆的残暴“刀客”印象极深，所以一直到现在，大人们为了喝止小孩哭闹，就会采取吓唬的手段说：“哭吧，刀客来了。”小孩一听此话，便乖乖不再吱声。如果某个孩子过于捣乱，爱搞破坏，大人就会说这个孩子“跟刀客一样”。

3. 传统舞蹈

西镇作为伊县最为偏远的乡镇，却是除县城以外全县民间舞蹈的唯一中心。据 1985 年 6 月普查统计（县文化志），全县共有舞种 25 个、舞队 102 个，仅西镇就有 16 个舞种、36 个舞队，分别占全县总数的 64% 和 35% 左右，远远超过西镇人口在全县 10% 左右的比例。

西镇地区的民间舞蹈以古代舞蹈为主，其中历史最久、技艺最精、影响最大者为 SD 村的高装和背装、GT 村的舞狮。SD 村的高装是明末清初由南召传来，已有三百余年的历史。对于当地居民来说，每逢元宵节到 SD 村看精彩的背装、高装表演已经成为了他们的一种习惯。GT 村的舞狮起源于清朝嘉庆年间，至今也有二百年的历史了，现在每到春节，这种表演还在继续上演。

为何 SD 村和 GT 村会产生这些在当地流传甚久且影响较大的艺术形式呢？也许与他们各自在历史中曾经扮演的重要角色有关：SD 村从清乾

隆七年（1742）到清末，一直是守备署所在地，管辖伊县和洛宁两县。这段历史至今在SD村和GT村留下了深刻的烙印，如校场沟、养廉沟等。也许正因为SD村曾经是地区中心的身份，所以当地具有代表性和影响力的高装和背装才会在这里流传，也会在这里表演。

四、信仰变迁

西镇有佛教、道教、基督教、伊斯兰教4种宗教，没有天主教。天主教在伊县的发展非常有限，仅在县城老城区有一教堂，人数也不多。由于西镇的回民人数很少，伊斯兰在当地仅在HB村有清真寺，且宗教活动很少。[①] 鉴于在下一章中本文将详细介绍，此处将重点涉及当地佛教和道教的发展及其特点。

1. 曾经的辉煌

（1）佛教

佛教在西镇曾十分兴盛，寺庙约占整个伏牛山寺庙总数的45%。伏牛山有“七十二寺，八十二庵”之说，在唐代就形成规模。在当时，西镇区就有30多处寺院，庵堂庙观40余座，可谓一个悠久的佛教圣地，庙宇文化浓厚。

在历史上，西镇曾有规格极高的皇家寺院（有碑文记载和传说）红椿寺、慈光寺、菩提寺，它们不仅规模宏伟，而且有僧兵，有严格的清规戒律。现在仍有大量的碑塔遗址，在一些遗址上还长着树龄均在1300年以上的银杏树。

在众寺庙中，除前文已介绍过的佛教圣地红椿寺外，知名度最高的要数牛庄村的“桃花庵”。桃花庵因修建在牛庄村的桃花崖而获名，建于唐

① 伊县全境也只有伊斯兰教信徒587人、阿訇2名。

贞观年间。按照当时法规，每家平民有二男者，必须得有一人为僧；有二女者，得有一女为尼，所以当地男女出家者较多。桃花庵近处有一股泉水，从龙池墁山地部流出，名为桃花泉。桃花庵同伏牛山其他寺院一样，皆因明末战乱而被火焚。现在只有残存的砖塔和石塔，但从中仍能看出当年香火繁盛的场面。

（2）道教

道教在西镇地区的发展从唐朝开始，尤其是到明朝发展很快。当地单是供奉关羽的庙宇就有九座。其中，规模最大的属西镇街的关帝庙。西镇的许多庙宇在“破四旧”时都遭到破坏，但自 2000 年以来，在当地兴起重建庙宇的热潮，不少之前被破坏的庙宇都得以重建。

2002 年，在西镇街村委的支持下，信奉者自发捐款在街北重建一个小型的关帝庙。庙中有规章制度和管理机构，现有庙主 3 人。每逢农历四月八日、九月十三的庙会，有不少人会前往烧香上供祀奉。每月的初一、十五也是当地信奉者烧香求愿的日子，到时山门开，规定烧香者从偏门进出[①]。GT 村的玉皇庙于 2003 年重建，并定于每年的农历二月初三、四为庙会时间。

（3）佛道合一的圣水寺

位于伏牛山北麓汝 HB 村的圣水寺，始建于明嘉靖四十一年（1562），万历四年（1576）二度重修。清雍正三年（1725），名僧徽明禅师莅临伊县，住锡于此，再度兴办佛事。由信女陈氏多方筹集巨资，陆续兴工扩建了大雄宝殿、配殿、天王殿、转角楼、韦跃楼、广生大殿、山门及厢房，成为一进三宅，佛道合一的建筑群，住僧多人，香火四时不断。

圣水寺天王殿的一楼塑有身高丈余的四大天王像，二楼塑有关羽坐像。

① 据庙主介绍，正门为官员和有身份的人进出的。

转角楼的一楼为正殿，塑有文殊、普显二菩萨巨像，以白象、青狮为坐骑，两边有十尊菩萨侍坐；二楼有曲栏回廊，二十四个阳台，内供千手千眼佛和十八罗汉群像，壁上有“二十四孝”等历史掌故、彩绘。在大雄宝殿的五间大殿之中，佛祖塑像巍然端坐，阿难长者拱手侍立，四面壁上有三千揭谛图。殿中有八根大柱支撑着四架彩梁，梁上金龙飞舞，玉凤呈祥。大殿东西两端，各建一小殿，东为太阳宫，西为太阴宫。殿前偏斜的左右两侧，东为瘟神殿，西为奶奶殿，上塑三位女像，旁立八位女神，她们的职责是掌管人家生儿育女及妇幼保健。山门外还有龙王殿、牛王殿、火神殿、药王殿。正西有一座十二级石塔，内葬该寺第一代方丈的骨灰。每年的农历三月十八和十月初十，是圣水寺的古刹大会，而且一直延续到现在。

2. 从神圣走向世俗

除了上述的庙宇外，还有 TQG 村的火神庙，LSJ 村的文昌阁（有二通石碑），SD 村的城隍庙、祖师庙、白音堂、财神庙、姑姑庙、奶奶庙瘟神庙五虎庙，C 村的火神庙、二郎庙，XDG 的白松堂，LM 村的灵官庙，SM 村的奶奶庙。其他庙宇还有山神庙、全神庙、三官庙、泰山庙、土地庙。

西镇境内大小庙、阁、堂不少于 40 余处。若论香火繁盛之处，还属 SD 村的城隍庙。人们对城隍的虔诚，远远超过其他诸神，这表现在一直延续至今的对城隍的祭祀活动上。一年中在城隍庙的大祭祀有四次，为农历三月初三、六月初一、十月初一、十二月初一，届时三间大殿被善男信女们挤得水泄不通，好多人只好跪在殿外焚香叩头。现在，这里的祭祀活动在当地也起到了物资交流会的作用。很多商贩都会趁着这个人群聚集的机会，摆摊叫卖自己的产品。因此现在“赶会”一词在当地人的理解中，已经不仅仅是去参加庙会、烧香拜佛，更多是去看戏、去感受热闹场面，去会上买东西的意思。

西镇的火神庙规模最大的要数西镇村的火神庙，建于唐贞观年间，据北魏所建的太和城一华里。每年农历正月十九都会举办大型火神庙庙会，在庙会期间，由于前来的人非常多，就有人开始摆起地摊，做起小生意。自“破四旧”以来，已无崇拜活动，但每年此事当地居民都会前往购买所需物资。特别是在商品还不是很充足的年代，逐渐演变过来成了物资交流大会。交流的物资之前有农具，现在多为服装、玩具等。在当地多数居民的记忆中，火神庙庙会就是一个物资交流大会，这个庙会成了大家选购商品的重要时机。

每年四月初八的庙会在西镇附近轮流举办。即时，庙内外人山人海，小吃、百货应有尽有。不仅附近的居民，而且临近的县市，如鲁山、栾川等地都有人前来购物。其中，不少人都会提前购买夏季的衣服。四月初八的庙会，据说已有四百多年的历史。尽管当地人都知道也参加每年四月初八的庙会，但极少有人知道庙会的来历。负责《厚重西镇》宗教部分编写的郭 DZ 就说，之前他也不知道四月初八庙会的来历，在筹办《厚重西镇》时，镇政府组织他们去杭州寺庙参观学习，才知道四月初八是佛诞节，为纪念释迦牟尼的诞生而设立的。

3. 民间信仰

当地居民对“风水”非常重视，无论是建房、坟地，都会请风水先生（当地人称之为“阴阳仙”）前来“看风水”。HB 村王 K 家的双胞胎儿子分别考上了清华和北大，令很多村民羡慕不已。在居民们看来，这是因为王 K 家祖坟埋得好，所以后代上学好。他们还提到王 K 父亲还活着的时候，曾有风水先生说王 K 家祖坟那块地是双鲫鱼地，即后代会同时出来两个当官的。现在王 K 家由于出了这对双胞胎，觉得现在“可以了”①，可以写碑立传了，准备将祖坟所在的庄稼地买下，把双胞胎的事情刻在墓碑上。

① 当地语，意思为家境富裕，过得很好。

此外，“神婆”在当地具有一定的影响。HB村一个叫王GN的“神婆”，靠给别人看风水、看运势、取名字，收取别人红包（当地人称为“封分”）为生。邻村的王婶称每天在自家门口都会有很多人向她打听去王GN家的路，包括本地和附近县市都有开车过来的人。这让王婶颇为羡慕：“人家现在生意好得很啊！”

第四节　西镇教会的历史与现状

一、西镇教会的发展历史

总的来看，西镇基督教的发展历史可以分为三个发展阶段：启蒙期（新中国成立前）、滞缓期（1949—1980年）、发展期（1980年至现在）。

鉴于西镇基督教的发展离不开伊县教会发展的大背景，特别是在宗教信仰自由政策落实后，西镇基督教出现的特点与伊县两会的管理密切关联，因此，本文在介绍时，[①]对伊县的基督教发展情况也作了回顾。

1. 启蒙期

（1）伊县基督教的传入和早期的教会

1917年，瑞典基督教安牧师让市基督教瑞华内地会委托一名执事来伊县传教，散发“四大福音”（《马太福音》《马可福音》《约翰福音》《路加福音》）的单行本和《使徒行传》的小册子。当时前来听道的人很少，影响不大。

次年，市基督教瑞华内地会又委派从山西洪洞县道学院刚毕业的侯姓长老来伊县传道。同时，市老会出钱购置了县城西大街南三间市房和四间

① 伊县基督教的有关情况介绍出自伊县地方志编撰委员会编辑出版的《伊县志》与伊县基督教两会编辑的内部资料《伊县基督教会志》。

厦房，[1]由侯氏夫妇宣讲《圣经》。随后，当地教徒发展到了数十人，将三间市房改为礼拜堂点。当时驻防伊县的旧军人在陕西作战时受到教会的影响，归伊县后就常到教会，这段时间信徒发展较快。

1920 年，伊县遭遇严重干旱，五谷不收。河南省华洋义赈会派瑞典籍贺牧师、毕牧师来伊县与候长老共同商定赈会事宜，联合当地政府和社会绅士共同赈济，在屈家祠堂、火神庙、关帝庙、孤魂潭设立粥场，济民饥馑。登记在册的饥民凭已发的竹筒依次领饭，同时每人还发两块银元，信徒人数于是日益增多，随后教会把原教堂与二道街宋家宅院进行对换。

1929 年，教会新建六间三丈瓦房，1935 年再建教堂 17 间，医院 1 所。1944 年，日军攻陷伊县，侯长老到西安避难。光复以后，新选潘姓长老和高姓长老，恢复宗教活动。

（2）西镇基督教的传入和早期活动

尽管当地西镇教会教务组认定新中国成立前西镇并无基督教会，《伊县基督教会志》中也无记载。但在对一些老年人访谈时，他们都提及幼年时镇区有“福音堂”。特别是一位 90 多岁的信徒告诉笔者，她小的时候经常到镇上的福音堂玩，当时聚会的人不多，至今记忆深刻的是福音堂上耶稣被钉于十字架的雕塑过于逼真和血腥，回想起来心理直发怵：“还好现在都不弄这些了。”据回忆，1932 年前后，西镇 GT 村的张姓弟兄在外地成为教徒，回西镇后传播福音，但参加者寥寥无几。其后，西镇南后街有三间曾为电话局的公房作为福音堂，但只是进行简单的礼拜活动，没有神职人员。与其一山之隔的集镇，当时基督教却很兴盛。据当地人说，旧

① 坐北朝南的房子被称为“主房”，而厦房就是坐东朝西或者坐西朝东，有的地方也叫“厢房”或者“耳房”，主房，厦房加上院门就形成了一个四方形。

社会时集镇 X 营[①]有荷兰人所盖的福音堂，为两层阁楼，院子也很大，“很排场”。土改时分给贫下中农，十几户都可以住进去。“四清”时（约 1973 年），为筹集建造房屋的材料，当地一些居民扒掉了阁楼。

总的来看，无论是西镇，还是整个伊县地区，基督教在新中国成立前的发展并不兴盛。对于 1920 年伊县信徒数量激增，这是因为当地受灾严重，信教大多为灾民谋生的一种手段。这一方面反映出教会在赈灾上的贡献，成为当地一些居民寻求帮助的途径；另一方面带来的反思是，改革开放后人们的生活水平不断提高，温饱问题已得到保障，西镇基督徒先天带有的功利性是否仍有绝对性的影响。由于基督教在在新中国成立前对西镇几乎没有什么影响[②]，地方传统习俗与文化传统保留相对较多，西镇基督徒皈依前后的心理冲突相对来说更为突出。

2. 滞缓期

1950 年，当地基督徒响应全国基督教会的革新号召，摆脱外国“差会”和一切帝国主义影响，割断与河南省瑞华内地会豫西总会的联系，按照“自治、自养、自传”的方针，坚持爱国爱教荣神益人宗旨，成立伊县基督教会，办理教务。

1957 年，经伊县统战部李部长批准，在县城福音堂所在的朱弟兄家召开全县信徒代表会议，在讲述目前形势和任务之后，选出三名长老（付 ZT、朱 ZQ、杨 DZ）。同年 6 月，教会召开有 29 名信徒参加的“三自爱国运动委员会”首次会议，讨论制定了伊县基督教“三自革新运动”的具

① 集镇镇的中心区域迁移过两次：最初镇中心靠近 X 营，当时为毛纺批发中心，据当地居民介绍，每到逢集（隔天，紧邻为闲集）都人满为患；新中国成立后朝南移向桥北，即现在的老街；从 20 世纪 90 年代起，随着镇东公路的建设，两侧建设众多商场，镇中心逐渐移走。

② 这从当地三自教会教务组关于教会传入的看法中得到印证，他们认为，西镇的教会发展比较晚，新中国成立后才由临县传过来。

体实施方案。

“文革”期间，教会的活动被中止，表面看来基督教会处于发展的真空期。但在对一些老年基督徒访问后得知，当时还有一些信徒仍继续礼拜活动，但转向“地下”，白天不敢聚会，大都晚上在信徒家举行，聚会的地点每次都不同，参加的人数也很少。

3. 发展期

1978 年十一届三中全会后，各项宗教政策得到恢复和落实，基督教活动开始恢复。1980 年秋，伊县统战部召开第一次各乡镇教会代表会议，贯彻落实宗教信仰自由政策。1982 年，3 月中央政府发布《关于我国社会主义时期宗教问题的基本观点和基本政策》，开始全面恢复落实宗教信仰自由政策。随后，经由河南省和地市宗教主管部门批准，由市里主教按立董 JH、杨 DZ 为牧师。其后，伊县统战部在宗教会议上宣布董 JH、杨 DZ 二人为牧师，并任命 5 名传道员，董 JH 又当选为伊县政协常委。7 月，伊县成立宗教事务局，各乡镇成立了“宗教管理小组”，先后在各乡镇开放三定活动点。9 月，在伊县全县范围内第一次对信徒名额和人数进行统计。统计结果，信徒数达 1.3 万人之多，城关教会当时信徒人数有 600 多人。1985 年，在伊县境内，除 4 个乡镇外，在其余 12 个乡镇都设有宗教点，各点均设教务组长和传教员。其中，城关教务组长更是当选为伊县政协委员。

1986 年 4 月，伊县基督教两会筹备组成立，董 JH、杨 DZ 两位牧师分别任正副组长。7 月，伊县已开放教会活动点 12 个，并分别成立了 5—7 人的教务组，主持各自乡镇的教会工作。冬天，伊县进行了第二次信徒名额和人数的统计，统计结果却仅为 1.18 万多人，比 1982 年宗教信仰自由政策刚落实后的人数还少。经过“文革”的信徒都有着较强的信心，不会轻易放弃信仰，即便是一些老年信徒过世，但已经过 4 年时间的发展，特别是解禁后的基督教正处于快速的发展期，人数至少不会比 1982 年统计的人数少，1.18 万信徒一定不符合实际情况。调查发现，当时由于一些信徒出于自保或维护信仰正统性的考虑，或者受异教分子的谣言影响，部分信徒拒绝报名统计，使这次统计的人数远远不足。其后，伊县统战部、宗教局在党校召开各乡镇教会教务组成员会议，并布置教务工作。会后产生了伊县基督教三自爱国运动委员会、协会筹备组，由董 JH 任组长，杨 DZ 任副组长，秘书 1 人、委员 8 人。

1989 年春天，伊县两会房产得到落实。为修建房舍，经教务工作会议研究通过，设立财务会计、出纳和保管。自此，伊县两会正式建立三自账目，财务管理工作开始走上正轨。5 月 8 日，伊县两会筹备组配合修建组，调动全县各乡镇教会人力、物力、财力，进行了几个月的修建房舍事工，圣堂装饰、各办公室设施、住舍都安排妥当。9 月，召开伊县基督教第一届代表会，16 个乡镇 65 名代表参加，选举产生伊县基督教三自爱国运动委员会和伊县基督教协会，董 JH 牧师为会长，杨 DZ 牧师为副会长，常务委员 11 人，协会会员 21 人。随后，伊县基督教福音堂正式举行复堂礼拜。教堂总面积 1130.45 平方米。市、县宗教局和市两会派人参加。

1990 年 2 月，伊县基督教两会举办首届财务培训班。除 5 个乡镇因大雪封山、交通中断没参加外，其余 11 个乡镇教会会计、出纳参加 23 名，乡镇教会账目开始走向规范化管理。4 月，全县基督教会首次举行“受难节”与“复活节”的默祷崇拜仪式。6 月，为了加强教务工作，伊县两会给全县各乡镇教务组长、传道员以及两会工作人员共 37 人颁布了“多功能式的教务工作证”，从 1990 年 7 月 1 日起生效启用。伊县福音堂堂务委员会成立，董 JH 任主任，副主任有 2 人。

1991 年 7 月，伊县宗教局联合伊县基督教两会召开教务组扩大会议，要求在 10 月份之前做好“两证”（即工作证、传道证）、“三制度”（即教务、堂务、财务制度和实施宗教活动场所管理条例）发放、制定和实施条例工作，法律、安全、卫生制度张榜上墙，并接受信徒监督，努力办好教会。

目前，伊县境内共有教堂19座，经批准的活动场所有41处，基督徒3万多人，分布全县16个乡镇，有牧师2人、长老2人。16个乡镇都成立有基督教教务组，各堂点均建立堂务、教务、财务等管理制度。

在文化程度上，当地基督徒受教育程度普遍较低，这从伊县三自教会讲道员的文化程度中可以看出。就是这些接受神学院培训的信徒文化水平也存在水分，有一些初中辍学或没上过初中的学员在文登记时填写了初中。西镇的情况更是如此，早年经济和教育条件很差，当地很多人都没有上过学或是只在小学上了短暂几年学，后来国家扫除文盲，这批人只是上了一段扫除文盲的补习班，但实际文化程度远不及初中毕业的要求。

据西镇教会教务组李ZJ组长介绍，1982年恢复宗教信仰自由政策时，伊县统战部开会后决定让西镇教会开放，随后一段时间，当地信徒发展非常迅速。在1982年，西镇教会更是争取到9个堂点，是伊县诸乡镇中最多的一个。之后县里宗教政策开始收紧，新的聚会点很难获得审批，所以目前西镇聚会点还是县里各乡镇最多的一个。之所以当时能争取9个堂点，主要是因为西镇镇域面积最大，且处于深山区，聚会点少不便于偏僻处的信徒礼拜。

需要指出的是，当地基督徒绝大多数为老人，他们多数又是在宗教信仰自由政策落实初期皈依的。总的来看，20世纪80年代是西镇和整个伊县地区信徒增长最为迅速的时期，究其原因，一方面，是由于宗教政策环境宽松，人们的宗教情感得以释放，开始公开自己的宗教身份，原来比较隐蔽的宗教活动逐渐公开化；另一方面，相比较同时期佛教和道教的消退，基督教能在地方空白的基础上取得长足的发展，就必然与基督教本身的特点有关。对此，庄孔韶（2007: 442）认为农民文化程度不高，对佛道民间信仰和基督教的理解都比较肤浅，农民对精神信仰的选择与宗教接触的方式和机缘有关，也取决于宗教活动的吸引力，而基督教的传道活动无疑是最主动的。

目前，西镇基督徒和全国信徒的特征一样，呈现出明显的“三多”特征，即老人多、女性多和文化程度低的人多。具体来说，西镇基督徒文化程度普遍很低，多为小学文化，只有部分的初中文化，高中文化程度者只有 10 个左右；信徒年龄普遍较高，平均年龄为 50 多岁；基本上都是在家务农，收入不高。

二、教会组织的建设

1. 堂点建设

教会堂点是经县级人民政府和宗教局批准的，不能随意关闭和变迁地方。目前，西镇教会共有 9 个堂点（详见表 3-1），为西镇教堂、SR 村教会、ZF 村教会、CZ 村教会、HS 村教会、LW 村教会、SM 村教会、SD 村教会和 LHK 村教会。其中，西镇教堂最大，位于镇边北河边三角地，新的福音堂建于 1996 年，占地总面积 1726.76 平方米，占地 1666 平方米，建筑面积 1100 平方米，在主日、复活节、受难节、圣诞节都在这里举行大的礼拜活动。

表 3–1 西镇 9 个堂点的详细情况

堂点	建成时间	占地总面积（m^2）
西镇教堂	1996 年	1726.76
SR 村教会	1995 年	246.68
ZF 村教会	1996 年	246.68
CZ 村教会	1998 年	200.01
HS 村教会	1983 年	166.6
LW 村教会	1999 年	306.69

SM 村教会	1997 年	346.69
SD 村教会	1997 年	645.7
LHK 村教会	1992 年	346.69

1996 年，西镇镇区教堂建立。据信徒葛姨所讲，当时镇区教堂是时任教务组长的钱 GR 领着一帮信徒修建起来的，其中一砖一瓦、一桌一椅都亲力亲为。在上梁时，人手缺乏，钱 GR 不顾自己 60 多岁的高龄，就和年轻点的信徒一样，上到房顶给泥瓦匠“搭把手”。住房盖好后，她又专门找木匠定做教会用的长凳，当时 50 元一个，上漆编号都在现场，一为监工，防止偷工减料；二是帮忙，督促早日完工，能尽快开堂。

除镇区教堂，其他堂点的建筑都非常破落。SD 村堂点的房子原来是当地的一所小学，后来学校合并挪走，为当地人购买。后来房顶漏雨、墙壁断裂，住不成人。当时 SD 村教会没有地方聚会，于是信徒们凑钱，花了五千多块钱将其买下，修葺后作为场所。

2. 教会组织

在西镇信徒看来，教会是神所选召出来的众信徒所组成的团契，是耶稣用宝血所赎出来的，是其身体及圣灵的殿，因此称为“金灯台”。他们认为，地上的教会象征着天上的教会，主把地上的教会交托给他拣选的忠心仆人管理，这便是教会管理人员的主要责任。

教会的管理，首先是设立组织机构。相比较而言，西镇教会的管理相对规范，主要是在县两会领导下，除直属西镇教会外，还要管理其他八个堂点。其组织结构如下：（1）教会堂点教务组。依照《圣经》和一定的标准条件，信徒代表选举产生教务组，服从于伊县两会和县宗教局的管理和指导。（2）服事组。由信徒中选出若干人（按需要而定），爱国爱教乐意服事的人，其任务是维持做礼拜与各种聚会的秩序，协助教务组办理各种事工。（3）财务组，其主要责任是认真管好教会内的经济、奉献款（财务收入）。在本堂内选出诚实可靠的人组成财务组。教会收入全靠信徒奉献乐捐，来之不易，可用在教会的事工上。勤俭节约，合理开支，账目日清月结，分期公布于众，概不外借也不挪用，暂时用不着的现金存入银行，不得存在个人手中。（4）保管组，其主要是管好教会内的各种财务，要将一切财务逐一登记造册，注意不损失遗失，教会内的圣衣、圣餐器具由圣事组保管。除了上面的固定组织外，还存在临时组织。信徒根据需要，如传道、探访、事工时，召集有意向的热心信徒前去。

不同地区教务组的编制有所不同，集镇教务组由 11 人组成，西镇教务组成员则由 5 人组成。西镇教务组组成如下：教务组长 1 名，负责全面工作；堂务 1 人，主抓证道、讲道的学习班，管侍奉、堂里面的建设，以及生活、主日的编排、执事的学习等；有 1 名司务，主管生活、住宿、信徒们办节办班的生活用品；此外，还有 1 名会计和 1 名出纳，主管经济方面的事。过去，西镇教会除教务组长外，还有副组长。现在不再设立副组长职务，只有一个组长。

一般来说，西镇教会教务组换届和伊县两会换届是一样的，每五年召开一次。在宗教开放之初，由推选方式产生。在一些信徒看来，一个教会一个负责人（教务组组长），上帝给信徒一双属灵的眼睛，由品行、信仰、生命好的信徒担任组长，西镇教会前两届的组长是钱 GR 姊妹。信徒们认为组长能得以推选产生是上帝的恩典，如果组长在其任期干得不错，他们就认定该组长是能胜任神职工作的，就不需要重新推选新的组长。换届的方式是上一届的教务组内定几个信仰、生命和品行都不错的年轻信徒作为培养对象，让他们先跟着老组员学习，培养好后就交接给他们。由于内定培养的方式不公开透明，后来逐渐被选举所替代。特别是 2000 年后，新任的教务组组长及成员皆是信徒选举产生。但选举式同样也产生一些弊端了，如一些信徒认为，选举制会造成庸者上、能者下的情况，因为“能干的人不图钱也不图位，所以能干也不干；不能干的挤着想干，因为他是有目的的”，这会造成“劣币驱逐良币”式的不良结果，使教会的复兴受到阻碍。

西镇教务组组长的任期有时要比规定时间短。按照正规程序，应该5年一换届，但西镇教会近些年却是3年一换。据李ZJ组长介绍，之所以3年一换，是因为担任教会职务都是义务，没有报酬，而且“只能走到前面，不能走到后面，不好做工，所以大家都想着三年都可以了”。此外，在一些信徒看来，教会和世上的事不一样，谁担任职务就意味着奉献得越多，不仅花时间还得格外操心，不是件容易的事，而且当地基督教的发展并不理想，农村居民不好领，所以组长不好当。在2011年上半年，西镇教会和伊县基督教两会第五届代表大会一起举行换届。西镇教会新当选的史组长才33岁，为历届组长中年龄最小的。

西镇教务组组长选举产生的程序是：九个堂点推选出自己的代表，再从这些代表中产生候选人，最后选举产生新任组长。投票并不是所有的信徒都参与，而是分配代表名额。2011年换届选举时，SD村有五个代表名额，这五个人就代表整个SD村。

3. 教会管理

（1）教务管理

西镇基督徒都认为教会是基督的身体，是永生神的家，是众多信徒聚集祈祷的重要居所，应该严肃从事认真管理。

基督教会在教务管理上，接受政府和宗教部门的行政领导，在遵守国家法律、宗教政策和省、市、县两会若干管理条例之下，结合《圣经》进行管理活动。因此，在教会事务中，三自教会提倡爱国爱教、荣神益人，接受县两会的领导及遵守县两会所颁发的一切规章制度。镇区教堂对着大门的隔板上的宣传栏中，左边为《十条诫命》，中间为《使徒信经》，右边就为《宗教活动场所管理条例》。在日常的管理中，三自教会都会定期召开教务会议，总结经验并回顾最近信徒的发展情况，以部署将来的教务工作。

在平日的宣传中，教会提出信徒应多做对社会有益之事。三自教会教育信徒遵纪守法，爱国爱教，响应党和政府的号召，执行宗教政策，坚决走“三自”爱国道路。鉴于不少信徒认为有病就医是软弱和信心不够的表现，曾发生弃医祈祷而误命的事件，所以县两会特别提出教育信徒有病就医，不能硬性劝其他人和动员他人单靠信仰治病，但西镇信徒在传福音和证道的过程中所作的见证大都为依靠神而治病的事例。

（2）堂务管理

堂务管理主要是维护教会财产和教堂秩序，使信徒有个肃静祈祷、虔诚事奉之处。三自教堂是国家正规的宗教活动场所，受国家法律保护。堂务管理主要是礼拜堂点的管理。堂点称圣堂是归主为圣的处所，是信徒敬拜神与神交往的地方，也称圣灵的殿。教务组要亲自管好各堂点的座位、讲台、讲桌、地面要保持清洁，门窗要光亮，墙上不准张贴任何非宗教标语和宣传品，环境肃静，秩序良好。圣堂不能外借使用，圣台上不让人随意讲说非宗教信仰议论，特别是异端邪说。

西镇教会的堂务工作实施分工负责制，责任到人，这些人被称之为执事服侍。镇区教堂的执事服侍共有 5 组，其中，前三组包含的人数都为 3 人，后两组为 4 人，共 17 人。他们的职责包括：指导参加礼拜信徒的车辆按规定地方排放；指导参加礼拜的信徒，按男女作为先后次序入座；确保教堂的整洁，劝告进堂信徒不准吸烟，不准高声喧哗、打闹、嬉戏和随意走动，以及在教堂内随地吐痰，乱扔果皮、纸屑，要确保教堂清洁卫生。地方堂务管理遇到的主要问题是礼拜时的秩序维持。

堂务管理还包括对教会财产、内部设施的保护。前些年，西镇教会收留一个自称为信徒的人留宿，当晚就发生失窃。自那之后，除正常守堂和工作人员外，镇区教堂一般不留宿他人。如情况特殊，需要事先经教会负责人同意后，登记后方可住宿。为了更好地进行礼拜和事工，西镇教会获赠或购置一些现代化的设备，但由于无人使用而最终废置。前几年，教会自己购置一套乐器，花费一万多，但随着懂音乐的年轻人都外出打工，使教会在礼拜特别是在婚葬礼仪时的节目有限。而且，由于长时间无人使用，乐器生锈，最后不得不处理掉。西镇堂点给笔者的印象比较简陋，与前任组长钱 GR 交谈时，提及县城城区教会设备齐全。她告诉笔者，西镇教会也有投影仪和电脑，为有钱信徒捐赠，但由于没人会用，所以一直闲置。

（3）财务管理

为使教会财务工作条理化、制度化、正规化，西镇教会成立教会堂点财务管理小组，设立财务主管、会计、出纳、保管，负责具体工作。此外，县两会还定时抽选乡镇进行财务普查。

由于收入有限，西镇教会严格实行开支审批制度，全年的管理费开支要求被控制在总收入 5%，其他支出应低于总收入的 3%。根据实际情况和需要，给守堂人员 3 元以下、出纳 5 元、会计 20 元、主管 100 元支付权，100 元以上由教务组研究决定，500 元以上由全镇信徒代表研究决定。会计做好账目，月结报表；出纳管好资金，每月进行核对，并建立财务档案，对年度终结账据，公示在教堂东侧厢房的墙壁上接受信徒监督。2010 年以来，西镇教会财务上的年度余额往往不足两万，寅吃卯粮的现象比较严重。

（4）抵制异端

异端是少数宗教团体或一部分偏离了正宗信仰，随从虚构的教义。在西镇信徒看来，近年来教会逐渐复兴，但撒旦并不甘心失败，鼓动一些自封传道人，趁教会缺乏教牧人员之机，到处传扬制造各种异端邪说，欺骗信徒，破坏教会。简言之，异端即为撒旦的诡计加上人的错谬所致。

基督教会的发展受到当地文化传统的影响。就各乡镇具体信徒人数，笔者特地咨询过伊县宗教局的工作人员，他们尽管不愿意提供具体数据，但还是提供了大致的分布情况。

第四章　皈依与宗教生活中的心理行为

基督徒的宗教生活分为组织式的制度宗教生活和经验式的个人宗教生活（James，1902/2008: 22）。依据基督徒信仰成长的历程，制度宗教生活涉及皈依缘由与途径、使之成为基督徒的圣礼、礼拜聚会及其他的宗教活动；个人宗教生活为基督徒的自我宗教体验，主要涉及教义的理解、基于自我体验的祈祷和见证、信仰的“信心”。

第一节　皈依缘由与途径

皈依（conversion）是指正式加入一个宗教团体，并且认同自己作为其成员（Loewenthal，2000/2002: 52）。皈依原本为佛教用语，意指通过三皈仪式，正式成为佛教徒，誓愿终生信从三宝，直至未来解脱成佛，后来泛用到各种宗教。[①] 乌格里诺维奇（Угринович，1986/1989: 191）认为宗教皈依是以个人的道德和世界观基础以及他的危机作为其社会—心理根源和先决条件，按其内容特点可分为两个类型：其一，由不信仰宗教转变

① 有学者认为皈依这个词有较浓重的佛教色彩，基督徒强调以“信仰”为中心，故而建议翻译为“皈信”，认为这一中性词可以很好地兼顾到不同的宗教（见 Stark & Finke，2000/2004: 142）。但皈依该词在国内学界和基督徒日常实践中已得到广泛使用，故本书沿用皈依一词。

为积极的和深刻的宗教信仰；其二，由一种宗教改信为另一种宗教（最典型案例为《圣经》中“扫罗”突然“变成保罗”，从一个迫害基督徒的刽子手突变为基督的一个使徒）。其实，宏观上的皈依还包括另一种情况，即宗教传统内部的转换。为了更好地展开论述，本书将上述的三种情形分别称为“皈依”“改教”和“改宗”。在现实生活中，第一种情形为绝大多数，西镇基督徒日常的皈依用语也特指该种情形，故而本书中的皈依意指由不信教到信教。改宗是在同一宗教信仰下的内部转换，看似宗教的忠诚度并没有如改教那样发生“长距离”的剧变，但在现实生活中却也非常少发生。唯一改宗几率较高的时期正是社会文化与宗教事务激变的 20 世纪 80 年代（详见本书第四章）。改宗的过程机制与改教非常类似（Stark & Finke，2000/2004: 143），信徒们坚守其原隶属的教派正是基于改宗和改教在“个体和群体上的代价”都很巨大。

皈依带来基督徒内外两个方面都发生显著的改变。内在方面，基督徒因与上帝建立起联接而自认获得新的生命，这种对神圣体验的表达方式让皈依者“感到自己日常所感到的自我升华了”（Streng，1984/1991: 54）。可以说，皈依即为一种在宗教观念上发生特殊和强烈体验的转变过程，它通过接受特定的宗教仪式而对自我进行重新定位，实质为一种制度化的宗教认同（梁丽萍，2004: 18）。外在方面，基督徒身份是每一个皈依者都需要面对的身份的转变。这一转换被不少西镇基督徒认为是“断裂关系”的行为，即为了追求新生而断然割裂旧生命，使得社会文化的困境与张力在基督徒身上突出表现在其皈依的缘由和途径上。

从基督徒自述的皈依动机及家庭成员的皈依情况，可以较直观和清楚地反映出西镇基督徒的皈依缘由和途径。

个案 1（李 ZJ 组长），男，53 岁，初中，信教 25 年。

信教前在镇二中做饭，当时家里母亲信教，父亲不信。但“神拣选你，很稀奇”。有一次咳嗽，晚上一个信教的长者和我一起睡（第二天我们要一起去工作），半夜咳嗽得厉害，他就说我犯罪了，要我认罪，我说：“喉咙疼得很，怎么认罪？”他就说：“这没关系，只要说‘靠主’就行。”我照着一说，就不咳嗽了。另外有一次，我身上长疙瘩，晚上梦到自己在大街上遇到耶稣，他对我说：“我赦免你的罪。”结果病就好了。……

个案 2（崔姊妹），女，74 岁，小学，信教几十年，断断续续。

7 岁的时候，每周到礼拜天去聚一天会，有人来讲道，也去听，但是去玩的。后来有病，才开始信教。

个案 3（赵姊妹），女，54 岁，60 岁，没上过学，信教 16 年。

当初信教是因为自己有病，别人给我传福音，我就信了，后来病也慢慢好了。家里两个女儿都信，但丈夫、儿子不信。

个案 4（尚姊妹），女，60 岁，小学，信教 29 年。

当初信教是因为有病，打针、吃药都治不好，但信教后就好了。有三个儿子和一个女儿，女儿现在还信，儿子都不信了。

个案 5（尚姊妹），女，70 岁，小学 1 年级，信教 29 年。

当时自己得了很多病，邻居来传福音，后来自己的病就好了。两个女儿都信，大儿子不参加聚会，但也信。老伴去年也开始信，但属于“糊涂信”。

个案 6（王姊妹），女，53 岁，没上过学，信教 20 年。

当时来串门的邻居说让信教，后来就接受了。有三个女儿，其中两个女儿信，一个不信。丈夫信，但是由于比较忙，平时不聚会。信教后没得过大病。

个案 7（王姊妹），女，61 岁，小学 3 年级，信教近 20 年。

神拣选我，让我在听到别人说信教可以治好病痛、进入天堂后开始信教。家里人都信，儿媳妇也是基督徒。

个案 8（石姊妹），女，65 岁，小学 4 年级，信教 29 年。

因为脾气差，而且还有病，主要是头晕，听了邻居的劝说，开始信教。老伴不信，五个女儿以前信，后来就不聚会了。

西镇基督徒都将皈依的缘由分为“患难信”和“平安信”。前者是由于身心疾病、家庭变故等才皈依基督教，后者则是对人生意义和价值的探寻而皈依基督教。患难信为西镇基督徒皈依的主要原因，平安信者极少，由上述个案陈述亦可看出。

综合案例亦可看出，地方患难信多为生理疾患与精神心理问题，西镇基督徒主张患难信徒是“上帝借着医病这条途径来拣选他”。对于信仰在医病上的疗效，西镇基督徒持肯定的态度，但同时也认为疗效是通过信心即信仰的坚定程度来决定的。相对来说，地方非基督徒否认信仰在生理疾病上的治疗作用，仅承认基督信仰在精神心理问题上的治疗作用以及对生理疾病起到一种心理上的安慰和支持作用。地方非基督徒认为信教可以“治疯子病”，但身体有病就“该吃药吃药，该打针打针”。对西镇基督徒而言，尽管意识中已明确身（肉体）与心（灵命）二元对立的，但在身心疾病治疗方式上的对立界限却并不泾渭分明。在他们看来，是否仅依靠神或者借助医学手段的关键在于“信心的大小”。

西镇基督徒接触基督教的路径基本都为“熟人传教”。这是因为当地是一个文化传统相对保留较多的地区，特别是佛道二教的影响至今仍在，而基督教的礼仪和教义与地方习俗和文化传统在很多方面都格格不入，皈依基督教则意味着习惯的改变，甚至会造成已有社会关系网络的断裂。由于患难信不同于从小受到潜移默化的影响而形成的信仰，它往往是在其他途径无效情况下的无奈之举，且不需花钱只用“付出真心”，皈依所带来的收益要大于其原有社会资本上的损失。这也正是为何基督徒特别是农村地区的信徒多为“患难信”。

另外在笔者调查过程中，中年基督徒的平安信仅有四例。相比较中年基督徒，地方青年基督徒多为平安信，年龄越低平安信的比例越高，笔者接触到的西镇年轻基督徒皆为平安信，从而呈现出代际间的不同特点：相比较老一代多为患难信，现在年轻一代开始向平安信转变。这一趋势是与当今宗教信仰私人化的趋势相一致（参见本书第一章第二节相关内容）。

第二节 圣礼：成为信徒

皈依是心理历程上的转变，成为一个正式的基督徒则需要接受圣礼。圣礼（Holy Sacraments）是基督教传达神圣恩典的仪式。基督教会和各派别都主张圣事是由耶稣设立，自使徒时代开始，但在圣事的个数[①]以及运行方式存在不同意见。就新教（即为本文的基督教）而言，大都只承认两种圣礼，即洗礼和圣餐礼（Cox，1993/2008: 93）。

当地基督徒认为，教会的圣礼是教会的重要礼节、信仰的教义基础和根本，是严肃的圣事。在他们看来，圣礼包括洗礼和圣餐礼。其中，洗礼使其成为正式基督徒，标志着身份的转变；圣餐礼则是成为正式基督徒后才拥有的“福利”，可利于其灵命的成长。

一、洗礼

1. 洗礼认识

洗礼是基督教的入教仪式，象征着入教者的原罪和本罪得到赦免，能接受到圣灵和恩宠，标志着他成为一名真正的信徒。受洗后，方可参加教会讲道、圣诗班等各项事工。一位刚受洗不久的基督徒告诉笔者，尽管年轻的时候就随目前参加礼拜活动，但一直没有受洗，原因除了自我觉得还

① 关于圣礼，基督宗教各个派别认识不同，最多认为有7件，包括：洗礼（或称浸礼，Baptism），其目的是为了洗去原罪；坚信礼（或称圣膏，Chrismation/Confirmation），将生灵完全赐予受礼者；圣餐（Eucharist，或 Communion，Lord's Supper），当基督徒领受圣餐时，他们乃是直接领受耶稣的身体及血；神职授任礼（或称按立，Ordination），能消除许多罪过，使人执行圣职，仍然能够将天父赐予的恩宠普及其他基督徒；忏悔礼（即告解，Confession/Penance），指向神父表白、实行身负要受礼者所做的陕公或者祈祷；病者涂油（或称膏油礼，Anointing of the Sick），可以消除各种可以宽恕的和致命的罪过；婚礼（Matrimony/sacramental marriage），指男女双方结合所行之礼，神父亦为见证。这些圣事多数从使徒时期就被使用，但婚姻圣礼直到中世纪才被承认。引自 http://zh.wikipedia.org。

不够格，更是觉得一旦受洗就如同一个“紧箍咒”，随时随地要严格要求，不像之前随意了，以前是想去礼拜的时候才去，现在是必须要去。

在具体认识上，基督徒一般认为受洗登记标志着成为真正的信徒，这亦反映出三自教会与政府管理间的密切关系。伊县两会规定，凡正式接受洗礼的基督徒都应该去教会登记注册，随后由其发给信徒受洗证。西镇基督徒一般都会要受洗证，少数没有的基督徒多是自己丢失掉的，近两年皈依的基督徒则是证件还没有从伊县两会那里领回来。但与此同时，西镇基督徒又往往不重视皈依证，认为证件可有可无，到外地教会只需声明自己的信徒身份即可，很少有人会冒充基督徒，就是有人冒充一交流就会露陷。

2. 受洗条件

受洗的对象要符合一定的要求，原则上要经过教会的考察才行。县两会就曾正式下文通知：“清楚蒙召的学友，经一年的考验方可受洗。”受洗者在洗礼之前都会参加为期一两周的短期慕道班进行培训，时间较其他地区（多为 2 个月）短，主要学习基督教的基本要道和《圣经》知识。西镇教会还往往要求受洗者了解三自原则以及强调“爱国爱教，荣神益人”，其后进行“考信德”（询问受洗者有关基督教基本信仰的一些问题），经考察合格后方可给予行礼。

受洗的条件随着时间逐年宽松。据一些早年受洗的基督徒回忆，当年他们受洗前考察的时间是两年，甚至有更长的考察期，闻其言看其行，在开始受洗前还要例行洗礼问答，即述志。当时，受洗者的年龄普遍偏大，记忆力不太好，其中还有不识字的，尽管在受洗前进行过培训，但在洗礼问答环节都忐忑不安。甚至于个别非常紧张的受洗者，在下面还能背得出，当牧师问起时就脑子一片空白，什么都记不起来，甚至连每次礼拜前都要口诵的《使徒信经》都无法背出。但对一些特殊情况，如年迈或病危者是可以省掉这一环节。

3. 洗礼的安排与程序

受洗的具体时间依据于受洗慕道友的发展情况。西镇教会一般凑够四五十个受洗者，就可以向县两会请求牧师或长老前来主礼。若有特殊情况，如老年人病重，即便是一两个人也会举行，教会甚至专门到其家中进行洗礼。多年前，山里的一位老人即将离世，想在离世前接受洗礼，成为正式信徒。当时县里的董 JH 牧师不顾自己八九十岁，亲自前往给其受洗。

洗礼主要有浸水礼和点水礼两种实施方式。浸水礼受到约束较多，也较为繁琐，如冬季天冷水凉，同时对年老人不适宜，所以现在多用点水礼。点水礼相对来说较为简单易行，因此更为普遍。在洗礼的程序上，一般分三部分：（1）在施礼前进行一次证道，过程为唱赞美诗、祈祷、宣召、讲道，其内容与洗礼有关，较平日的证道要短。（2）行洗礼，包括述志（即主礼者与受洗者间的问答）、认信（起立读读《使徒信经》）、祈祷、施洗。行礼时，点水礼是主礼者将清水在受洗者的额头点水三次，也口念：奉父（点水一次）、子（点水一次）、圣灵（点水一次）的名，给你施洗（依据马太福音 28：19）；浸水礼则是将受洗者浸入水中三次，同时牧者念祷文：奉父（浸水一次）、子（浸水一次）、圣灵（浸水一次）的名，给你施洗。（3）结束阶段，新老基督徒一起唱赞美诗、同诵《主祷文》。

4. 洗礼的意义

受洗的意义在于“藉着洗礼归入耶稣的死和埋葬，叫我们一举一动有新生的样式，像基督藉着父的荣耀从死里复活一样”。对西镇基督徒来说，洗礼不仅是一个可见的外在仪式，它更象征受洗者的内在变化，洗净原有的罪恶，接受耶稣基督为救主，从而得到圣灵的能力，获得重生和得救，正如西镇基督徒所说的：“已经得着圣灵，成为了神的儿子”。

尽管洗礼正式带来了新生，西镇基督徒大都清楚洗礼仅是新生的开始，它离充满圣灵、见证神迹、获得权柄还有很长一段路。汤 HS 弟兄就说：“一个才信的基督徒，就好像刚出生的孩子，各方面都不知道，这段时间需要在灵里面培育长大。”灵命的成长，除了听道、掌握《圣经》知识和保守信心外，领受圣餐也被认为是增强灵命的有效途径。

二、圣餐礼

1. 受餐条件

圣餐礼的目的是为纪念耶稣“十字架”受死与救赎，凡受过洗的基督徒才能领受。所以，在施圣餐前，主礼人都会让没有受洗的慕道者离开会场，或者坐在座位上默祷。在调研过程中，当遇到领受圣餐时，执事的信徒会悄然走到笔者和其他知道没有受洗的人旁边，告诉不要接受。虽然如此，但还是有慕道者领受了圣餐。HB 村一个被家人戏称为“烟鬼”的慕道者告诉笔者，因受不了基督教对吸烟的禁止，一直没有受洗，但凡遇到圣餐，他也是吃的。

2. 时间地点

对于什么时候实施圣餐，各地的规定基本都为一月一次，但具体的日期却不尽相同：集镇教会是每月农历最后一个主日，新郑县的一个青年团契则是按照公历的每月最后一个主日，西镇教会的圣餐礼是在每月农历的第一个主日。对于为何不按公历而是依据传统农历来确定圣餐时间，就连教务组成员也不清楚，说一直以来都是这么做的，并“没有多想”。偏远聚会点也是按照农历来确定圣餐日，但日期并不是固定在每月的哪一天。这主要是有权分饼的圣职人员极少，“一个人要管几个聚会点，只有轮着分饼”，对于深山中的聚会点更是如此。该聚会点的基督徒大都认为圣餐日哪天都可以，有信徒就明确认为“《圣经》里是天天分饼，不论时间的”。但对于镇区附近的家庭聚会点，一般是在每月的农历十二。据相关负责人说，圣餐日是全天讲道，晚上领受圣餐，之前圣餐日曾安排在月初，经常发生老年基督徒晚上回家路上摔伤的事情，所以他们将圣餐日定在农历十二，因为那天月亮明，晚上走路方便。

不仅圣餐日不统一，就是圣餐那一天哪个时间段实施圣餐也是不同的。西镇教会是在上午讲道后就举行，所需时间自然也较平日礼拜长；有聚会点的圣餐安排在晚上，他们认为晚上吃圣餐才符合《圣经》的要求："耶稣被卖的那一夜，耶稣吃逾越节宴席，所以必须得晚上。只有耶稣的血才能洗净你的罪，必须得服。"到圣餐日，西镇全镇基督徒都会到西镇教堂领受圣餐。

3. 程序

圣餐的制作材料主要是无酵饼和葡萄酒。西镇基督徒自己动手制作没有经过发酵的一张大饼，因为在西镇基督徒看，酵代表罪恶，所以在制作饼时不加酵粉，且只做一张饼，寓意教会的一体性。

实施圣餐礼要求主礼人为圣职人员。西镇教会并没有牧师和长老这样的圣职人员，所以县两会的牧师专门委托市里三个传道员来主持圣餐，而在一些特别偏远的地方，则由执事分发，其中一个就是钱 GR 姊妹。一些偏远聚会点主礼人的选择则是基督徒一起祈祷，依靠圣灵的指引，看谁符合要求了。但在具体实施时，聚会的基督徒大都推选公认灵性较好的一个。

施圣餐前，圣餐桌上铺以洁白的白布。具体程序可分为三个阶段：（1）证道、唱诗、祈祷、宣召、讲道，其内容与圣餐有关。（2）基督徒众立唱诗，主礼人登台祈祷。祈祷部分一般包括劝众省察祈祷、代会众认罪祈祷和求主赦免祈祷、祝饼酒成圣祈祷，相对来说比较规范。祝饼酒成圣祈祷，即西镇基督徒所言的圣餐经文："他们吃的时候，耶稣拿起饼来，祝福，就掰开，递给门徒，说：'你们拿着吃，这是我的身体。'又拿起杯来，祝谢了，递给他们，说：'你们都喝这个，因为这是我立约的血，为多人流出来，使罪得赦。'"（马太福音 26：26-28）其后，主礼人在襄礼人帮助下分饼、酒，然后交给分餐基督徒，分发给在各自位置站立的受洗基督徒，待分毕后一同吃下。条件不够的，葡萄酒多是盛在一个较大的容器，由基督徒各自用小勺舀酒依次喝下。（3）结束，基督徒唱诗、同诵主祷文。在西镇教堂内两个过道的后面各放一个大号塑料桶，领受过圣餐的基督徒在离场时，将盛酒的小号塑料杯放入桶中。

4. 圣餐的意义

西镇基督徒都接受圣餐的宗教隐喻，认可饼是耶稣的肉、酒是耶稣的血，“吃耶稣的肉，喝耶稣的血，主就与你同在。”西镇基督徒也熟知圣餐的意义，认定它能有效增强灵命。有基督徒告诉笔者，信教的人有两种生命，一种属世，一种属灵，前者是肉体，靠五谷杂粮维持；后者是灵魂，灵命需要圣餐就如同我们肉体需要粮食，定时需要补充能量。

相比较其他礼拜日，圣餐日参会的信徒往往是最齐备的。西镇基督徒对圣餐的重视程度，充分体现在其与传统习俗冲突时的选择上。当地居民上坟祭祖是在二月二，而并不在清明，历年不少西镇基督徒会随同家人去坟地进行祭祖活动。2011 年春节刚过的（农历）二月二，这天正好是周日，为当地教会的圣餐日。这一张力下如何选择成为当日西镇基督徒共同面对的问题，令笔者感到惊讶的是，当日聚会信徒的人数远多于平日礼拜的人数，在世俗与神圣中选择了后者。当然，这也并不意味着每一个参会的基督徒都基于神圣而来的。笔者问一个平日里并不积极参加礼拜的基督徒为何每次都要参加圣餐礼时，她告诉笔者说，那是因为有东西可以吃。

第三节　礼拜：制度性的宗教参与

宗教参与（religious involvement）是指个体参与宗教活动和宗教实践的程度（杨宝琰等，2008）。在具体的研究中，宗教参与一般指去礼拜、祈祷、读经等。Fetzer Institute/NIA（1999）在其声名远播的简明多维宗教性或精神性量表中，对宗教参与的具体行为作为更为细致的区分，认为礼拜属于制度性的宗教参与，读经、祈祷属于个人的宗教实践。基督徒的宗教体验正是衍生于个人宗教实践上，故而本书将其放在下一节中讨论。礼拜是基督徒制度性宗教参与的中心主题。

一、礼拜即听道

西镇基督徒认为礼拜即是听人传扬神的话。在他们看来，“信道是从听道来的，听道是从基督的话来的。”（罗马书 10: 17）而在公众和个人的敬拜中，《圣经》具有不可或缺的重要地位。所有公开的礼拜都包括宣读《圣经》片段以及根据《圣经》进行劝勉教导，这两样并不是礼拜聚会的附属品，而是崇拜的基本要素（Stott，1972/2003: 177）。

关于听道的重要性，黄 Y 姊妹就说：“听道就像一个加油站，你肯去聚会，神都住在你心里，它能使你时刻保持信心和对神的爱。”在当地不少基督徒中流传一个事例：有一个老太太每次听道都坐在第一排，尽管听不懂讲道的内容但很虔诚；而当时对老太太讲道的牧师由于讲得很好，不免有些骄傲。后来他们都去天堂，牧师发现老太太的位置比他高，很不理解，觉得自己做的贡献至少比老太太要大。神告诉他，对神的爱是第一位的。这种爱，在当地一些基督徒看来，可以用《雅各书》来表述。如张 HL 姊妹就说，《雅各书》是爱情书，按肉体说，是关于所罗门与索拉米女的爱情书；按《圣经》上说，是喻表基督徒对神的爱，耶稣就是新郎。

因此，“现在信的跟捎带一样，想去（礼拜）去，不想去就不去，听后心里没任何东西，这些人根本就守不住道。”

二、礼拜安排

西镇教会礼拜的场所都安排在教堂和聚会点里举行，有时也在信徒个人家庭中举行。为了能更好地让基督徒听道，教会都有相应的流程安排。

1. 座位安排

礼拜时男性和女性要分开坐，当地一般情况是男性坐左边，女性坐右边，不能乱坐。对此，西镇基督徒解释道，这是因为男女授受不亲，一些邪教异端如蒙头派乱坐，是淫秽的表现，教会的规矩应该非常严格才行；在小规模的家庭礼拜时，同性间是可以关起门祈祷，但是有男有女时不可关起门祈祷。

2. 服侍安排

西镇教会参与服侍的执事分为证道组、圣诗组、设置组、修建组等，分工明确，各司其职，配合也较为熟练。礼拜当日，证道者、圣诗班和服事人员要求须在上午八点三十分前到位，各负其责做好主日崇拜事工。主日礼拜上午九点至十一点钟，夏秋农忙季节酌情安排。西镇教会将证道员、圣诗班、服侍人员的名单贴于镇区教堂内。为公平起见，主日证道的圣诗班是九个堂点轮流服侍，证道的次序也早安排好，提前一年就公示出来，也贴在镇区教堂内。如果有外来的牧师，就让出，不再补出，按原有的次序进行。聚会点由于条件所限，没有圣诗班，只是在证道前基督徒共唱赞美诗，证道次序只要提前几天打好招呼即可。

3. 崇拜议程

崇拜议程上，西镇教会相对比较规范，分为：宣召、礼拜基督徒起立唱诗、祈祷、宣读经文、圣诗班献唱、信仰告别、证道、基督徒起立唱诗、主祷文祈祷、祝福、散会。聚会点的崇拜议程中，无圣诗班献唱一项，其余类同。

4. 礼拜的时间和形式

除周日证道外，西镇教会在周三下午举行小礼拜，周三晚上进行赞美会，周六晚上是读经会。不同于镇区教堂只在周日上午进行证道，聚会点一整天都在礼拜，上午和下午证道，晚上是赞美会，此外在周四晚上进行读经会。

在礼拜的形式上，西镇基督徒认可家庭式的礼拜形式，认为它是礼拜中的一种形式。伊县三自教会也开始于家庭礼拜：1917—1947 年，先后有三位传教人员进入伊县传道，开始因无人信道，其中的侯姓长老夫妇就一人讲一人听，慢慢开始了家庭礼拜。

三、证道

1. 讲道意义

既然要听道，就必须有讲道。对当地基督徒而言，讲道具有极其重要的地位。讲道是讲神的话，传讲基督的生命，使人明白、接受、顺从，从而使人灵魂得救，此“圣道比圣事更为重要”（谢炳国，2008: 41）。

2. 讲道之人

讲道要依靠讲道人来实现。能够上台的讲道者，是经过评选确定的。讲道员身负重任，他的灵命与基督徒的灵命息息相关，讲道员的灵命提高了，生命丰盛了，才能把生命之道传给基督徒，使基督徒明白真道。所以伊县两会就在相关文件中指出，讲道员必须具备以下五个条件：必须有丰盛灵命素质；必须有纯正的信仰；必须有一定的文化知识；必须懂得丰富的《圣经》道理；必须有好行为来见证主的道。

由于受到文化程度的限制，当地教会讲道员的数量很少，且素质不高。

为此，伊县两会对讲道员进行《圣经》培训，后来分春夏二季召集各乡镇教会讲道员、执事等到县两会进行学习，目前已达30多次。2004年11月11日，全县首次教会堂点组长学习班研究通过在县两会举办短期神学班。伊县首届神学班于2005年8月10日正式举行开学典礼。西镇教会的讲道员多为在县市进行神学培训。对于其必要性，李ZJ组长就说，讲道人不但要把道理讲出来，还让你容易接受，这就必须去神学院进修二三年，甚至五年的学习。

西镇基督徒主张解读《圣经》的基本原则是“正意分解”，故而对《圣经》的理解就不能以偏概全，不能断章取义，对问题也不能按照各自的意思去看待、解决。其缘由在于：一是有教义基础，《圣经》中明确指出：“你当竭力神面前得蒙喜悦，作无愧的工人，按着正意分解真理的道。”（提摩太后书2：15）二是现实上的要求，两会和政府明确要求正意分解。在西镇基督徒看来，正意分解《圣经》的必有途径就是上神学院，若讲道人没受到正规教育的，都是自己私自领受的，是自发性的。

在聚会点，多数西镇基督徒都会承认自己在学识上的劣势，常常感叹“下面讲道的人凋零、紧缺”。他们主张正意分解《圣经》的必有途径除了上神学院，接受正规教育外，可以在讲道前虔诚祈祷，靠着圣灵的引导。鉴于讲道人的缺乏，当地教会还专门组织了相关的培训工作。除了有个别骨干到外出学习外，大都在当地接受培训。

汤HS弟兄是当地教会的主要讲道人。在他看来，要想给别人讲好道，首先得有口才，其次得具备一种《圣经》知识，“你引用《圣经》中的章节都要十分恰当，满足教会的需要”，“一个人再有口才，里面没有这个知识，就讲不成道”。这两个条件虽不可少，但汤弟兄认为，“圣灵的工作比它们更为重要”：“讲道的好坏主要是看神做工不做工，好比说你这堂开始讲道，你祈祷过神之后，神要是与你同在，你能把道理说清楚，你做这个工就非常有效果。”

对西镇基督徒而言，讲道人无论是否受到神学培养，一个必要的条件是他必须要有“证道的恩赐”才行。在日常的宗教生活中，“祈祷圣灵的帮助”被认为是非常重要的一环，它不仅是开始讲道前的最后准备，而且还成为评定讲道是否成功的必备标准。

3. 证道方式

当地教会的证道内容大都围绕着《圣经》进行，即“在圣灵的指引”下选择《圣经》中的语句进行诠释，这种方式被称为“串珠”。严格意义上讲，串珠的讲道方式应该是以经解经，很少涉及例证，且这种方式为当地讲道员所认可，认为“那是很正确的”。但在实际的讲道过程中，却是以《圣经》为主线，以自身或他人身上的“神迹”和世俗知识加以说明。这种论证的方式更容易被地方普通信徒所接受。有基督徒就说：“我喜欢讲的道，像包谷糁一样，粗拉拉。”孟 YX 姊妹也认为“讲见证就是让（听的信徒）更明白、里面更亮堂”，故而当地讲道实践多是把两者结合在一起。在谈及讲道的结合方式时，李 ZJ 组长就认为这是为更好地传福音，将《圣经》知识与相关事例结合起来论述才能让本地信徒听得明白，只是以经解经的讲道方式属于高层次的知识，在当地行不通。

在讲道过程中用案例证道的频率与讲道人的知识储备有关。如果讲道人对《圣经》较为熟知，则多以经解经；如果不熟悉，则多例证。正如有基督徒告诉笔者：“会串珠的人下功夫；跟咱一样，成天就不看《圣经》那肯定是讲不了”，“其实讲道就是讲《圣经》的，没学问的人光讲见证”。当地证道的内容往往结合属世知识。

关于是否中国农民基督徒在证道过程中多举例论证这一问题，[①] 笔者专门请教刚从美国交流回国的高D姊妹。就她在美国参加的主日礼拜而言，证道都是以《圣经》中的相关论述出发，很少举例，讲道的时候基本上是讲《圣经》上的内容，是每次设立一个主题，把《圣经》上相关的内容串联起来。但考虑到有基督徒会对证道内容不太明白，也有教堂在证道前后，按照年龄层次分别将信徒组织在一起，每个班有个老师，按章节内容详细讲解其含义，有疑问的信徒可以当场提问。她特别提起，有个别牧师喜欢举例子，信徒们就会觉得他查经的时间太短，就会换到其他教会，信徒个人是要选择自己最舒服的教会。

总之，对讲道人而言，他不仅要立足属灵世界，深入了解经文，也要洞察世俗世界，让属灵在世俗中得以具现，实现两者的息息相连。如此，可更好给与会信徒阐释清楚“神的荣耀和恩典”，才能使信徒有切身体验，认识“神和真理”，进而崇拜敬奉神。

四、赞美

在证道的前后，即礼拜的始末，赞美是必不可少的。赞美即赞美神。在西镇基督徒看来，赞美神是基督徒的职责，这是因为《圣经》中所指示的，

① 中西文化形而上的信念系统的不同，造成中西推理与思维的差异，这首先体现在推理活动中的价值判断（value judgments）上，如在东方文化中，逻辑一致性（logical consisitency）并不被鼓励，如果一个人反复坚持，就会被厌恶，认为是不成熟的；中国人认为直觉推理、辨证推理更有智慧。从已有论述看，学者们提出东西文化推理依据的不同有下面几个方面：个人特质 vs. 环境因素；相似性、关系 vs. 分类、规则；辨证、直觉推理 vs. 逻辑推理；整体性推理 vs. 分析性推理（参见 Kitayama，S.，& Cohen，D. 2007. Handbook of Cultural Psychology 相关章节）。这些都充分证明了中西文化在论证方式上的不同，就中国文化的论证方式，目前有以葛鲁嘉为代表提出的“体证”以及成中英提出的“本体诠释学”。通过学理分析发现，不同于西方文化以客观的逻辑演绎推理为主，中国文化的论证方式突出表现在“内生式证成”上，即以自我为中心进行主位的思考和推理，如儒家的八条目等，其中，突出表现论证过程中多举例论证。

“凡有气息的，都有赞美耶和华”（诗篇 150: 6），“日头月亮，你们要赞美他；放光的星宿，你们都要赞美他。天上的天和天上的水，你们都要赞美他”（诗篇 148：3-4）。赞美主要在正式或非正式的场合通过吟唱诗章、颂词、灵歌这些音乐形式来表达对神的赞美，“用诗章、颂词、灵歌彼此教导，互相劝诫，心被恩感，歌颂神”（歌罗西书 3: 16）。赞美是正式场合——如主日崇拜、圣诞节、复活节、婚礼、追思会必不可少的重要环节，与会的每一个基督徒都要通过这一形式赞美上帝，乃至有“基督教堂诞生于音乐之中”的言论（见 Schmidt，2013: 269）。

赞美诗的来源有《圣经·诗篇》《赞美诗》和《赞美诗新编》，[①] 此外还包括基督徒个人感受圣灵而自我创作的灵歌。其中，《赞美诗》是所有基督教会和基督徒共同使用的赞美诗集，它为中国基督教两会编制，不仅神学思想丰富，还融入了中国的本土文化特点，所以在地方基督教徒心目中有着不可替代的地位，成为教会与教会、信徒与信徒、信徒与神沟通的主要途径，在基督徒的宗教生活中里起到举足轻重的作用。但由于处于山间小镇和知识文化水平的有限，西镇基督徒很少具备乐理知识，也很少接受相关培训，他们一般都是由口传心授的方式去学习赞美诗。

灵歌是由圣灵感动并带领信徒创作出的敬拜神灵的歌曲。灵歌使西镇基督徒以更灵活的歌曲形式实现敬拜的目的，基督徒们认为灵歌带有圣灵工作的能力，是能够苏醒人心的。灵歌有一个即兴的方式，即基督徒个人由圣灵直接感动而即兴演唱出来，这样的歌曲只有曲调，很少留下曲谱，

① 赞美诗是基督教宗教生活中必不可少的音乐部分。为编制一本可供全国基督徒使用的赞美诗集，1982 年 3 月赞美诗集编辑委员会成立，历时一年零一个月，共搜集了社会上的四百多首赞美诗，编纂完成《赞美诗新编》。《赞美诗新编》它的内容主要包括“教会生活”“崇敬颂赞”“信徒灵修”“救主耶稣”“特殊颂诗”和“附录”六个部分。《赞美诗新编》是基督教音乐在中国基督教中得以发展的重要标志，编纂者主要选用了国外教会中广受信徒喜欢的赞美诗，也选用了国内一些流传比较广、有灵性且容易被信徒接受的赞美诗，因此它包含了各种不同文化特点的赞美诗，如中国民歌、黑人灵歌等。

但其风格多种，含义符合敬拜上帝标准、旋律符合教导作用，且多数融入了使人奋进的感情，把神人性化，因此在教会中一直都很兴盛。地方基督教会的灵歌是以基督徒的亲身感受为创作来源，内容是以宣讲传播基督教为主，歌词通俗易懂，易学易唱，歌词内富含地方方言，有的使用民歌小调的旋律来进行填词，甚至还结合了地方戏曲的音调，融入了很多地方特色，很能引起西镇基督徒的共鸣，在小范围内能得以流传。

由于灵歌为个人创作，所以地方灵歌不可避免会受到世俗歌曲的影响，这突出表现在改编自世俗歌曲的灵歌。有当地居民至今仍记得多年前她参加的一次圣诞晚会，根据《九月九的酒》进行的改编："走啊走啊走走走，跟着耶稣走"，甚至有根据《我是一个兵》此类红歌进行改编。

对于那些内容是赞美神的但曲调却来自世俗歌曲的这类形式，当地基督徒有着不同的看法，存在争议。有基督徒就认为这不好，教会唱的诗应该是纯正的，像中国基督教两会所编的赞美诗，是非常标准的，每个字都是经过揣摩的。但与此相对，有基督徒就提出，南京版《圣经》后附录的《赞美诗》中也有歌曲的曲调是从世俗歌曲改编而成，如《走进恩典时代》就是根据《走进新时代》改编的。笔者就此事问过持反对意见的基督徒孟YX，她认为这是不应该的。而在集镇，笔者所接触的基督徒都接受改编这一形式，认为这容易唱、朗朗上口，更利于传播。在集镇，甚至有基督徒组织会唱豫剧的基督徒，根据戏曲改编成圣剧来传播福音。在笔者调查的伊县城区教会举办的婚礼，多数歌曲为改编而成。

西镇基督徒赞美的目的，多出于神供给他们身体灵里需要，让他们的灵魂得以拯救和救赎，医治基督徒身体上的疾病。对西镇基督徒而言，赞美诗是一种宣传福音和教义的有效方式，它在传播教义上具有极大的作用。由于当地老年基督徒占大多数，视力和文化水平都不好，看不清楚也读不懂《圣经》上的文字内容，也不会在听道时自己做笔录，[①] 在这一情况下，他们往往是通过对赞美诗的学唱来记忆教义。对西镇基督徒而言，赞美诗还会起到传道的作用。聚会点在缺乏讲道人的情况下，基督徒就吟唱赞美诗来替代讲道人的传道。

第四节　宗教活动

礼拜是基督徒必须卷入的宗教参与。在基督徒的制度性的宗教生活中，除必需的礼拜参与外，还存在一些有选择余地的宗教活动，主要有：

一、传教

传教，顾名思义，是基督徒将基督信仰传播给未信教的人。在西镇基督徒看来，传教是他们作为信徒的必要义务，是他们增强灵命的重要路径以及将来在天国受赏的重要筹码。具体来看，地方信徒传教的方式主要有以下四种：

1. 熟人传教

传福音给熟人[②] 在前面的皈依缘由中有所涉及，但其涉入的角度有所不同：前面是从客观效果进行论述，由他者到自身；此处则偏重于基督徒的主观努力，由自身到他者。

熟人传教是西镇基督徒传播福音的主要方式。不少基督徒感叹，如果贸然传给别人，别人不仅不信，反而会反感和嘲笑你。对基督徒来说，通过“关系”来传教可以起到事半功倍的效果。在笔者参与的几次西镇教会

① 笔者在参加礼拜聚会时，时常遇到礼拜的基督徒请求笔者帮她将讲道的要点记在她所随身携带的本子上。

② “熟人”在这里是指那些没有血缘关系也不是亲密朋友的相互间仅有简单了解的人。

传教活动中，传教信徒都是先联系当地“肢体”或亲属，并之前买好赠送的礼物。笔者问起时，他们大都认为只有通过拉近感情才“更好说话”。

熟人传教相对要更容易开展活动。由于是熟人关系，尽管被传教的熟人不认同基督教，但碍于面子，他们也不会有过激的反应和行为。镇区一副食品门市店主邓 HB 的岳母腿骨折了，做了手术，半年后才会彻底康复。由于疼痛难受，岳母成天疼得哭，邓 HB 有时把她推到门市上晒太阳。同在一条街上的孟 YX 见到后，就去邓 HB 家好多次，说是祈祷让她不疼。孟 YX 在她开的理发店中，并不是对每一个前来理发的人传教。她每次都先通过询问其家庭情况，了解是否有“拐弯亲戚”关系以及其家庭成员是否有信教的，才会积极传教。

2. 亲属传教

相比较熟人传教，亲属间的传教就更为方便和易行。孟 YZ 由于疾病而先信教，传教给其姐孟 YX，但孟 YX“老犟，咋说都不信”。后来，孟 YX 也患病，才开始慢慢信。每次谈起时，孟 YZ 都非常自豪，认为如果不是她传教，孟 YX 也不见得能活到现在。刚信教的何老太说，她有两个姊妹也是信教十多年，每次给她传福音，她都说“你走你们的路，我走我的路”，现在因为患病得骨质增生，姊妹们再传给她，她才慢慢信了。

夫妻关系是亲属传教的重点。在西镇基督徒中流传一首打油诗说明传教给配偶的重要性：“一对蜜蜂往前飞，一个高来一个低，高的飞到天桥上，低的落到深海里，长虫缠乌哨吸，抬头看看我的妻，妻啊妻，你咋不来拉我哩？妻说，我那时信教，你拳打又是脚踢，我有心想去拉拉你，天兵天将人家不依。”

3. 做好事传教

《圣经》中耶稣昭告门徒“我来不是要受人服事，乃是要服事人”，使得基督教会及其信徒都积极参与社会服务。西镇基督徒称做好事为荣神益人的事情，包括舍茶、拥军、扶贫救灾、助残助教、修桥铺路、植树造林、社会公益、爱心奉献等。其中，舍茶是在每年古刹大会期间，伊县各乡镇教会烧茶水方便游人。需要注意的是，古刹大会原为庙会，与基督徒信仰不容。在基督徒看来，其他宗教都是假神，是偶像，是十诫中规定的，而此时却表现出非常包容的态度，委实让人反思。这可能是古刹大会延续上千年，对其具体来历当地居民大部分都不清楚，而且随着时代的发展变迁，现在大会已经成为变相的物资交流会，故而当地基督徒并没有明确意识到信仰上的冲突。此外，当地基督教会定时不定时组织信徒到医院帮助病人以传教。孟 YX 姊妹就是经常通过免费给病人理发来“传播福音”。

4. 个案：基于会话分析

话语是人的生活中必不可少的，人能够用它来达成其目标，在意见不一致、利益和价值观冲突等情况下，用话语相互交流沟通达成意见。基督教会内部的话语，如当地基督徒常说“感谢神”“主内平安”“软弱”“交通”“灵命”等，其语言特征与地方话语系统明显不同，有着独特的宗教意蕴，代表了基督信仰的心理表征与意义系统。教会内部的话语系统具有向心力的功效，它把信徒的思想意识统一并集中起来，创造和维护一个稳定且在信徒中流行的言语核心，可避免来自世俗的冲击，提高信徒对宗教群体成员身份的认同以及信徒间的凝聚力。对传教活动而言，其实质在于基督徒通过会话这一话语形式让不同信仰的他者具有共享心理表征，进行意义建构，从而让对话方接受福音。作为建构某一事物的陈述系统，话语能体现出其所代表的文化，故而分析隐藏于传教过程中的会话可揭示人们运用语言建构其世界的方式，从这些建构起来的事实中认识文本背后的意义或逻辑，即通过人在说什么从而把握人如何思考。

如果传教并没有引起被传人的兴趣，但限于社会关系而被迫完成形式上的会话，所以在不合意的情况下，无论传教人还是被传人都有主动进行关系补救。这一面子上的关系维持一方面使得基督徒有机会进行传播福音的活动，且不用担心被敌对或驱逐，但另一方面对村民而言，面子上的关系维持又可能使个别基督徒反复劝告入教，不胜其烦，其结束必定是以社会关系的损伤和面子上的伤害为代价。

5. 西镇基督徒传教的特点

西镇基督徒基本是通过"关系"来传播福音，亲属、熟人不言而明。有时，当地基督徒也会通过一些地方流行的宣传形式进行传教，如墙壁广告传教。HB 大桥通车不久，不少当地商铺在大桥两侧护壁处打出广告，当地有信徒也在上面打出传教类的广告，写的内容为："上帝耶稣爱世人，他是公义、良善、诚实的真神，信耶稣得永福。《圣经》本是宝，我们的希望。"

虽然传教的意义对每一个基督徒而言是毋庸置疑的，但整体而言西镇信徒在日常生活中传教的积极主动性还不足，他们多视之为可供选择的宗教活动，"能传就传，不能传也没啥。"除此之外，西镇基督徒传福音的目的带有非常明显的功利性，"传不传是咱的事，信不信是神的事。"对他们而言，不管别人愿意不愿意，只要你把福音传给他，"神说不定你的罪，这是信耶稣的使命。"所以，一些基督徒在传教中，并不追求效果，只在于是否做过。

总之，传教的方式是基督徒借助与非基督徒共有的世俗知识来论证其信仰的合理性。有意思的是，信徒们的皈依大多并不是通过这种证明实现的，而是经由生活历程特别是在"走投无路"情况下才皈依基督教。因此，对西镇基督徒而言，传教的效果如何并不是他们所考虑的问题，他们只需提供给非基督徒一个相信上帝存在的机会而已。

二、奉献

地方基督教会的经济收入主要来自于信徒们的奉献。地方信徒认为像基督教义要求的那样，捐钱奉献能得到神对自己在世间的祝福和天上的记账，这是信仰指出的增加功劳的一条好路。当问到是否需要将收入的十分之一奉献给神时，孟 YX 认为："奉献的事，按照生命的成熟是当纳的，是应该的，你奉献神就祝福你，地上加倍祝福你，天上记着账。"但同时她又表示自己不经常奉献，因为奉献应该"根据自己的意愿，愿意捐就捐，不愿意捐就不捐，你不给神，神也不会要"。关于奉献，田 YH 姊妹也认为这"得自己心里情愿"。此外她补充道："承诺奉献多少就要奉献多少，不可欺骗。"她还分析了自己奉献的原因：有时候觉得自己跟别人比，应当给点就奉献，还有就是办事顺利又省钱时，自己就会想这件事多亏神的帮忙，这钱没花到别人身上（暗指送礼办事），我给神多好啊。但是对于给神奉献多少，她说"如果办事本来需要三千，可是只花了一千。那咱不说给神两千，给一千也行，不给一千给一百也行。如果不给也中[①]，只要你心安理得，神也不会问你要。只要自己的良心知道神帮忙了"。这说明，在宗教生活中，西镇基督徒在评价奉献事宜时也是以宗教信仰为其衡量标准，但却并不是唯一的，一旦牵涉到自身利益，宗教信仰在其标准系统中的唯一性和重要程度都会随着变化。

虽然平时基督徒自觉奉献的不多，但当自己遇到需要困境时，基督徒都会奉献得较多，以此来祈求神的帮助。杨 Y 姊妹就说："有个大灾大难，保险[②]要给教会奉献。这跟许愿是一样的，治疗好了，谁都是甘心情愿。街那边的老张添孙儿的时候，一下捐了五百块，这些事人家一般都不让人知道。"

总的来看，西镇基督徒奉献还是非常有限，特别是在偏远的堂点，经费紧缺的情况就尤为突出，甚至每月只能收到几元钱的奉献。相比较伊县

① 地方方言，"中"即行、可以的意思。

② 当地语，意指一定、肯定会。

城区教会每次都有上几千元的奉献，西镇教会受捐款金额非常少，这造成使教会在支配资金上捉襟见肘。每次谈及时，堂点的负责人都感叹当地居民收入有限，有爱心但没能力，教会的院墙倒塌也没钱收拾。每逢需要用钱时，他们就会积极联系其他地区较富裕的教会，特别是伊县县城的城区教会，期望能给予支持。

当地基督徒很少积极奉献，这与当地经济发展有限以及信仰的功利性有关。基督徒的奉献的形式主要是在礼拜后投入“乐捐箱”。每次礼拜后，由财务管理小组共同打开乐捐箱。西镇教会知道当地收入有限，并不主动要求基督徒奉献，全凭自觉。高 LQ 组长感叹，西镇是山区，人比较穷，所以教会才不复兴。聚会点没有如同镇区教堂那样专门设立一个乐捐箱，奉献者大都每次礼拜后把钱直接交给聚会点负责人。在西镇基督徒看来，奉献全靠自愿，“保罗曾说我把福音传给你们，是要你们不花钱得到福音，我不会累着你们，我自己劳动的还有余呢，我还分给缺少的人呢，信神神啥都有，他不需要人的钱。”

三、节日

不同于一年内可以循环举行的节期，如主日学等，基督教的节日是每年庆祝一次（谢炳国，2008: 30）。基督教会的节日主要有圣诞节、受难节、复活节等，西镇教会都将受难节和复活节放在一起庆祝，即时两教会专门安排讲道人讲道一周。在重大节日中，圣诞节无疑是所有基督徒心目中最为重要的一个节日。期间，三自教堂张贴对联，但到春节时就不再张贴。这一方面反映了教会对元旦的重视程度，另一方面也反映出传统习俗对教会活动的影响。李 ZJ 组长感叹道：“好像是有些社会上的东西也容纳到教会里面了。”

对圣诞节表演节目的准备工作，西镇教会往往提前两三个月就开始了。

为迎接圣诞节，镇区教会每年就很早筹备，一般十月初就开始了第一次彩排。为此，基督徒们专门购买了用以背景音乐的手提播放机。相比较而言，下面聚会点的庆祝就非常简易。和平日的主日礼拜一样，他们请外地的讲道人前来证道以及吟唱赞美诗进行庆祝。这一方面与自身条件有限，没有配乐音响，也缺乏会唱歌跳舞的基督徒；另一方面，这也与聚会点一般为小型聚会有关。

第五节　宗教体验

西镇教会尤为重视对《圣经》知识和教义的理解，主张以字面理解《圣经》，其宗教观点也以《圣经》上的记载为准，对教义掌握的熟练程度和理解的深度，成为西镇基督徒评价其“信得好”与“信得瞎”的重要依据。

一、教义理解

基督徒的个人宗教生活包含对基督教教义的理解以及基于个人经历的祈祷与见证。其中，对教义的理解是基督徒灵命成长的前提和重要方面，是西镇基督徒礼拜听道的重要缘由。

1. 获得途径

（1）读《圣经》

对《圣经》的熟知可以加深对教义的理解。在所使用的《圣经》版本上，教会规定用南京爱德印刷有限公司印刷的，也就是他们所说的“南京本”。但除此之外的版本，如他们称之为“南方本”，即从香港等地区传过来的繁体本，对此西镇教会是禁止的。在西镇教会中，拥有繁体本《圣经》的基督徒极少数。这些繁体本大部分年代都十分久远，据信徒们说，这是外国开始传教的时候，由有钱人出资印刷，免费发放给基督徒而流传过来的；而另一部分则是近年来他们到外地交通时被赠予的。对于如何购买《圣经》，西镇镇区教会专门出售，《圣经》加上《赞美诗》卖20元。但多数信徒都不是自己购买的，其中一些是刚信教时由教会或其他基督徒馈赠的，更多的是在圣诞节时有人资助免费发放时获得的。

为增强对教义的理解，除《圣经》外，基督徒还会看一些辅读的书籍材料以及其他的灵修书籍。这些资料一般多为教会拥有，其中有一部分是购买的，其余为外地教会捐助，信徒们可以相互流传翻阅。教会会根据信教时间以及灵命大小向信徒推荐相关书籍。

（2）听道

由于受到文化程度的限制，西镇基督徒大多对教义的理解是通过听道而来的。为了加深基督徒对《圣经》的理解，两教会每周都会举办读经会。教会提前会安排非讲道人的信徒来主讲，和主日证道的形式类同。相比较而言，聚会点礼拜的形式更为随意，但参与积极性会更高，在场的基督徒依次诵读所选经文，并对不好理解的部分进行讨论。

除了每周中的礼拜证道和读经会，西镇教会还组织短期的培训。在暑假和春节期间，教会都会组织为期一周的短期培训，多是请市里面的神学生前来讲道。由于时间紧凑，而且所讲内容众多，故不在镇上居住的基督徒多在镇区教会居住，其作息时间如下：

早上：起床5:00，早祷5:30-7:00，早饭7:00

上午：预备8:00，第一节8:30-10:00，第二节10:20-11:50，午饭12:00

下午：预备2:30，第一节3:00-4:30，第二节4:40-6:10，晚饭6:30

晚上：预备7:30，上课8:00-9:00，熄灯9:30

（3）知识作用

在西镇基督徒看来，《圣经》是锁着的，只有诚心祈祷才有开锁的钥匙，只有依靠神才能读懂。虽然基督徒们认为读经依靠圣灵的指引，但同时他们也认为知识和经验对教义的理解是不可缺少的。限于文化知识的有限，在笔者参与的读经会，特别是聚会点的读经会，主讲信徒大都按照参考书照本宣科地读下来，没有进行过有深度的探讨。

尽管当地居民非常重视教育（参见本书第三章第三节相关内容），但当地基督徒受教育的程度普遍很低，这与当地位置偏僻以及他们所经历的那个特殊年代有一定的关系。直到现在，深山孩子的求学之路依然异常辛苦：由于当地教育资源有限，基本集中在街道上；家长又外出打工或农务繁忙，不能陪同，因而不少小孩一周回一次家，平时就住在学校。在学校条件不够的情况下，学生就住在邻近居民家，甚至自己做饭。黄 LY 姊妹对当初没有读成书一直耿耿于怀，她说："那时候不知道上学，家里也老穷，不上算了，父母也不识字，没那个意识，还省两个钱。那会儿哪知道信耶稣需要识字。"《旧约》生字多，她基本上读不下来，为此她专门买了字典一个字一个字地查。"如果知道当时不管怎样也要学。现在知道后悔，成天做梦都在学。"由于受到文化程度的影响，西镇基督徒表示对《圣经》看得很少，而且自己理解起来有困难，"看了一遍，囫囵吞枣，什么都不知道。"他们获得《圣经》知识的主要途径便来自听道，这造成西镇基督徒对《圣经》的理解就会在很大程度上取决于讲道人的讲解，"咱看过去，就什么都没看见，除非人家讲了。"

虽然知识文化有助于《圣经》和教义的理解已成为西镇基督徒的共识，但在知识文化的作用大小上却存在争议。一次到孟 YX 理发店聊天时，遇到田 YH 姊妹，她劝笔者也信教，并说："你们是大学生，自己看看《圣经》都能悟出来好多道理。"而孟 YX 则在旁说："只有神的灵才能明白，没有神的灵，再高的学问也不能明白。”由此看出，两人对于如何能够明白《圣经》的观点不同，前者强调的是学问，而后者强调的是神的灵。即便如此，孟 YX 也承认个人学问深浅在讲道中起作用，她认为“人家有学问，讲道很清楚，有的没学问，连字义都讲不了”。

2. 经文的解读与争议

每个基督徒对《圣经》的解读都有所不同（Riches，2008: 228）。尽管在西镇基督徒看来，《圣经》内容不能多一个字也不能少一个，但同时他们又承认《圣经》中存在一些不一致的内容。这些内容不仅会造成一些信徒在教义理解上的困扰，甚至有些非基督徒依此来攻讦基督教的信仰。当地基督徒和非基督徒经常质疑的《圣经》内容有：

第一，犹大出卖耶稣乃是上帝的授意？当地一名教师刘老师说：《圣经》上说耶稣被犹大给出卖，要钉十字架的时候，耶稣事先知道，但是如果不是借着撒旦进入犹大心里面的话，耶稣就不会被出卖、被钉十字架、三天后复活。所以她觉得从人的角度，犹大很可怜，好像一个棋子一样，也不能全怪犹大。

第二，上天堂的人上帝早就拣选好了？当地不少基督徒都认为，谁是神的儿女、得以拯救在世界创立以前神就拣选了，名单上有的基督徒才能上天堂，其他人都不能。对于这个疑问，一些非基督徒就质疑，信教后会不会其实没有被拣选，信了也白信？对此，一些基督徒认为：“神愿人人都得救，不愿一人沉沦，《圣经》上说信而受洗，必然得救，只要信就可以上天堂。”

第三，自由还是宿命？这是关于自由意志的争论。基督教义主张上帝让人有了自由意志，在面临道德上的取舍特别是信仰上的选择时，人有自由选择的权利，只有这样上帝判断人的善恶才有意义（参见 何光沪，2009: 72-73）。而有一些非基督徒则认为，既然世上一切事都是神安排的，那么包括自由意志在内，因此意志的“自由”并不是绝对的而仅是相对的；如果意志的绝对自由的，那么就超越了神的安排，则说明了神并非全能的。

对于这些疑问，基督徒们认为神绝不可能做错，只是人不能明白他。对于《圣经》的理解，“作为基督徒，你首先先坚守自己的信心，相信神。”孟 YX 就告诉笔者：“这些事情不用讲那么清楚，只要你知道耶稣是神就行了。人的脑子太有限，理解不了神。就像小孩子不能明白大人的事，何况人和神了，级别错太远了。人的脑子是有限的，而神是无限的。所以，你怎么想都想不明白。只是说你相信耶稣是神的儿子，被钉到十字架上担当你的罪就中了，罪得赦免，到时候你就可以到神那里去了，到时候都知道了。”

二、祈祷①

宗教体验是基督徒在宗教和日常生活中与神交通的心理体验，它首先反映在基督徒的祈祷上。祈祷是一切宗教生活中最关键的表达方式，是宗教信仰变成实在之物的重要途径，因为祈祷本身就是与神交流，除此之外别无他路（Streng，1984/1991: 56）。“你们若常在我里面，我的话也常在你们里面，凡你们所愿意的，祈求，就给你们成就。”（约翰福音 15: 7）“我若照他的意旨求什么，他就听我们，这是我们向他所存坦然无惧的心。”（约翰一书 5: 14）为此，当地基督徒会遵循《圣经》中所指引的祈祷方式，祈祷合乎神意的内容。信徒一般先做一个谦卑的祷告，然后就其所求祈求神的做工，最后为形式上的敬拜，如“奉耶稣圣名交托给你”，并默念主祷文。

祈祷贯穿于西镇基督徒的全部宗教生活中。信徒们每天早上得早起祈祷交托，晚上也得祈祷，有时甚至祈祷一两个小时。对于为何要祈祷，张

① 西镇基督徒的祈祷专注于基督徒的个人层面，故本书将其安排在个人的宗教生活中。

ZY 弟兄认为："上帝是个灵，无影也无踪，看不见，摸不着。但只要你信他，祈求就有灵。只要你诚心祈祷，从不叫你落空"。在他看来，基督徒早上起来就要开始感恩祈祷，感谢神让他平安度过漫长黑夜，新的一天又就让他看到阳光，给他气息。然后交托，为国家、为教会、为全家人，最后为自己祈祷。到晚上，还得祈祷，感谢神保守他度过平安的一天，再交托神保守夜晚平静的安息。

在祈祷的形式中，禁食祈祷被西镇基督徒认为最恳切。禁食祈祷一般是用在重大事件上，如钱 GR 姊妹现在年轻大了，为了身体的考虑一般情形下都不再禁食祈祷，但在新教堂的建设遇到财务困难上，她就禁食祈祷，祈求神的帮助。

基督徒祈祷的内容往往会带有很大的功利性。西镇基督徒的祈祷很少出于忏悔与自省，基本为祈求帮助或为获得的帮助而感恩。信徒在面临患难时，祈祷的频率比平时高了很多。在主日礼拜最后环节中的祈祷环节中，内容多为医病许愿。如有基督徒提出自己的愿望："主招呼着贷点款""主让我把这车白菜卖完"等。当地一名非基督徒告诉笔者，她之所以不信教是觉得信教的就是自私，问主要这要那。多年前，村里有人告诉她信教好，劝她也去教堂听道。在做见证的时候，有基督徒上去说："眼看到腊月二十四的时候，白菜都还没有卖出去，我就给主祷告，让白菜都卖了。结果一祷告，自己还没到街上，一车白菜就卖了。"听到这里，这个非基督徒就决定不会信教，因为觉得"信教的都是这（自私），只想着自己"。

信心的大小被当地基督徒认为是决定祈祷效果的关键因素。孙 YQ 姊妹就说："祈祷凭的是信心，信心大的时候才能听见神的声音，他才能带领你前面的道路。"根据受益对象的不同，祈祷的类型可以分为祈祷与代祷，前者为自己寻求帮助，后者为他人祈求帮助。如果觉得自己的祈祷没有效用，基督徒不仅需要自己祈祷，而且还需要"别的'肢体'特别是灵命好的基督徒”来代祷。在西镇教会，代祷的类型有两种：

一是联系信心强的基督徒为他祈祷，特别是牧师、长老。这是因为在当地基督徒们看来，神给牧师、长老的权柄跟一般基督徒的权柄都不一样，他跟一般讲道员的灵命都不一样，讲出来的道也不一样，让他们为病人祈祷，就可以让病人“得着”。所以，西镇基督徒在遇到牧师、长老以及前来证道的讲道员，不仅让他们为自己祈祷，而且还会记下他们的手机号，以备将来所需。

二是众基督徒为其祈祷。这样做的缘由是因为西镇信徒认为，神听义人祈祷，不听罪人祈祷，每个基督徒的信心不一样，且信心在不同时候强度也会不同，所以众人祈祷时总会有当时信心好的信徒在祷告，依靠其祈祷就会蒙福。因此，当地教会都会在礼拜中安排一个环节，专门为患病的基督徒祈祷。

三、见证

从基督信仰来讲，见证是神借着人和事彰显神的大能和作为。对个人而言，见证是基督徒在日常生活中所体验到的神对自己的帮助。在当地教会中经常采取的见证形式是，在公开讲道过程中（往往是在最后阶段）特地有与神不期而遇的基督徒宣布自己的体验，其作用是把这种体验传告给与相同信仰的其他信徒，以加强自我和他人的信仰坚定程度。为此，自认蒙福的基督徒，都会在礼拜聚会临近结束时，当着众基督徒之面将其经历讲出来，这就是“做见证”。做见证是一件荣耀神的事情，也被认为是为神做工、谋求在天堂地位的一种手段。见证不仅是加强自我和其他基督徒信仰坚定性的强化剂，更是对非基督徒进行传教的一个非常重要的手段，西镇信徒基本是由此来传播福音的。

在各类见证中，治疗疾病是其中最多和最为重要的。治病见证常与福音的传播联系在一起。

除治病外，传宗接代也是见证中重要的一项。就笔者所听到的见证中，就遇到很多起。

在见证中，最为不可思议的即为“神迹”和“神赋予权柄”。这些事情大多发生在过去，不少基督徒认为出现这种现象与现在基督徒信心不足有关。

第六节　宗教信心

宗教的本质部分不在于制度宗教，它仅是宗教的外表形式；宗教的本质在于个人的宗教经验，它是宗教的根本所在，它形成基于人的心理（James，1902/2008: 22）。伴随制度性的宗教参与，基督徒经由教义领悟和与神沟通的祈祷见证，最终体现为“信心”。

一、信心的波动

信心是基督徒对其宗教信仰的坚定程度。信心是基督徒生活中最不可或缺的，因为“人非有信，就不能得到神的喜悦”（希伯来书 11: 6）。新约常称基督徒为“信徒”，皆是因为“凭着信心和忍耐承受应许”（希伯来书 6: 12）。在基督徒的宗教生活中，基督徒的信心大小很多依靠于其从宗教信仰中的获益程度。信心变化的规律为：从基督信仰中获益能增强其信心；反之，如果发生威胁其获益的事件则降低其信心。

西镇基督徒，即便是平日里信得非常好的信徒也承认会出现信心程度上的波动。孟YX说，自己有时候也有怀疑不信的时候。孙YQ姊妹告诉笔者：“信教就不是一帆风顺的，天天靠着神，过着属灵的一种争战。”邱姓老年信徒说，之前他听过一首灵歌，说主2000年回来，基督徒们都回天国，他问笔者“都说主2000年回来接我们，怎么到现在还没来啊？”对此，他感叹开始有疑惑，不像之前那么虔诚了。

城区教会有一个年仅30岁左右的女性基督徒，信得非常好，经常上圣台讲道。但是，在一次讲道中，她突发脑溢血，被送往医院抢救后不治身亡。这件事情在当地教徒中间引起了很大的反响，很多基督徒都认为信教信得这么好的基督徒都会突然离世，自己的生命就更得不到保障，因此对基督信仰产生了怀疑。也有一部分基督徒认为这位基督徒的病逝，“是主的安排，是主接她回天国享福了，使她不必再在世间受苦”，所以是好事。类似的事情在西镇教会也有发生：西镇的一个基督徒，在从西镇教堂礼拜后回家的路上，在大桥上被车撞死了。当地很多教徒都对此产生疑问：“为什么他是去教堂礼拜了，主也不保护他，让他在回家的路上被车撞死？”

这类事件尽管发生的频率较低，但一旦发生，则使一些基督徒信心出现波动，甚至怀疑其信仰。在西镇，西镇基督徒大都会对事件给以重新诠释，如汤HS弟兄在秋天收自家玉米的时候，不慎跌入沟中，造成骨折。于是一些不信的人就说“他信教，主还不保佑他，让他掉到沟里面”。汤HS就举了耶稣自己还被钉在十字架上的例子，说明主不是没有大能，而是一切“主自有安排”。

二、信心的转化

根据程度不同，基督徒信仰的信心可以分为“功利信”和“虔诚信”两个层次。功利信是信仰的开端，由基督徒信仰的功利性所致。它是基督徒在面临具体问题情景时，才坚守自己的信仰，通过依靠和顺服神来解决问题。虔诚信是摆脱功利的考虑，在看待和处理一切事物时，都主动积极地从自己的信仰出发，甚至不顾自身利益受损也要维护自己的宗教信仰。

虔诚信出现在信仰的后期阶段，它不是仅在面临困境中才依靠神，而是一种弥漫的心境。从当地情况看，基督徒多为功利信，很少达到虔诚信。

叶 GL 姊妹的女儿刚刚考上大学，专业是音乐教育。叶 GL 姊妹认为是神的眷顾才让女儿考入大学。叶 GL 觉得让女儿多学一样乐器，对将来的学业和工作有帮助，就趁女儿大学前的漫长暑假，让她跟着城区教会看门的刘大爷学拉二胡，不仅可以无偿使用乐器，而且还能得到免费的指导。叶姊妹在做决定的时候，动机的功利性很明确，出发点与其宗教信仰并无太大关联，而是为了增强女儿的专业技能。

信徒的皈依缘由更是能说明其信仰的功利性。在当地基督徒中，患难信的比例占绝大部分。患难信，顾名思义，是为了终止患难，这使西镇基督徒的宗教信仰从一开始就带有浓重的功利性色彩。相对于患难信，平安信依靠父母家庭的言传身教，为刻板印象的结果，似乎没有过多的诉求。那么，平安信是否具有功利性呢？对于这个问题，就要从西镇基督徒信心的转化上进行考查，即信仰的功利如何转向全心的虔诚信仰上。从实现的方式上看，信心的转化又可以分为急剧式和缓慢式两种方式。

急剧式是通过磨难，基督徒实现认知上的意义重构，开始真心认识到“神的大能”，从而增强自己的信心。

对于磨难在信心增强以及灵命成长中的作用，汤 HS 弟兄说：“一个人的灵命长大，要经过风风雨雨的，可不是平平安安就能长大。像《圣经》中的伟人们，都是风里来雨里去的，生死的苦难造就出来的，他们才有一个丰盛的生命。像世上有句话说温室的花朵经不起风霜，屋里面的花看着挺好看，不敢拿出去，一刮就不中了。所以一个真正生命丰盛的人，就是经风雨、见世面，不管什么场合都能靠神站立得住，而不是你想长大就长大的。要经过磨炼，不管把你放到啥环境中，你的信心仍然对神不疑惑，仍然能够靠神得胜。这样一回两回，时间长你的生命就大了。生命一大，你在啥事上都不会失败了。”

缓慢式是反复在生活中体验到“神的帮助”，开始转向虔诚的信仰。教会会计吕姊妹谈起自己的信心时说：“自己刚开始都是为自己，有事了才想起主，反复很长时间才真信。”她特别提起：“祈祷给神说找一个体贴人的丈夫，结果找到了，这都是神的功劳。”

由于这种在日常生活中本能地减少人在事情中的作用，而视“事成”为上帝所赋予自己的恩赐，这一宗教理念的实际动力不断受到强化而愈来愈强力、愈来愈丰富。与归因于神的自发性保持一致，个体的活动便逐渐转变为内在的虔诚与信心，最终完成信仰由功利到虔诚的转化。

第五章　日常生活中的心理与行为

日常生活包含的内容比我们想象的要有意义得多，即使最普通和不起眼的日常生活，也是对更为普遍的社会和文化秩序的表达（Inglis，2005/2009: 4）。关于基督徒世俗生活，本书从社会生活、社会关系和个人心理三个层次展开论述。社会生活主要涉及生计、人生仪式和社会活动；社会关系主要涉及家庭成员关系、亲戚关系、邻里关系以及不同信仰群体间的关系；个体心理主要涉及基督徒的个人行为、心理健康与其对社会现象的认知。

第一节　生计

一、谋生方式

西镇基督徒多为老年信徒，他们的养老一方面依靠子女赡养，另一方面为减轻子女的负担，他们大都还要劳作。临山的老年基督徒，除了种地之外，大都会到山中采药，卖了贴补家用。青年基督徒大都外出打工，他们寻找工作会考虑当地的福音情况，确定能否按时参加礼拜活动，所以他们大都通过教友的介绍，或者登录基督教的相关求职网站来寻找合适的机会。据外出打工的青年信徒介绍，他们一般都会选择老板是基督徒的工厂打工，觉得在那里每到周日都不会加班，让他们按时参加礼拜，甚至还有在工厂中组织聚会点，并发放方便面等食物让礼拜的信徒食用。青年基督徒打工回来，一般还会按时到自己的聚会点进行正常礼拜活动。

当地一名基督徒告诉笔者，市里面有个不信教的亲戚刚生过孩子，想托她寻找一个信教的小姑娘做保姆。那个亲戚告诉她找一个信教的，是认为信教的“不是做给人看的，是做给神看的，不会偷懒耍滑，（令人）放心”。不仅信教的老板会专门招信徒做工，而且一些不信教的老板也会招信徒。

中年男性基督徒多数在家务农、在临近地区打工或做生意，还有一部分外出打工；而女性基督徒则外出的很少，基本在家。而且，像镇区教堂堂点负责人高 LQ 这样退休的信用社职工的公职人员很少。教务组长李 ZJ 也是在家务农，教会并没有任何的补助。

二、信仰获益

对当地基督徒而言，基督信仰能对他们的生计产生积极的影响：

1. 诚信标识

当地居民基本大都知道，基督教是不叫基督徒说谎的。因此，基督徒的身份也成为诚实的标识，在做生意的时候，基督徒往往会以信徒的身份来作为诚信的担保。当地靠山的村落有一对信基督教的老夫妻，常年出售自家养的蜂蜜。他曾说：有一次一个外地人想买他的蜂蜜，但有点犹豫。他就对人家说“我们是信教的，不会骗人”，那外地人一听就买了，还不还价。甚至有些基督徒在自己的店铺招牌上专门标识出自己的基督徒身份，多是书写为“以马内利”。

基督徒身份的自我认定使得这一标记有可能被冒用，从而带来一些问题。镇上有一个修缝衣机的，对前来维修的人说自己信教，不会多收钱，但每次算账的时候都会比别人多。谈到这个事情的时候，李 ZJ 组长也大伤脑筋，信教的不能去和他“理论争执”，并且他说，这种借助教会、借助“信耶稣”出去坑蒙拐骗的事情很多，前些年收留的一些自称为信教的人留守，半夜东西被盗，教堂有好几次接待一些说是来交通的人，说是某教会组长、副组长，并留下电话号码，一打是空号或者不是这个人。他认为，这样做是要受到神的惩罚的，而且到时候大家一“交通”都知道，没这个必要。

2. 教会谋生

教会谋生是指部分基督徒的生计方式与教会直接息息相关，可分为内外两种方式：前者是服侍信仰的神职人员，后者则是以教会为服务的对象。刚宗教开放的时候，县宗教局考虑到西镇一些基督徒不愿就医，就专门拨了款项，扶持一名王姓的基督徒开诊所，为教会服务，在当时发挥了很重要的作用。而对王姓弟兄来说，这个诊所使得他家的收入非常可观。但随着时间变化，诊所的教会色彩越来越淡薄，私有性质越来越突出。特别是王弟兄去世后，由其不信教的儿子接手，基督徒们就很少去了。在伊县县城，有一家专门从事音乐相关器材的门市，专做教会的生意，主要是县城的城区教会。据了解，开这个店的基督徒是城区教会圣乐班的负责人，据说也从中挣了不少钱。但信徒们能够从事与教会相关职业的机会很少，于是有一些信徒做一些与信仰相关的短期或季节性的小买卖，如在春节前出售基督教对联。

由于当地经济发展有限，基督徒大都家境一般，西镇教会的收入全靠基督徒奉献，因而资金往往捉襟见肘。教务组成员都是自愿义务的，并无任何津贴和补助。教务组的一个成员准备参加神学院的培训，她告诉笔者，现在牧师、长老都有工资，出去讲道都有接待，可以生活无忧。

3. 信徒间的互助

除了正常的探访外，对生活困难的基督徒，力所能及的基督徒有时候还能提供一些帮助。但基于信仰的关系，受惠的基督徒也会以别的形式进行回礼。

在孟YX的理发店，笔者遇到一个来自LHK村的老年基督徒王DX弟兄。由于路途远，他到镇区一趟很不容易，往往需要花费大半天的时间。据其他基督徒的介绍，王DX非常虔诚，是他所在村落教会的组织者和传道者，一直在“高处”传福音、讲道，这才使那里的基督徒发展起来的。由于老伴去世，他又不愿意随着孩子定居外地，一个人生活得很简朴。但每次“交通”的时候，他都会专门到街上买很多菜，做好等着同工们去。而来镇上的时候，他又从不打扰“肢体们”，都是自己在饭店吃过再去交通。在镇区经营一家裁缝店的齐姊妹，就做了一条裤子托人送给他。为此，他又专门带来自家产的栗子、蜂蜜送过来，不然觉得“老亏欠”。

在农忙的时候，有劳动能力的基督徒还组织起来帮助有困难的基督徒家。收割玉米的时候，河北聚会点负责人在礼拜聚会的时候说“下周去给一个在床上躺了三四年的一个弟兄家掰玉米”，结果弟兄姊妹去的人多，到上午九点多就掰完了。他们又自发给当地一个姊妹家帮忙收割。那个姊妹的丈夫在上周聚会的时候，很不满意自己的妻子在农忙的时候还丢下活去参加聚会，不让她去。但在基督徒的帮助下，中午十二点多就干好了。于是，就有基督徒戏谑道：“你不是整天说信教有啥好处，看看，你俩人几天的活这不半天都好了，这都是主给的。”

三、财富看法

在西镇基督徒看来，信徒都是“被神拣选”的，天国才是“最终的家”，只要真心信就可得永生、上天国，不用审判。在天国时神是依据信徒世间贡献的大小行赏的，因此基督徒们应该在世上多做神的工作，不然神来临的时候就没有自己的地位。这导致西镇多数基督徒认为对财富的过度追求会阻碍自己灵命的成长，并不可取，只要有吃、有喝、有住就够了，应该做"荣耀神"的事情，"信耶稣都不以地上事为念，神说有衣有食就当知足"，"贪财是万恶之本"。

但在现实生活中，基督徒们的实际行为与其信仰上的理念不时出现冲突。孟 YX 在街上经营一家理发店，她的丈夫和子女都外出打工。由于家中的房子年久失修最终倒塌，她一直想着攒钱盖新房，好为儿子将来结婚用。尽管如此，孟 YX 每周还是把大部分时间用在到处交通上，理发店总是紧闭大门。她的这种做法让很多不信教的邻居都看不惯，大都认为这样做很"愚昧"——应该先把小家过好再说。而其胞妹孟 YZ 则在 SM 村街道租赁两间门市，一间理发、一间做粮油的生意。平日里很是勤劳，待人也热心。附近有老人换粮食，还让其丈夫主动接送，因此生意非常好。邻居都认为她"格劲"[①]"人老好"。

四、应对方式

应对是一种行为和思考的方式，它帮助人们避免或减少压力的影响以及由此而产生的消极情绪。当宗教的行为和思想用于这种方式时，就是"宗教应对"（Argyle，2005: 172）。在本书中，"宗教应对"特指基督徒的应对方式，传统宗教和民间信仰影响下的应对方式称为"其他宗教应对"，地方社会文化影响下的应对方式称为"世俗应对"。基督徒从自己的信仰出发，多是认为凡事依靠神，一切都是神的美意。总的来说，在面临生计问题时，西镇基督徒应对问题的方式中必定包括依靠神这一途径，但这并不排除基督徒从世俗途径中寻找问题解决的方案。

---

① 地方方言，是勤劳的意思。

在生计上，凡事依靠神这种观念使西镇基督徒在面临具体问题时，必定是通过祈祷靠神来解决，其后他们也往往会把问题的解决归因于“神的工作”。这种应对方式，主要体现在下面几个方面：

第一，劳作上。由于农业、商业发展有限，旅游业也仅限于个别地方，所以大多数的村民自谋出路。除了种植和采摘中草药、槲叶等，养蜂采蜜也是不少当地人的收入来源。西镇采蜜的蜂一般都为土蜂（也称为山蜂），个头小，产的蜜质稠、营养价值高，因此，价格也就较高。但由于是野生的，相对来说更难管理，容易飞走。在孟YX的理发店，有基督徒告诉笔者，当地张W的妻子是基督徒。在开始介绍认识的时候，女方问其是否信教，张W“诳”她，说他信，但其实是不信的。结婚后，他妻子得知情况后，一直要求他信，但张W一直拖着。后来，他们听说养蜂挺挣钱，蜂蜜每斤都要卖到50多元，所以夫妻二人也打算养蜂。由于没有经验，土蜂一直不往蜂箱里飞。妻子要求张W向神祈祷——说他“真心相信神”。张W照做后，“土蜂都往他家蜂箱里去”。这件事在西镇基督徒看来，证明了“只要真心信神就得蒙福，神很奇妙”。

这种“神会给你安排好一切”的想法给个别基督徒另一种启示，成为其懒惰的借口。当地早年的一个基督徒，家中种有玉米，需要每年给玉米施肥。有年到了成熟时，别人家的玉米都长势良好，而他家的玉米稀稀拉拉，“长得跟毛毛雨一样”。旁边的人就问他上肥料没，他说上了；再问他上到哪里了，他说把一整袋的化肥全倒在地头，向神祈祷，让神把化肥的效力平摊到各处。这件事成为一些非基督徒村民“数落”基督徒的一个事例。信得好的基督徒也承认，这种做法是错误的。他们认为，基督徒在世上就应该受到这个时空的辖制，“神要你殷勤不可懒惰，不会直接给你吃喝，而是要假借你的手实现，这才合主的心意”。

第二，找工作上。李ZJ组长的儿子小欧上学、找工作一直都很顺利。

研究生毕业，小欧的同学大都很难找到工作，而小欧在网上无意看了新疆一个研究所招人，他就投了一份简历。研究所随后决定要人，而且无需小欧去新疆进行面试。这些在李 ZJ 一家看来，都是“神的工作”。而且，李 ZJ 的女儿也在新疆工作，到了那里大家都有个照应。李 ZJ 认为，“这都是神的美意”。

第三，攒钱上。不仅在工作机遇（挣钱）的寻找上，即便是在省钱攒钱上，基督徒也认为要依靠神。基督徒崔 QL 曾跟笔者提到，自己以前总是攒不住钱，有一次她把当月收入的十分之一奉献给了教会，那个月就攒住钱了。

第四，求平安上。有次，孟 YX 去她哥哥家做客。期间，她看着中国地图，指出她丈夫工作的地方，说她丈夫前两天在打鱼的地方打回来电话，说不想在那里待了。她一方面给“肢体们”说了说，给他祈祷祈祷；另一方面，她对神说：“神啊，你知道，如果看在那不中的话，就叫他回来；要是中的话，你就安稳住他，让他安心在那。”在她看来，这“都是神管的，什么都是神安排的”。

第二节　人生仪式

人生仪式主要包括诞生礼、婚礼与葬礼。诞生礼主要是出生后的“送米面”以及一个月的“满月酒”，基督徒基本都会遵循传统习俗，其原因可能在于，西镇信徒认为参加诞生礼目的是产妇生产后身体虚弱，送些东西表示自己的关心，同时也可以去见到刚刚出生的孩子。因为诞生礼并不牵涉什么仪式，所以基督徒都持认同态度。而婚礼和葬礼会涉及到与基督信仰相违背的仪式，因此时常会出现冲突，突出表现在基督徒是否该随礼以及婚葬礼的举办方式上。

一、礼情

礼情，在当地主要看在人生仪式上是否有走动[1]、随礼。在人情世故上，有个别信徒持明确反对态度。TH 村刘姨看来，20 世纪六七十年代在这方面符合《圣经》的要求，她认为："那时候不叫瞧亲戚，添箱送礼，要求严格哩。"但总体来看，西镇基督徒大多还是主张要遵守人情世故。其中，有少部分是迫于形势，并不心甘情愿。如贺 YL 就说，按说不必要照走这些人情世故，但"现在这也制止不了"，只该走了。还有一些基督徒持模棱两可的态度，认为这些事属于细则问题，《圣经》上没有明文记载，根据个人情况而定，想送就送，不想送就不送。大部分的基督徒认为礼情是必要的，理由有两个。首先，礼情可以维系关系。孙 YQ 姊妹就认为，人在世上活着，"礼情来往"是最关紧的，这叫"与世俗为友"。此外，她还认为要顾及到亲戚之间的关系往来，"你办事，不信的亲戚都来给你递礼；人家有事了，不能不去"，"比如姑家什么有事，不去会中，不去人家还笑话呢"。在基督徒黄姨看来，礼尚往来，如果不行情，"你有什么事也没人来，不好看"。

其次，礼情有其基督教义基础。有信徒认为基督徒每天都可以为不信的人献上祝福，礼情可以和"外邦人"（不信教的人）搞好关系，从而才能更好地传福音。"你想，不和人搞好关系怎么传福音，传福音是要到人群中，是拯救灵魂的，是要把神的好消息传递给他们的。这是很正常的。"此外，还有基督徒从《圣经》出发，认为基督教并不反对人情世故。李 ZJ 组长就说："《圣经》上也有记载说耶稣还去赴加纳的宴席，就是那家结婚的，叫耶稣也去宴席。要按那个时代，以色列民族去都带的有礼。而且

[1] 指亲戚或朋友之间彼此来往。

那个民族也是有酒有肉招待。这就说明一个道理，不是要每个人都去做这，而是耶稣做出一个模范，就是要与世相互和谐，不能说信耶稣就与人人都断绝了，这都叫人情世故。”

由于非基督徒家办葬礼的时候，包含磕头、烧纸、放鞭炮、摆贡香等，这是西镇基督徒所强烈反对的，有信徒就主张“红事去，白事不去”。但这样一来，就必定会断绝关系的往来。因此，多数基督徒认为，人去世以后，也可以送礼、收礼，但不烧纸、不带鞭炮。

二、婚礼

婚礼标志着“成人”，不会再像以前那样是个小孩子，应该承担起自己的责任。这一转变突出表现在压岁钱的给予对象上。当地人会在婚后的第一个春节封一个大红包给新娘或新郎，以后就不再封压岁钱给他们，如果有后代就封给小孩，没有就不封。与此相对，无论年纪的大小，如果没有结婚，长辈都会封压岁钱；但前提是以“家庭”为单位的男性同辈人（如哥哥、弟弟）还没有生子。需要注意的是，这个“家庭”的单位是依据与该亲戚“拉网”时辈分而定的：如果以祖父那辈算起，叔伯家的孩子也计算在内；如果以父母那辈算起，则是自己有无同父母的弟兄姊妹。

1. 婚礼议程

西镇基督徒的婚礼多数是在教堂举办，但也有一些在自家举办。其详细议程如下：

第一，在教堂举办要首先给三自教堂的打好招呼，经教会审查，办理登记手续，认为合法才行。另外，在教堂举行相对比较正式和严格，大多会请县两会的牧师来给亲人祝福，此外还要提前通知其他教友“肢体”。一般是在婚礼前的一两周的主日礼拜结束后有主礼人宣布的。尽管不收费用，但红事一般都会往教会奉献些。教堂举行新婚典礼的议程如下：

1. 主礼人宣告：

圣乐队奏婚礼曲，全体静默祈祷。

2. 牧师致词：

今天我奉主的名，应新婚夫妇的邀请，在我们教会欢聚，为 ×× 弟兄，与 ×× 姊妹，在神面前举行婚礼。婚姻是神设立的，是蒙神喜悦得祝福的，也是神圣的，是人生的一件大喜事，且为国家社会所关注，为人民所尊重。

按基督的真理，“耶稣回答说：‘那起初造人的，是造男造女……人要离开父母，与妻子连合，二人成为一体。’……既然如此，夫妻不再是两个人了，乃是一体的了。所以，神配合的，人不可分开”（马太福音 19 章 4—6 节）。作为主的儿女，对于婚姻，务必谨慎从事，决不可草率成亲，更不可轻易分开。男女双方在神前承认遵守《圣经》教训。对于结婚是件喜事，不仅关系男女双方家庭，更关系到社会的安定团结，因此本证婚人，为这美好的婚姻作见证，并给予美好的祝愿。

3. 牧师询问：

×× 弟兄，你愿意与 ×× 姊妹结为夫妻，遵守旨意，与她和睦同居、互助互爱、无论她健康与患病，有余或缺乏，你能爱护她、保护她、敬爱她、安慰她、除她之外，不爱别人吗？你能单单与她相爱，有始有终，白头偕老吗？

新郎答：“我都愿意。”

牧师询问：

×× 姊妹，你愿意与 ×× 兄弟结为夫妻，遵守旨意，与他和睦同居、互助互爱，无论他健康与患病，顺境或逆境，你都愿意敬爱他、体贴他、保护他、伺候他，除他之外，不爱别人，单独与他相爱吗?

新娘回答:“我都愿意。”

4. 新婚夫妇宣誓(新婚夫妇彼此宣誓,以右手相握,朗读以下誓词):

我与你结为夫妻,愿意遵守神教训,彼此相爱,共同创建美满幸福的好家庭。无论安乐困难、富贵贫穷、患病身安,我都敬爱你、保护你、关心你、体贴你,直到终身,这是我至诚心愿。

5. 牧师宣布:

×× 弟兄与 ×× 姊妹,今天结为夫妻,在神和众人面前,应许彼此相爱,遵神旨意过敬虔生活,走爱国爱教道路。为此,我奉圣父、圣子、圣灵的名,宣告你们成为夫妻。

并为新郎新娘赠送经文

6. 主礼人宣告:

现在请看神借《圣经》对婚姻的教训,有关夫妻的本分,请读新约经文(以弗所书 5 章 22—33 节):

“你们作妻子的,当顺服自己的丈夫,如同顺服主。因为丈夫是妻子的头,如同基督是教会的头,他又是教会全体的救主。教会怎样顺服基督,妻子也要怎样凡事顺服丈夫。你们作丈夫的,要爱你们的妻子,正如基督爱教会,为教会舍己。要用水藉着道把教会洗净,成为圣洁,可以献给自己,作个荣耀的教会,毫无玷污、皱纹等类的病,乃是圣洁没有瑕疵的。丈夫也当照样爱妻子,如同爱自己的身子,爱妻子便是爱自己了。从来没有人恨恶自己的身子,总是保养顾惜,正像基督待教会一样,因我们是他身上的“肢体”。为这个缘故,人要离开父母,与妻子连合,二人成为一体。这是极大的奥秘,但我是指着基督和教会说的。然而你们各人都当爱妻子，如同爱自己一样；妻子也当敬重她的丈夫。”

7. 主礼人宣告：

现在我们大家一同祈祷：

“全能永生的上帝，万福的根源，现在我们奉主的名，祝福这二人的婚姻，求主将各样恩典与福气赐与他们的家庭，他们二人今日结为夫妻，彼此宣誓立约，一生忠实遵守，使他们相亲相爱，教养子女，孝敬老人，辛勤劳动，爱国守法，凡事尊神旨意。阿门。爱世人的天父，求主赐恩帮助这对夫妻成立一个团结、和睦、勤俭、文明的家庭，孝敬父母，培养信心的后代，活出神儿女属天的荣光，在生活上荣耀神的名。创造万物的主，感谢你配合这二人的婚姻，我们奉你的名，求主使他们二人身体健康，心灵愉快，又照主的旨意，赐给他们生养儿女的福气，并特别保守他们，教养儿女，以身作则，带领儿女，爱国守法，明白真道。敬神爱人，这是奉主耶稣基督的圣名恳求！阿门。”

8. 主礼人宣告：

祝福：（牧师长老）愿主赐福与你们，保守你们，愿主面上的光照亮你们，赐福与你们，从今时直到永远！阿门。

9. 主礼人宣告：全体同诵主祷文。

10. 礼成奏乐，新婚夫妇出圣堂。

第二，在基督徒家庭举行仪式。相对来说，在家庭举办要更随意一些，但都会请牧师到家对新人进行祝福。李 ZJ 组长的儿子小欧举办婚礼，就请来县两会的姚牧师过来祝福。如果条件不允许，也会由当地讲道员担任。主礼人则由西镇基督徒担任，仪程都由主礼人宣告：

1. 开始：新郎新娘入席就位；新郎新娘欢迎父母入席就位。

2. 主礼人宣告婚礼开始，奏圣乐，鸣鞭炮。全体肃立，静默祈祷。

3. 圣乐班奏婚礼曲，圣诗班献唱圣诗。

4. 由 ×× 神仆为新婚典礼献上致词。

5. 由 ×× 神仆询问新郎新娘。

6. 新婚夫妇宣誓（新婚夫妇彼此宣誓，以右手相握）。

7. 由 ×× 神仆牧师宣布其结为夫妻，并为新郎新娘赠送经文。

8. 由神仆（圣职）为新郎新妇祝福，为新婚家庭祝福，宣告："我奉圣父、圣子、圣灵的名，为新婚夫妇祝福，恳求上帝的慈爱，耶稣基督的恩惠，圣灵的感动，常与你们同在！保持你们恩爱常存，百年和好，彼此相爱，白头偕老，家庭平安，生活幸福。愿全能者将天上各样的福，地里所产的福，降在你们的头上，直到永远，阿门！"

9. 同诵主祷文。

10. 礼成，圣乐班奏乐，喜送新婚夫妇入洞房。

2. 传统习俗渗入

尽管信徒婚礼的形式富有鲜明的宗教色彩，但在许多方面，信徒婚礼依旧保留着当地社会的传统风俗。孟 YX 回忆当地近几年真正完全按教会来举办婚礼的只有一家，其他的都"弄的两交叉"。在婚礼上的"路数"，提亲（说媒）、订婚、送红、添箱、迎娶、回门，一个不少。特别是在送红中，有不少基督徒在谈及时，都明确或隐晦地表示出结婚也看日子。孟 YX 姊妹是当地教会中的积极信徒，但当问起她子女的婚礼是否也要择日子时，她就推说孩子的事自己管不了那么多。

婚礼仪式的具体环节中渗透着传统风俗的影响。婚车前贴“百年好合”等字幅。结婚当时的凌晨，由新郎本人和同族的弟兄去女方家迎接新娘，之前要“扫车”。但对西镇基督徒来说，还包括一些基督徒的代表。在确定迎亲和返回路线时，基督徒也基本都依据当地习俗，不走一条路，绕村而行。在行走的时间上追求吉时，一般天明之前男方迎亲的队伍要抵达女方家庭，在收拾准备完毕后，天明时出发，太阳要出来时返回男方家庭时。在女方家配送的嫁妆中，女方父母一般都会准备铜盆、一双红筷子、用红布包裹的装有面的碗，寓意家庭幸福和衣食无忧。迎亲时，新郎的父亲要化妆成丑角前去迎接。当地居民认为父母辛苦大半辈子才给儿子找到媳妇，意指付出多，好让以后的儿媳孝敬老人。此外，在家举办的基督教基督徒的婚礼，新娘下车时也是依据“老规矩”，在下车或下轿前先要换鞋。和非基督徒一样，西镇基督徒认为红鞋的寓意不好，“跳火坑”，一般换蓝色或绿色的鞋子。

在主礼人祝福新人并赠送《圣经》后，一般还会把新郎的父母请到中间，由新郎、新娘给父母鞠躬，父母封给新娘红包。当问起时，一位主礼人告诉笔者，就图个热闹。招待的宴席也为当地的“十大碗”。在随礼上，基督徒都会收礼。走得比较近的基督徒也会前去递礼。李ZJ组长儿子结婚时，教务组成员和一些基督徒都前去递礼。在聚会点，要依据是否当地以及走动是否频繁而定。在一定程度上，基督徒内部的关系远近决定了是否递礼以及礼金的多少。在婚礼后，新人也要回门。婚礼后的第三天中午，都要做捞面条请街坊去吃以酬谢他们的帮忙。在婚礼上，无论是否信教，只要有关系，基督徒们都会愿意去“递把手”[①]。

不仅传统习俗，而且传统观念也会影响基督徒对婚礼仪式的态度。当

① 地方方言，给予帮助的意思。

地有一名女性信徒，信教有五六年了。去年她女儿出嫁的时候，买了一件白色的婚纱。这在当地非常正常，但是这位基督徒却坚决反对女儿穿白色的婚纱，理由是结婚穿白色不吉利。她的这种想法显然是受中国传统文化的影响，因为在中国传统里面，红色代表吉利，白色代表死亡，因此人们在结婚的时候一定是穿红色衣服，在有人去世时才穿白色孝衣。而在基督教传统的婚礼中新娘就是要穿着白色的婚纱，象征纯洁的爱情。同时，基督教认为吉利与不吉利的想法纯粹是迷信，是应该坚决反对的。在这两种对立的观念中，作为基督徒的她，却选择了信仰中坚决反对的传统做法。

文化传统传统的影响突出表现在依据宗教信仰与传统习俗结合举办的婚礼仪式上。集镇镇西一基督徒家庭准备按照基督教的仪式举办婚礼，但由于新娘的父母不信教，认为应该用传统的仪式举办婚礼。最后，在结婚当日，先是按照传统习俗办，新娘坐轿到达男方家，随后进行舞狮表演。一直到上午 10 点多，才前往教堂，按基督教的方式举办婚礼。

三、葬礼

对基督徒而言，由于葬礼涉及到信仰上的禁忌，使基督徒在葬礼仪式上对传统习俗持明确的反对的态度。相比较婚礼，基督徒葬礼仪式上的宗教色彩更浓一些。

1. 追思会仪程

由基督徒家庭提出申请，由教会负责人审查办理登记手续后即可按规定程序办理葬礼。其具体程序如下：

首先，丧葬追思礼拜仪程为：

1. ×× 弟兄（姊妹）丧葬追思礼拜现在开始，孝子灵前就位。

2. 各位同工同道，各位父老乡亲，亲朋好友，人按定命，固有一死，乃恳芳名流千秋。×× 弟兄（神仆），是教会的好基督徒，是神的好儿女，他（她）一生为人忠实，工作勤奋，信仰纯正，勤俭持家，教养子女，和睦邻里，为人敬仰，对主真道笃信不疑，他（她）去世是教会的一大损失，众基督徒为此无不忧伤祈祷。

根据 ×× 弟兄（姊妹）生前的遗嘱和其子女、家属的要求，按教会教规教义的礼仪，办理丧事，并遵照国家宪法 36 条规定，进行正常的宗教活动，施行火化，教会基督徒本着与时俱进，移风易俗，对已睡基督徒，进行殡葬追思礼拜，望所以参加丧事礼拜的各界朋友、父老乡亲，务要彼此尊重，使 ×× 弟兄（姊妹）的遗体，早日入土为安。

3. 全体起立：为 ×× 弟兄（姊妹）追思礼拜，静默祈祷：（琴伴赞美诗 193 首）哀曲。

4. 圣乐班奏圣乐：1、2、3 首。

5. 代下 35 章 25 节“歌唱的男女也唱衷歌”。圣诗班献唱圣诗：1.2.3 首。

6. 由 ×× 同工为 ×× 弟兄（姊妹）蒙召归天，献上祈祷。

7. 由 ×× 同工读经证道。

8. 圣乐班奏圣乐：1、2、3 首。

9. 圣诗班献圣诗：1、2、3 首。

10. 主礼人宣告明天事工后，全体起立，同诵公祷。

11. 追思礼拜结束，孝子举哀。

其次，在第二日的凌晨举办安葬礼拜，由主礼人宣告以下七项仪程：

1. 安葬礼拜开始，全体默祷。

2. 大家同唱：“神爱世人或昂首青天外”灵诗 1 首。

3. 为 ×× 弟兄（姊妹）入土为安同声祈祷。

4. 由 ×× 同工宣读经文：（1）伯 34 章 15 节；（2）传 12 章 7 节；（3）赛 57 章 1—2 节。

5. 由 ×× 同工，施行撒土礼，（抓土撒向棺尾墓内）。

6. 仪程结束，下葬开始。

7. 全体同诵公祷。

2. 信仰与习俗的冲突

基督信仰与传统习俗在葬礼仪式上的冲突集中体现在以下几个方面：首先，在放置老人入棺时，教会的办法是不摆贡香、不凳草铺，直接放到棺材里面。有基督徒认为，放草铺就有点信邪，如果这样做就会“下地狱”，而信教的人放棺材里面，跟睡着了一样，“灵魂上天堂”。对于这种说法，非基督徒非常反感，认为不够尊重长者，你家老人过世就说下地狱，实为不孝子孙。

其次，在葬礼上是否下跪存在争议。基督徒认为，只能向神下拜，不向人下拜，从而主张在葬礼上，不信教的人可以跪，但信教的人就不能跪。对这个观点，不信教的人非常不赞同，他认为基督徒成天跪着祈祷，为什么自己的父母都不能下跪，而且人家烧香的人不也是要跪的。对此，基督徒则认为基督徒是拜真神的，而烧香拜的是假神。此外，尽管有个别基督徒认为不应该放鞭炮，但在举行葬礼时大都会放鞭炮。

第三，在是否必须哭方面也有争议。在当地习俗中，哭丧是必需的，只有痛哭流涕才能体现出你是孝子。但在西镇基督徒看来，想哭就哭，不想哭就不哭。他们认为，这也不犯罪，如果老人信教就会上天堂，只是暂时的分离。

第四，在是否该去烧纸上存在争议。由于当地居民将葬事上的递钱、送火纸和鞭炮统称为“去烧纸”。鉴于此，递礼的基督徒表示，老人去世，家庭经济困难，去拿点钱周济，这个“中”；但如果说是“烧纸的”，那就错了。

四、为何按教会形式举办？

婚礼或葬礼按照教会形式举办，对全家信而言并无阻力，而对于半家信而言，说服不信教的家人往往是基于物质功利的考虑。当地人在很多事上都愿意从简，爱省事，如前面提到过的饮食。在访谈中，对于基督教婚礼、葬礼的看法，当地居民都认可这样做“省事”。HB 村的王 XG 非常认同基督教在婚丧嫁娶诸事上节约、省事，并表示也想这样做。当笔者问起为何他“办事”时还要按照当地习俗时，他告诉笔者：“咱也想省事，但你不能首先做。尽管大家都不想（按照传统习俗），但你不这样做，别人就会指责你。”

对婚礼而言，按基督教的形式举办，可以省去请婚庆公司的钱，还有基督徒自愿前来帮忙，相比较而言，操心出力出钱的更少。在葬礼仪式上，上述个案中的老人离世时，尽管三儿媳不信基督教，但她也赞同家中其他信教成员的意见，以基督教方式办葬礼。对此，她的看法主要认为这样做省事。但在实际的操作上，接受别人送来的礼金是不可缺少的。收受礼金主要是为了收回自己以前送出去的，同时也与亲朋好友保持一种正常交往。此外，一些她认为较重要的传统习俗依旧保持，如停尸三天、墓穴风水等。但一些对她没有太多实际价值的仪式，她就会以按基督教办为名省去，比如摆贡香、凳草铺、老人七天祭拜等。

对教会而言，协助信徒举办婚葬仪式，不仅是弟兄姊妹互助互爱的一个有力象征，更是一个传播福音、让教会复兴的契机。2011 年下半年，笔者到城区教会调查基督徒婚礼。教会把婚礼的举办点定在最繁华的地点，搭起一个舞台。教会将音箱拉至现场，圣乐班以及会唱歌、主持、跳舞、演小品的基督徒都参与，在结婚前晚组织一场类似晚会的赞美会，声势浩大。许多当地的居民都前去观看，而表演的节目都是宣传信教的益处。在次日对主事基督徒的访问中，他们也明确表达出这一想法。

对葬礼来说，尽管受众的人数不如婚礼那么多，但由于参加者多为亲朋好友及家人，可能更具动机。在基督徒看来，将人的来历、人的堕落、神的拯救、人的复活等传给他们，才能拯救他们。

第三节　社会活动

基督徒的社会活动受到文化传统的影响，主要有以下几个方面：

一、祭祖

据一些当地居民所讲，祖先祭祀仪式是区分基督徒和非基督徒最重要的一个重要标准。由于基督教的相关规定，西镇基督徒在对待葬礼上的态度不同于人生仪式的婚礼和诞生礼，呈现出不同于甚至违背传统习俗的做法。这不仅使有些基督徒提出存在红事上可以来往，而白事上不相往来的说法，而且在随后的祭拜活动中的一些习俗也表现截然反对的态度。这种祭祖上的冲突被一些学者认为是“礼仪之争”，即中国传统社会文化习俗与基督教矛盾突出的表现（陶飞亚，杨卫华，2009: 156）。

老人去世后的“头七”“五七”“百日”“一、二、三周年”，基督徒们大都没有参与祭拜。一个女性基督徒告诉笔者，这些祭礼都是她丈夫去做的，信教的不让祭拜，所以她不参与。

按照传统习俗，老人去世后第一年全家不贴对联，第二年贴蓝色、绿色或紫色对联，现在多数为紫色对联，第三年期满，重贴红色对联。西镇基督徒，包括全家信，也都遵循了这一习俗。在 HB 村聚会点，那家老人去世后，第一年按传统习俗没贴对联，从第二年开始贴了基督教的对联。教会教务组一负责人，在其父亲去世三年后，按照当地风俗贴上红色对联，横幅即为“三年已满”。

当地居民的祭祖一般是在农历的二月二，很少有人在清明节上坟。上坟说明这家后继有人，当地居民对二月二的祭祖都非常重视，在上午上完坟后都会和家人聚在一起吃中午饭。每年此时，镇上都显得非常冷清，店铺也不开门营业。对于在农历二月二上坟祭拜，西镇基督徒大多迫于压力会随同家人一起上坟。基督徒郭 XP 有兄妹三人，每年的二月二都会一同去祭拜去世的父母。两位兄长照当地的习俗烧纸、磕头，而郭 XP 则只是站在旁边祈祷。但在 2011 年的二月二，由于当日正好是周日，为教会的圣餐日。她就没去上坟而是参加礼拜。一听说自己的妹妹今年不去，两位兄长十分不高兴，认为她“把自己的祖宗都忘了”，并为此事冷落她好久。在镇上开副食品门市店铺的张 HB 谈起此事时，说他弟弟一家都信教，但如果他们不去上坟，那么整个家族都会说他对祖宗不孝。所以，他弟弟不想背那个骂名，不想被别人指责做得不对，只好拿点别的东西替代，不拿火纸和贡香，拿点饼干、方便面、水果，“意思到就行”，“我也不磕头，也不烧香，反正是我拿点东西去了”，这就“等于是在敬已故的老人”。

在祭祖上是否出现争执，并不取决于逝者是否为基督徒，而往往取决于去祭拜的后人在信仰上是否一致。王 F 在西镇经营一家茶叶店，他爷爷去世前是基督徒，是家中唯一信教的人。尽管按照基督教的形式来办理其爷爷葬礼，但王 F 每年给他爷爷上坟却是按照当地的习俗，带着自己蒸的馒头，在坟前摆好，磕头、烧纸、放鞭炮。对此，王 F 解释道：“我爷爷信基督教，我们都不懂。他有他的信仰，我们有我们的做法，各有各的信仰，我觉得这没什么”。

对于基督徒上坟一事，西镇基督徒有两种反应。一是给出合理化的解释，如李 ZJ 组长就认为，信教并不是就不要父母，上坟祭拜也是应该的。二是在具体的做法上做出一些象征性的改变，如以白纸做出的花佩戴在胸前；不下跪磕头，但站在一旁祈祷。对于基督徒和非基督徒上坟上得不同，李 ZJ 组长说，上坟祭祖只是不带祭品、烧纸，但可以祈祷，为家人祈福。HS 堂点陈 YZ 组长说，会给亲人扫墓，但只做祈祷，不烧香、不烧纸。贺 YL 每年在二月二也是回去上坟，不信的家人是按照传统，磕头、贡香等，信教的两个女儿则是站在坟前，唱几首赞美诗。

二、建房

因地处深山区，人多地少，宅基地问题成为当地人发生矛盾和冲突的一个重要触发点。在过去，由于条件有限，有不少家庭都是和邻居共用一堵墙，现在随着重建新房，这一历史上遗留问题的解决往往矛盾重重。在 HB 村 T 岗，有一邻居王 MF、王 JJ 的关系曾经非常要好。在他们小的时候，由于发生自然灾害，王 JJ 家经常吃不饱饭。于是，王 MF 的父亲就把王 JJ 叫到自己家吃饭，把他作为自家的孩子对待。王 JJ 父亲去世的时候拉着他嘱咐，不能对不起王 MF 家，不然对不起良心。但前年王 MF 准备扒掉老房盖新房时，和王 JJ 协商，把两家的界限定为共用堵墙的中间。但王 JJ 不同意，要求王 MF 把共用的堵墙都归入他家，因为他也准备盖新房。为此，两家关系变冷。

当地风俗一般是在房屋封顶的时候，都会放鞭炮以示上梁大吉。而基督徒家在建房封顶的时候，则是请教会的“肢体”前去祈祷、祝福。一般到时会在内墙上贴一十字架的画纸，基督徒会面对内墙唱赞美诗，然后祈祷，其内容一般为：“不仅让屋顶下、还有屋顶建房的人都平安；不仅给建房人平安，也给今后住房的人平安；不管是信您的还是不信您的，都是您的儿女，请求您赐福给他们，给他们平安。”最后，屋主分发给众人喜糖和花生。

在房屋的建筑上，基督徒也会受到传统习俗的影响。当地有基督徒在建房、购房时都会请“阴阳仙”事先勘察。此外，由民间信仰形成的习俗在房屋的一些修饰上也存在显著的影响。如在一个全家信的基督教家庭，受访的基督徒的父亲是这个家庭最早信教的，他在修建房屋的时候已经皈依上帝，但房屋上面的脊兽①仍为其亲手所制。当问起被调查者，他说他根本就不知道这些脊兽到底是什么，并说从来没考虑过这个问题，“从小就有，没留意。”而脊兽，在某些基督徒看来，则是撒旦魔鬼，属于偶像崇拜，会阻碍自己的灵修和生命的成长。

三、贴春联

和非基督徒一样，基督徒在除夕前都会贴上新的春联。但不同于非基督徒，基督徒们大都会购买基督教对联，一方面是由于信仰的缘故，更重要的一方面是基督教对联只售 2 元钱，而其他对联至少要 8 元钱，相对来说非常“划算”。

需要注意的是，和赞美诗一样，对联在形式上借鉴了传统对联的做法。如“满园春光”改为“满院主恩光”，“出门见喜”改为“出门交托主”，还有在三轮车、汽车上贴上“日行八百、夜行一千”，字上面印有十字架。特别需要关注的是，当地有不少基督徒都在院中或屋内贴上“年终岁首主赐平安以马内利”，但其起源是住房当堂（即客厅）大梁上贴有“太上老君在此百无禁忌大吉大利”这一形式，而“太上老君”显然在基督徒们看

① 脊兽是中国古代建筑屋顶的屋脊上所安放的兽件。它们按类别分为跑兽、垂兽、“仙人”及鸱吻，合称“脊兽”。跑兽排列顺序一般为：龙、凤、狮子、天马、海马、狻猊、押鱼、獬豸、斗牛、行什。其中天马与海马、狻猊与押鱼之位可置换。如若数目达不到 9 个时，则依先后顺序。

来是偶像和邪神，是不能有交集的。

四、民间信仰的影响

尽管基督徒敌视民间信仰，但在日常生活中，西镇基督徒或多或少地受其影响。

尽管在礼拜中传道人都会指出不让请阴阳先生看风水，但在实际生活中，并不是每一个基督徒都遵循的，有不少基督徒都会请阴阳先生看坟地、房子等。在一次“交通”中，笔者和教务组成员吕 XZ 在前往县城的路上，那天是个好日子，一路上就遇到十起婚礼。吕 XZ 说三六九是个好日子，当天是农历十九，“是朝王出庭的日子”，因而不少人都会选择这一天作为结婚的对象。对此，西镇基督徒大都没有持强烈的反对态度，只是说信教的不讲这个，但自己子女的择日多数也选择在三六九这些日子。

在烧香上，西镇基督徒持强烈的反对态度。他们也极少通过祭祖这一途径来祈求获得好的运气。但在算命和给小孩起名上，不少西镇基督徒还是会请算命先生依据周易八卦进行。笔者曾遇到一老年基督徒，他就不仅认同算命，而且还在卜算上下过一些功夫，认为可以从生辰八字、面相、手相上看出一个人的命运。

对此这种现象，一些传道员也大为头痛。

这些在一定程度上证明了民间信仰的根深蒂固，西镇基督徒不可能完全脱离其影响。

第四节　社会关系

中国社会非常讲究社会关系中的“差序格局”，他们常常用不同的标准来对待和自己关系不同的人（黄光国，2004: 6-11）。在差序格局中，社会关系是以“己”为中心，逐渐推出去的（费孝通，1998: 26）。对基督徒而言，其社会关系的亲疏取决于血缘和地缘，依次为家庭、亲戚、邻里关系，以及不同信仰群体间的关系。

一、家庭成员关系

1. 信仰下的家庭关系

（1）全家信：和谐

全家信，即家庭成员都信教。在此影响下，全家人在基督信仰上的坚守能保持相对的一致。

全家信的形成有两种方式：一是，家中老人和儿子都信教，再找信教的女子作儿媳。HS 村的张 GX 在谈及结婚对象也只找基督徒时，说这样能相互理解，出去为神做工家里人支持，不会“扯后腿”，而且“可以相互督促学习，增长灵命，这都是神所喜悦的”。就笔者调查的时间内，就遇到多起教友托人给自己的子女介绍对象，要求是信教家的孩子，最好是信教的。在他们看来，这样可以相互理解，而且主要求家庭和睦、孝敬父母，将来孩子们结婚了也会对他们好。这些都是西镇基督徒大都希望配偶信教的重要原因。其二，家中有部分基督徒，即“半家信”，后来经过福音的传播和“神的拣选”，皈依基督教，转化成“全家信”。

每次聚会的时候，基督徒们都会问及家人的信仰情况：如果是半家信，他们即会督促，指责其“太刚硬”；如果全家信但有人没来聚会，他们就会询问详细的情况，如果没有非常重大的事情，就会被评定为“太软弱”，参加聚会的信徒就应该提醒和督促没来的家人；如果全家出动参加礼拜，都表示羡慕，“看人家信的”。这种情况在小型聚会显得更为突出。这使半家信的基督徒都感到压力很大。为此，一些基督徒在介绍自己配偶时，认为配偶也信，尽管没有受洗，但属于“暗信”“不露头信”，以此降低小群体产生的压力感。

在西镇基督徒看来，全家信是神所喜悦和蒙福的。对全家信来说，不存在信仰上的争议，因此在面对事情时，通过依靠神来解决这种做法，对他们而言是有效的。

（2）半家信：包容或冲突

半家信是家中有不信教的成员，这种情况一般多是在灾难信的基础上形成的，被西镇基督徒认为对自身灵性的增长有阻碍。根据家人的态度又可以分为两类：（1）适应与包容。往往是患难时在其他途径无效的情况下，皈依基督教后患难得以解除或好转。因为“知道信教的效用”，所以能理解信教家庭成员的宗教信仰，允许甚至鼓励其参加礼拜活动，包容信教在信仰与地方习俗张力下的“越轨行为”。（2）矛盾与冲突。家人基于传统习俗的观念，并不理解其基督徒的缘由；或者在具体情形下不赞同基督徒的做法和观念，会出现不理解，甚至冲突的情况。

孟 YZ 信教前患抑郁症，胡思乱想，总是焦急、烦躁，想寻死，一直找不到解决办法。后来在朋友介绍下，她跟着参加礼拜，慢慢“信到里面了”，抑郁的症状也慢慢减轻，直至痊愈。丈夫也开始支持她的信仰。

但家住 SD 村的老年乔姓夫妇基督徒，在信仰问题上不仅得不到家人的理解，而且还为此产生一些矛盾和纠纷。由于他们信教是在三个儿子成家后，儿子们都不信教，儿媳们除了最小的儿媳信过主外，其他也不信。老人曾向笔者提到，在三个儿子盖房的时候，他们都没有去现场帮忙，而是到教会向主祈祷，并为此向教会奉献钱。除了最小的儿媳外，其他家人并不认同父母的这种做法，认为这都没有实际作用，并因此而心存不满。

2. 婚姻

基督教义主张妻子凡事应该服从自己的丈夫，而丈夫也应该爱自己的妻子，基督徒应该遵守一夫一妻，夫妻二人合为一体，相亲相爱，不能离婚。

当地教会也宣传，美满婚姻建立在爱的基础上，丈夫是家中的主人，妻子是丈夫的好帮手，同甘共苦，同心合意，遵神旨意，孝敬父母，教养子女，辛勤劳动，敬神度日，建立基督化的家庭。

整体而言，当地全家信以及夫妻二人为基督徒的婚姻基本都比较幸福，这不仅有基督教教义的约束，还有基督徒团体的压力所致。但如果配偶不信，特别是妻子信教、而丈夫不信并对基督教很不认同和包容，家庭往往会出现问题。正如前面所提及到的，信教的父母都希望能寻找一个基督徒的儿媳；相对应，信教的父母也希望自己的女儿嫁到信教的家庭中去。这在他们看来，有共同的信仰和约束，可以相互有个照应，儿女们的婚姻生活也不会“差到哪里去”。李 YY 姊妹在谈到基督徒的婚姻时说道：“《圣经》上说信与不信（的人），原不相配。两人都信教，信仰相同，就少发生矛盾，生活会比较和谐，比如本教会牧养的牧师和他的妻子关系很好，两人在神的家里很幸福。可是也许你遇到的不信教的那个就是主给你预备的，这样就要靠着去和那一半传福音，但两人刚相处就要表明自己的信仰，不管他是否信，但是要表示对自己信仰的尊重和接纳，然后慢慢相处了解。”尽管指明夫妇两人不都信教的解决方案，李 YY 也坦然承认自己只想找信徒作为配偶，原因在于她认为两个基督徒的结合会更幸福。对于不信教的夫妇两个也可能会很幸福，她解释道：“神造男女，让一个女人配一个男人，女人是用男人的肋骨造成的，夫妇两个能生活在一起是神所命定的，虽然幸福的夫妇不都是信教的，但他们的姻缘就是神所配，他们要走的道路是神所命定好的，不管他们信或不信。”

基督徒身份作为家庭幸福保证的一个显著标志为西镇信徒广泛接受，这使得地方一些信徒在实际生活中为子女考虑而过分强调主内婚姻的唯一性。孟 YX 的女儿雁子去了外地打工，半年之后就领了一个外地男朋友回家过年。对于女儿带回来的这个家庭条件不好、不信教的男孩，孟 YX 表示反对。主要是因为他不信教，另外离自己家远，而且家庭条件不好也是重要的原因。当春节后男孩要走的时候，孟 YX 就奋力拦下雁子，希望她能离开那个男孩，在家找个信教的婆家，也离自己近一些。渐渐地，雁子也慢慢考虑妈妈的建议，渐渐疏远了那个男孩。

基督信仰对基督徒婚姻内的行为作了纲领式的规定，如爱配偶、爱其父母、不能离婚等，这会让基督徒对不良婚姻的不满有更大的包容度，这种反应有可能感动配偶而使婚姻得到改善，但也有可能使基督徒禁锢于不断恶化的婚姻中。隋 YH 姊妹 25 岁，她的婚姻并不幸福。她婆家一家都不信教，老公也“不像个大人”，什么都不干，也没什么本事，毫无承担，整天上网打游戏，店里的生意从不照顾。但其婆婆和公公却都向着自己的儿子，家中的劳务和店里的生意都落在隋 YH 的身上，她甚至有时还要忍受老公实施家暴。周围的人都劝她离婚算了，而对此，隋 YH 非常犹豫不决：虽然不满意这段婚姻，但当考虑到基督教的教义不赞同离婚、“神不让离婚”时，她就认为自己多承担点也可以。同样是基督徒的母亲在这件事上表现也是左右为难，无法给出态度。但后来的一件事让她有了离婚的决定。她发现她老公和别的女人混在一起，这在她看来是不能容忍的。隋 YH 认为，虽然妻子凡事皆须顺从丈夫，但丈夫也应该对自己的妻子忠诚，丈夫的花心让她觉得有足够的理由结束这段婚姻。

3. 子女

（1）生育：重视儿子

传宗接代的观念在西镇基督徒中依然有非常重要的影响。在信徒的所做见证中，子嗣祈求是其中非常重要的类型。HS 村的张 GX 已经有两个女儿，小女儿才两三岁，但还想生个儿子，认为这样老张家才“不会断根”。为此，他们夫妻俩以及其母亲就每日祈祷，期盼神能让他们完成心愿。

在 2009 年春节的时候，镇区上有几个 20 多岁左右的男孩在一起交通事故中丧生。这对于他们人到中年的父母来说，是个致命的打击。其中有一个信教的家庭，抱养一个儿子。尽管还有一个未成年的小女儿，但别人认为：“如果他不收养儿子，那么将来的家产都要给女婿那个外人；如果他收养儿子，将来的家产还是给外人。而且他们现在年龄都大了，抚养起孩子很辛苦，等孩子长大他们也都老了，根本享不到这个孩子的福。所以，抱养别人的儿子实在是不值当，还不如省事把一切都留给自己的女儿。”这种情况并不少见。笔者岳父家的邻居50多岁的贺伯，他有三个闺女，都已经出嫁，最小的儿子在广州打工的时候不幸离世。贺伯给笔者提及，自己准备从高处过继一个成年的儿子，但三个女儿不同意，认为不是自己亲生的，等他老了还不知道是否孝顺。其中有一个闺女说，她可以和丈夫、小孩一起搬过来照顾贺伯夫妇。但贺伯认为，现在再重新领养一个孩子也没有精力，女儿始终是“外姓人”，外孙也是“姓人家的姓”，觉得还是过继一个最为合适。

（2）子女教养

在子女教养上，西镇基督徒在评价标准上和当地非基督徒一样，对自己的孩子的期望是最好是学习好，毕业能找到好工作。但不同在于，依靠的对象不同。基督徒是“依靠神”。

甚至在面临具体的问题时，基督徒也多从信仰的角度出发做出应对举措。依据依靠神的比重大小，可以分为完全依靠神的单一途径以及依靠神与依靠社会相结合的双重途径。

单一依靠神：多出现在对事情超越性的归因上。发生小孩吃不下去饭、迷糊、恶心呕吐，在非基督徒来看是“丢魂”，当地居民传统的做法是拿一个小瓷碗，舀一碗面，上面蒙上白布，在小孩面前喊道其名字，然后再喊“魂回来了”。基督徒则认为这是“不洁净”导致的。郭姊妹还在襁褓中的外孙女一吃奶就吐，因此她抱着外孙女到聚会点，让基督徒们在一起向神祈祷。

双重途径：多出现在现实世界具体事情的解决上。在一次周日礼拜散会后，一个基督徒发现自己的孩子不见了，有基督徒说见有个陌生人领着她家小孩。她就赶忙报警，同时得知消息的基督徒们返回教堂，开始祈祷，甚至有部分基督徒禁食祈祷，到晚上的时候还没有消息。基督徒们又开始通宵祈祷。等到第二天上午，市公安局打过来电话说孩子找到。当时人贩子把小孩拐到市里宾馆，准备第二天再走，但小孩晚上开始发烧，人贩子看小孩病生得重，就把他丢在宾馆。宾馆老板发现小孩，问清情况就上报到市里的公安局。此事在基督徒们看来，是“神的大能”的体现。

在具体事情的解决上，双重途径在非基督徒看来，大都是可以理解的；如果单一途径仅出现在信仰、心理层面上，他们也是并不反对；但如果用单一途径去解决实际生活中的问题，则认为是不可行的。镇区一个女信徒，她的丈夫常年在外打工，而她又经常不在家，对于她两个还在上小学的孩子来说，需要自己克服很多困难。比如两个正长身体的孩子可能连续几天都只吃方便面；如果学校需要交钱，就要孩子自己向别人借钱。对于她的这种做法，她自己的解释是：“孩子们有主照看着呢。”在她看来，她出去是为主工作，主自会照看她的孩子们。就算是有一次当地发大水，她年幼的儿子不见了。亲戚邻居都慌着到河岸附近寻找，担心调皮的孩子落水。而她仍然平静地待在家中，放心地把一切都“交给主照看”。她的这种做法令亲属们都十分愤慨，认为没有尽到做母亲的责任。

4. 赡养老人

西镇基督徒认为，家中老人活着孝敬，吃好穿好，死后“信教的上天堂”，因而也不会刻意祭拜。在他们看来，这才是真正对老人的孝敬。有基督徒认为孝敬父母是社会所称赞、夸奖的，更是作为基督徒的本分，因为《圣经·以弗所书》6：1-3 指出：“你们作儿女的，要在主里听从父母，这是理所当然的。要孝敬父母，使你得福，在世长寿。这是第一条带应许的诫命。”

基督教教义指明基督徒要孝敬父母，而且当地教会很有见解地提出孝敬父母是一种荣神益人的行为，可以作为众人的表率，但实际生活中并不是所有的基督徒都做得很好。相比较非基督徒，人们对基督徒的行为标准要求会更高一些，若出现信徒对父母的不赡养行为更能引起人们的不满和指责。当地有居民告诉笔者，一个信教的亲戚劝她信教，说天父对世上的人付出这么多，应该懂得感恩。但她觉得，那个亲戚对自己的亲生父母都不待见，父母生她养她，供她上学，为她付出这么多都不记得、都不知道报答，还谈什么感恩。

二、亲戚邻里关系

除了家庭关系外，基督徒与家庭外的社会人际关系主要有两类：一是亲戚关系，二是邻里关系。

1. 亲戚关系

如果没有信仰上的冲突，基督徒及其亲戚间的关系和非基督徒没有什么区别，但一旦有亲戚是“烧香的”或者是对基督教存有敌意的，他们之间的关系就会恶化。

2. 邻里关系

在西镇基督徒看来，“爱”是基督徒处理人际关系的指导原则，他们常说：“爱你的邻居如同爱你自己。”对于邻里关系，黄 Y 感叹道，与左邻右舍相处，做事说话都时刻注意自己是信教的，不要因为一点小事，就让人家抓住把柄。“如果人家骂你，还要学会忍耐，学会饶恕。如果他说的话不对，也要想想他的好处，不要只想他的不对。”她特别指出，要学会忍耐，“有什么事要是他办得很过分，就想想，管他呢，人在世上过那几天哩，搁不住跟他有啥计较，不给他往心里存就行了，以后见面该说话还说话。”

即使是在传统礼仪上，如果邻里“办事”[①]，多数基督徒都会积极前去帮忙。对此，河北聚会点负责人韩 HJ 就说，本来外邦人就是看不惯基督徒的一些做法，“这些事不合乎人家的口味、不合乎人家的心，人家就看不惯。”她特别强调，邻里谁家有红白事，作为基督徒不应该只守着自己的宗教信仰，应该前去帮忙。“谁家啥事你去帮忙，咱不图名不图利，这人家外邦人看你怪好。反过来说，谁有事你连忙都不敢帮了，人家也该说信教的怎么怎么啦。”“不论人家按什么规矩办丧事，咱应该帮忙就去帮忙。作为基督徒，就是教人家得益处，教人家觉得基督是好的，人家就不会说三道四。”

在实际生活中，“爱”并不是基督徒的行为的唯一标准和根本原则，而是在不损害自身利益的前提下才“爱邻居”。如果有悖自身利益，信徒往往是以维护自身利益为前提的，基督信仰在其中多是起到一个提供解释框架的作用。

三、不同信仰群体间的关系

基督徒身份认同所带来的首要变化即为自觉的群体划分。有次，笔者给李 ZJ 组长介绍认知概念时，他马上就回复基督徒并没有排斥不信教的人，可见基督徒在进行评价时，往往从其社会认同群体出发，进而去了解和评价。

当地信仰群体有三类：基督徒、传统宗教和民间信仰皈依者、无宗教信仰者[②]。这种划分为当地居民所认可的，如 SM 村的李 XC 就把当地人分

① 当地语，指操办婚礼、葬礼、诞生礼等人生仪式。

② 无宗教信仰者不信一切宗教，在某种意义上讲也是一种信仰。

三类：一部分是什么都不信；一部分是烧香；一部分是信教。在不同信仰群体的群际关系上，个体都基于自己的信仰来看待与其他信仰者的关系。按其信仰的远近关系，基督徒群际关系的示意如下所示：

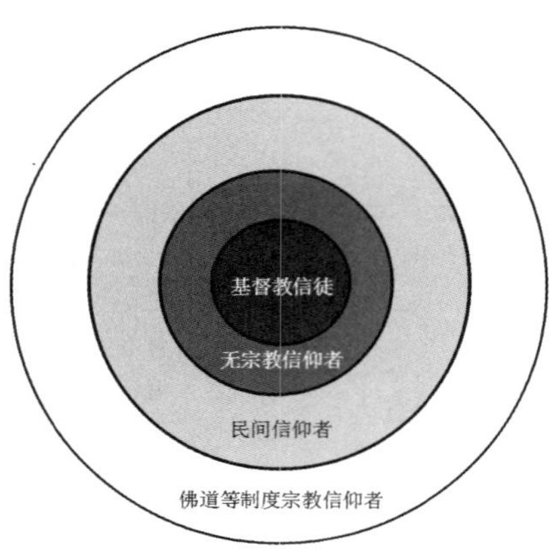

图 5–1 不同信仰群体关系示意图

从基督徒其所属信仰团体出发，群际间的关系大的方面分为四种关系，从里到外分别是基督徒内部的关系，包括所属团体与同信仰下的其他团体；基督徒与无宗教信仰者之间的关系；基督徒与民间宗教信仰者之间的关系；基督徒与佛教、道教等传统制度宗教信仰者之间的关系。

1. 与教会内部信徒：内群体偏好

基督徒内部成员的关系最为亲密。教会成员之间多以彼此的不同进行自觉地划分，以维护自己群体信仰的合理性和纯粹性。基督徒内部亲密性的加强，除了信仰上的相同外，还受益于群体内部成员之间的互动上，如基督徒间的探访。

2. 与无宗教信仰者：缓冲带

无宗教信仰者大多对基督教持包容态度，表示自己不信，也不干涉，也有一少部分人给出了负面评价，如王 F 说成天信教不做事的人“愚昧”。同时，这类人大都对基督教的作用有较为清醒的认识，认为信教对心理精神疾病有很大帮助，对生理疾病的帮助尽管不大，但也有一定的心理安慰作用，有助于病情的好转。

为教会的复兴，无宗教信仰者成为基督徒们争相争取的最佳资源，基督徒进行各种传教活动中都反映出这一特点。

3. 与民间信仰者：对立与交流的矛盾

民间信仰（folklore religion）与制度性宗教相对应，它作为分散性宗教（diffused religion）在乡村社会广泛存在，是自发性的非组织崇拜。西镇基督徒对民间信仰者的崇拜行为持反对态度，如烧香、算命等，但对于他们除崇拜行为外的日常生活，基督徒的态度与无宗教信仰者趋于一致。民间信仰者在日常生活中对基督徒也没有强烈的排斥情绪，但融于民俗中的仪式特别是祖先崇拜则是双方对立的核心议题。HB 村章老太太信教，她的老伴去世的时候是按照基督教形式办的，没有按照传统的形式烧纸。事后就有一些当地烧香的村民跟她讲，他老伴在阴间如何缺钱花这类话，企图让老太太能够加入他们的行列，给自己的老伴烧香。

第五节　社会行为与心理

一、社会行为的表现

个体会根据其终极信仰进而调整自己行为以便与其保持一致（Gorsuch，2002: 8）。总的来看，基督信仰对其信徒行为的影响表现在：

1. 利他行为

“爱”是基督徒社会行为的一个重要准则，由此进行的益人之事，可归于利他性行为。基督徒的利他行为带有很强的内群体偏好，即对属于信仰团体的成员产生利他行为的概率更高，如平日中的探访与互助。但这并不排除有极少一部分基督徒在处理“肢体”关系中的自利性。一次，笔者随同前往 TH 村做交通，在证道开始前由于座位有限，几个人便去隔壁搬凳子过去。其中，有一个中年女性基督徒只搬了一个凳子，她旁边的基督徒提醒她需要多搬一个，她却回应道：“我只管我，我不管他们。”2009 年暑假，城区教会要举办一次“布道会”，为此要准备一场比较丰盛的演出。其中有几个节目是舞蹈，但排练过程中，其中一个年轻的女基督徒对于自己在舞蹈中的位置不满意，要求自己做领舞，否则自己就不跳了，大家无奈只好答应了她的要求。另外，在演出正式开始的时候，她没有按照大家事先商量好的简单装扮的样式做，而是把自己打扮得花枝招展，目的自然还是突出自己。对于外群体，基督徒的利他行为一般要显著好于非基督徒，但其行为不可避免带有传教意图，特别是以团体的形式进行的利他行为，如前面提到过的舍茶、拥军、扶贫救灾、助残助教、修桥铺路、社会公益、植树造林、爱心奉献等这些的行为。

2. 行为约束

基督徒认为神让他们做公义的事，这让他们觉得自己日常生活中的行为须要符合公义，如不吸烟、不喝酒、不打牌。一次，和孟 YX 一起到饭店吃面。临走前，桌上有一些没吃完的蒜，有人建议她拿走，她犹豫许久才放下，并说：“你想拿你拿，我不拿，这不合我的身份。”对于行为的约束，韩 HJ 姊妹认为，基督徒作为天国的人，应该做得比普通人更好才行。

究其根源，基督信仰之所以产生约束行为的原因有两个方面。其一是基于对神的敬畏。丁 JH 姊妹就说：“人的行为不行，就不配去信神。在家里骂人、偷摸拐骗，再去信神可能吗？信神不让你偷人家、骗人家，如果违反就一定会得到报应，因为神就是这样嘱托你的。”其二是基于社会的压力。HB 村长的母亲是一位老基督徒，听那里的年轻人讲，他们小时候经常听她讲鬼故事。但村里的人对她的评价并不是很高，原因在于他们认为她“信教还骂人，算啥信教的”。为了“在世间荣耀神”，信徒们就很注意自己行为所带来的影响。

3. 行为指导

基督教对某些社会行为给出了非常详细的规定。而这些规定正如一些行为上的标准，指导着基督徒的行为。在处理家庭关系中，如在西镇基督徒中流传的《全家六爱》就指出家庭中各个角色的行为规范：

当父母的应当爱儿女，万不可因他怒，比他更不义。你只要按主的道，让主养育他，讲道理、学仁义、做表率，人人都夸你。

当儿女的应当孝父母，爹操劳，娘受苦才把你养成人，羊跪乳，乌反哺，还报养育恩，人比鸟有智慧，应当孝双亲。

当公婆的应当爱儿媳，万不可说她是金钱买来的。你只要待她好，当个亲闺女，你就是说错了，她也心欢喜。

当儿媳的应当孝公婆，万不可说公婆没有生下。可知道，你丈夫是她亲生的，为娶你受劳苦也是很多的。

当丈夫的应当爱妻子，万不可胡打骂终日找是非。你可知你家中也有姐和妹，到婆家人打骂，你也依不依。

当妻子的应当爱丈夫，大小事要商量，并且要顺服、谦卑又忍耐。蒙神多祝福，听主话，身死后，灵魂见天父。

当兄嫂的应当爱兄弟，替父母分担也是应该的。弟妹爱兄嫂，妯娌都和睦。听主话，身死后，灵魂见天父。

（资料来源：西镇基督徒相互抄写的笔记。）

甚至在应激情况下如何去做，在基督教的宣传中也给出比较适当的反应。其中，就包含了一些心理学知识。这些基督教的宣传给出具体的行为指南，其功能类似于心理咨询常用的认知行为疗法。基督徒潘姐皈依之前的脾气不是很好，嫁人后婆媳关系处理得也不太好，后来她和她婆婆都信耶稣了，很是痴迷，一见信仰好的信徒就拿出《圣经》来请教问题，逐渐明白和开始坚守家庭角色的行为规范，婆媳间的关系有了很大的改善。

“爱的律法”是基督教教义给其信徒最大的行动指南，遇到现实问题亟需解决时，西镇基督徒会依此“祈祷给神，让圣灵做工”。HC 乡基督教会拟建新的教堂，筹集的建资款丢了两万元。有信徒认为要报警，但更多信徒提出不能像世人那样报警，只有“祷告神，让神解决”。

在现实的日常生活中，若基督徒做了不荣耀神的事情，就要进行自我的反省。西镇信徒就提出，如果做错了事，得赶紧说：“主啊，我今天信你了，我又做这些事情”，以此来降低内心的不安和焦虑。正是有这一意识中的警惕，指导和约束基督徒在日常生活中的行为。

二、心理健康的维持

人的行为受观念影响，心理健康状况也是如此，有较高的精神信仰水平的人表现为较少的精神问题（景怀斌，2003）。据部分研究，宗教实践还能减少生理和精神上的疾病，增强其对身心疾病的康复和调整（George et al.，2000）。生理健康在之前的见证中已有所论述，而信仰在生理健康上的成效主要通过心理层面而产生的，故在此仅论述基督徒的心理健康。

1. 心理安慰与激励

从皈依原因等信徒见证中可以看出，基督信仰于信众而言在治疗生理疾病上的积极作用。但对于其作用的机制，基督徒和非基督徒之间却有着不同的看法。相对于基督徒认为是“神的大能”，非基督徒则认为“信教能治病多是心理安慰的效用”。HB 村 T 岗的贺叔告诉笔者，早些年，当地组织农民健康的拉网排查，查看村民是否得胃癌。里沟有个人，检查完后，得知他患有胃癌。一接到通知，他就躺倒了，在卫生院住院住了两三个月，身体越来越差。后来，上面又下通知，说对他是误诊。他一听到，就立刻能下床走了，不吃药打针病也好了。据此他认为，所谓信教能治病仅是心理上的安慰和激励，并不能真正治病。

其次，基督信仰于信众还起到心理激励的作用。基督徒在劳累的时候，特别是农忙时，由于劳动强度大，他们都会通过祈祷来减轻身体上的不适。孙 YQ 姊妹的丈夫在外打工，秋收时经常自己一个人收玉米，很是辛苦。她说收割玉米的时候早上累得起不来，于是就在床上祈祷，等一下觉得好了，“神加着力量呢，要不是神加着力量，可是做不行的活”，有时候身体老是不好，“喊喊主就好点”。此外，她还指出，有的时候自己的“灵性不够”，最好还要打电话给别的基督徒代祷。“前一段，头痛得厉害，自己觉得很不舒服，也祈祷不成，就打电话给来过的一个传道员，请他为此祈祷，过来一会就不觉得痛了。”笔者在伊县宗教局进行访谈时，一个工作人员提到她奶奶是基督徒，前几年生病动手术，疼得睡不着觉，于是祷告给神。别人问起了，老人就说祷告后就不再疼了，但那位工作人员回忆说，祷告起了一些作用，但效果有限，并不像老人所说的那样。

2. 积极的生活方式与态度

基督教的教义不只涉及与世界的关系，还涉及到终极的关怀，由其决定基督徒对此世的基本态度是积极的。正如 Streng（1984/1991: 59）所说：“在彼岸的终极力量作用下，一个人会在精神上获得新生，他会有一种和平、向善、欢乐、信赖的内心感受，并且在崇拜与信仰的情感宣泄中表现出来。”西镇信徒在提及信教的好处时，常常认为信教能让自己喜乐平安。有基督徒提及：“有神你就不会虚空，做任何事都会有兴趣。”基督的信仰不仅让信徒有感恩、虔诚的生活态度，而且其宗教仪式上的一些成分也利于信徒的积极生活态度。如经常吟唱赞美诗可以使他们内心得以宁静，使之心灵得到净化、使人体得以放松，具有一种缓解精神压力和放松人紧张情绪的客观治疗功效，有心理治疗的作用。

3. 作用机制

基督信仰对基督徒的心理健康有着积极的作用，其发生效用的机制主要有以下四种路径：

（1）认知转化

在日常生活中，基督信仰能通过改变基督徒的一些观念，在认知的层面上给出一些合理化的解释，能有效降低基督徒在处理矛盾问题上的情绪反应。

基督徒叶 GL 曾向笔者讲述她信教后的变化：信教以后脾气变好了。以前如果丈夫跟她嚷嚷，她一定会向对方吼。为此，他们还曾经大打出手，每次生气都令她痛苦不堪，都会把家中的东西乱摔。信教后，“由于主教导要忍耐，所以当对方发脾气时，可以忍耐。”再遇到丈夫的挑衅和令她不满的表现时，她就暗示自己是信教的人，主不叫生气，要家庭和睦，她说还是有一定效果的。她特别提及有一次，丈夫对着她大吵大嚷的，自己的脾气上来，想发火，她告诉笔者，那时候她就会劝解自己“权当狗在叫”。她说，这样一想，就不再生气，甚至有时还笑出来，觉得没什么。丈夫看到她笑，也就发不起来火了，这样就避免了一次家庭战争。

孟 YX 曾到深山两个地方讲道。第一次讲道时，她“按照《圣经》上记的别人讲的要点说，说得很顺，大家都说好，特别是自己声音也大，就是聋子（指听力不好的人）也说听得见”。去另一处时，那边已有姊妹在证道，她觉得她们说得很肤浅，便开始有点看不起她们了。但该她证道时，她却感觉不知道说什么，因此说：“主不让讲了。”第二次孟 YX 证道的内容与第一次不同，她并不熟悉。但这件事在她看来，却是神对她的提醒，“只有谦虚的人才受主喜欢”。

（2）心理支持

基督教能给基督徒提供一种心理上的依靠。正如丁 JH 姊妹所说：“在遭遇苦难时，你心里可以自言自语祈祷神，这样就会有一种依靠。”汤HS弟兄在谈及信教的益处时，更是直接指出：“信神不过是大小事心里不慌，有个依靠。想着神有大能，只要有这个依靠，心里面就不惧怕、不慌。不信神的时候遇见事，没一点指望气，这咋着呢？没门。信教了就是遇上啥事也不慌，因为咱有神。纵然说有时候也有苦难，苦难是过去的，暂时都过去了。就是有个指望，有个依靠的地方。不管平时弄个啥事都有个胆，给你壮着胆呢，有个依靠。”在谈到皈依后的影响时，李YY姊妹就说道：“信教后生活中的事情都能看得很开，因为苦难是化妆的祝福，想一想就没事了，很多事情都有了依靠，神说：凡劳苦担重担的到我这里来，必得享安息，贫穷疾病的咒诅也借助神得到释放，有神真好，所有的一切都是神所给的。”

（3）归属感

归属感是人类心理基本需求之一。归属感是个人对友伴、家庭、组织和团体认同的需要，当生理和安全需要得到满足后，个人就会受其支配，从而表现为希望成为某一团体中的一员（参见 车文博，2003: 125），即具有群体资格的身份。归属感的缺乏正是当地社会的一个严重问题。由于生产力的快速发展和国内社会的稳定，国人的生存和安全问题已基本得到满足，但同时却由于生产方式的改革，家庭结构趋于微小与人口的流动，传统社会向现代社会转变以及整个中国社会正处于转型期，国人对归属的需要显得尤为迫切。而基督教则给基督徒提供一种归属感。刘P姊妹在谈到皈依缘由时，坦承自己有点自卑，不爱和人说话，而在教会里，弟兄姊妹都像一家人，没有什么比较，愿意敞开心扉去说话，和大家交流，很喜欢待在这里的感觉。

（4）生存意义

生命空虚感或人生意义失落是心理问题的一个方面。于对治这一方面，宗教具有得天独厚的优势，它天然与人类生存的终极问题息息相关，回答死亡和永生问题（Malinowski，1944/1999: 166）。思考死亡常会使人们重新审视真实性和存在的真实意义。海德格尔说："死亡是一种与众不同的悬临。这种与众不同的悬临在生存论上的可能性根据在于：此在本质上对他自身是展开的，而其展开的方式则是先行于自身。"（Heidegger，1927/1999: 147-148）这即是说，只有意识到死亡，才能使我们回归本真的存在。死亡使我们回归本真的存在。死亡使我们意识到：时间在流逝，我们的存在是有尽头的。死亡让我们回顾我们的过去，检讨我们的存在，规划我们的未来（陶黎宝华，甄景德，2011: 139）。对基督教而言，它正是通过回答生死问题实现其终极关怀，从而提供给基督徒一种生命存在意义的解释。基督徒一旦确立复活审判的观念，世俗世界具有了神圣维度，有限人生拥有了无限遐想，它便被置于一种终极意义之中加以思考和反省，有了一种超越性的坐标定位中。因此，信仰基督的人们以超越的、他世的诉求入世行事，具备了超然的视角，而这种终极观则在某种程度上为基督徒提供了发展动力和意义来源（唐晓峰，2013a: 201-202）。这一效用对农村基督徒尤为如此。其原因在于，农村基督教是一个边缘化的信仰，又在一个边缘化的社群中传播，可谓是韦伯所谓的被歧视阶层的宗教，因此它很容易转化成末世信仰运动（梁家麟，1999: 189）。

当地基督徒在提到皈依基督教的目的时，明确指出是要永生。不少基督徒更是提到，应该为自己的灵魂安排安排，黄泉路上不分老少，不一定自己啥时候死，应该以投靠神为最根本的。来到世上别的不说，永生一定要抓住。对当地一些非基督徒来说，死亡是一件非常恐怖的事情，特别是对一些老年人。而生死问题对于基督徒来说，它只是肉体的死亡，但在另一层面上，灵魂却得以永生。

三、社会现象的诠释

西镇基督徒对社会现象进行认知时，多从所理解的基督教教义出发作出自己的解释。加工社会现象时，西镇基督徒的认知过程具有以下特点：

1. 归因：归于神

西镇基督徒在进行事件归因时，最终都要归于“神的大能”。

2. 动机：维护神

当遇到认知上的困境时，信徒们也很少会动摇信念，而是对前提或者所具有的属性进行否认从而捍卫自己的信念体系。一些基督徒还可能通过歪曲一些事实的途径从而得出自己想要的结论。在某些情况下，有基督徒甚至还采用人身攻击等谬误手段来维护自己的信仰。比如笔者问一些基督徒：“如果人一出生就充满罪，只有信耶稣才能赎罪，才能最终得救，那么安排万事万物的神为什么不让人类都信奉他呢？”他们给出的解释是：“这是因为神虽然拣选了人，但同时也让人有自由意志，关键是看他的信心。”但稍后这些基督徒又对笔者说：“上帝那里早有一个名单，当灾难来临时，上帝会根据这份名单让他们进入天堂。”笔者又问：“那么如果上帝早就拣选好了，就不会再试探来考验基督徒的信心。”他们听了之后，就说：“只要信教、听主的话就可以了，神是人无法理解的，这样去钻牛角尖，问‘为什么’就会受到魔鬼的引诱。”

第六章　社会认知的田野准实验①

基于社会认知的理论构成（见本书第二章认知部分）和前期调查所搜集的材料，我们依从个体内认知（与神关联）、人际认知（与他人互动）、群体认知（不同信仰群体间）三个层次的内容考查西镇基督徒社会认知的现状。具体为：通过信心治病考察基督徒的个体内认知，通过爱心捐助考察基督徒的人际认知，通过游行传教考察基督徒的群体间认知。具体研究上，基于西镇基督徒与非基督徒共有的热点争议话题形成实验材料，分析其社会认知的共享性和特异性，以形成西镇基督徒社会认知的特征与机制。

第一节　个体内的社会认知

一、个体内认知的材料背景及认知结果

西镇基督徒皈依的缘由及所做的见证，都反映出“依靠宗教信仰治疗病痛”是西镇基督徒宗教日常实践活动的重要方面。当地基督徒和非基督徒都承认基督信仰在疾病治疗上一定的积极作用。但在信仰功能的大小方面，无论是非基督徒还是基督徒内部，意见并不统一。在非基督徒中，有

① 本部分主体内容以“比较视角下农村基督徒社会认知的机制与特征——基于豫西西镇与非基督徒的对比调查研究”为题发表于《基督教学术》2017 年第 17 辑，有所删节修改。

认可基督信仰在治疗身心疾病上都有功效，也有只承认其在精神疾病上的效果，还有认为基督信仰仅是一种心理上的安慰和精神上的支持；在基督徒看来，“依靠神治病”毋庸置疑，其争议的焦点在于是否“完全依靠信心治病”。基于此，本研究编制材料一，考察基督信仰对西镇基督徒在个体内社会认知上的影响。材料如下：

材料一：信心治病

很多基督徒由于患难（大多是身体疾病）而信教，不少的基督徒在信教后病情都有所好转，但也有一些没有好转，最后患病去世。一些不信教的人就根据那些没有好转的事情，认为信教并不能改善病情。我家乡有一个非常虔诚的女基督徒，她丈夫在解手时不舒服，到县医院检查后说是脱肠，住院输个几天液就好了。但该基督徒说不需要，要依靠主，只要信心够病就会好。但子女们坚持让父亲去医院治疗。争执不下，该基督徒坚持己见，待了半年，她丈夫病情越来越重，最后转变癌症。在你看来，该如何处理依靠神和依靠医学的关系？你一般是怎么处理的？对此事，你怎么看待的？

材料一是对依靠信仰信心治病的态度，认知结果存在两种情况：理解与不理解。分析结果如下（表 6-1）：

表 6-1 信心治病中基督徒与非基督徒在认知结果上的人数分布（%）

认知结果	信仰群体（n=42）	
	基督徒（n1=21）	非基督徒（n2=21）
不理解	76.2	71.4
理解	23.8	28.6

从表 6-1 可以看出，多数基督徒和非基督徒都不主张仅依靠信仰来治病。

为控制混杂因素对结果的影响，考察基督信仰对西镇基督徒个体内社会认知影响的显著性，本研究以处理方式上的态度（理解、不理解）为因变量，将无序二分类变量信仰群体（基督徒、非基督徒）、性别，以及信息量较高的连续性变量年龄、受教育时间为自变量，采取 Logistic 回归模型进行分析（选用 Enter 法，选入变量水准 =0.05，剔出变量水准 =0.10）。结果如下（表 6-2）：

表 6–2 信心治病的 Logistic 回归模型分析结果

影响因素	B	S.E	Wald χ^2	P	OR	OR 的 95% C.I.
信仰	0.03	0.89	0.00	0.98	1.03	0.18-5.89
性别	-0.34	1.04	0.10	0.75	0.71	0.09-5.53
年龄	0.00	0.04	0.00	0.96	1.00	0.93-1.07
受教育时间	0.02	0.13	0.02	0.88	1.02	0.79-1.32
常量	-0.70	3.74	0.04	0.85	0.49	–

分析显示，信仰因素在信仰对治病行为中的认知中并无统计意义，表明基督信仰并没有对西镇基督徒的认知结果产生显著影响。

二、个体内认知中的因素

对基督徒和非基督徒的访谈内容进行分析、归类，其结果如下（见表 6-3、表 6-4、表 6-5）：

表 6–3 信心治病中基督徒的认知因素（n1=21）

属性	内容因素	访谈描述	提及比例（%）（同一因素下）（同一属性下）

<table>
<tr><td rowspan="7">基督信仰</td><td>信心大小</td><td>真正有信心的人就是不吃药，一祷告就好了，信心达不到的时候也会拖延病情。</td><td>57.1</td><td rowspan="7">85.7</td></tr>
<tr><td>主借药物</td><td>世间万物都是神所造的，药物、医生都是神设置的，神也要借助医生。</td><td>57.1</td></tr>
<tr><td rowspan="3">致病原因</td><td>作恶犯罪，不听神的话，心不正，神就用疾病让你打心里悔改。</td><td>23.8</td></tr>
<tr><td>魔鬼钻空子。</td><td>19.0</td></tr>
<tr><td>身体自然疾病。</td><td>4.8</td></tr>
<tr><td rowspan="2">诠释结果</td><td>但是从教内来说，寿命是上帝定的，命定你多长时间，你要是强求也行。</td><td>14.3</td></tr>
<tr><td>世上受苦，去世就是神接走了。</td><td>9.5</td></tr>
<tr><td rowspan="4">治病途径</td><td>信仰的精神作用</td><td>祷告只是减少你的痛苦，早日恢复，但不能拒绝治疗。</td><td>19.0</td><td rowspan="4">57.1</td></tr>
<tr><td>身体疾病靠医学</td><td>信仰归信仰，肉体上的病还得听医生的。</td><td>42.9</td></tr>
<tr><td rowspan="2">两依靠</td><td>应该一方面依靠神，一方面依靠药物，这样才能治好病。</td><td>23.8</td></tr>
<tr><td>既想靠神，还想去住院，在这中间，啥也靠不住，吃大亏。</td><td>9.5</td></tr>
<tr><td rowspan="2">行为归因</td><td>个人领受</td><td>感觉吃药老丢神的人，靠神就可以把病治好。</td><td>14.3</td><td rowspan="2">23.8</td></tr>
<tr><td>讲道偏见</td><td>讲道讲偏了，说是不让吃药。</td><td>19.0</td></tr>
<tr><td>生命的重要</td><td>生命的重要</td><td>一旦没有了生命，什么都完了。</td><td>14.3</td><td>14.3</td></tr>
<tr><td>信仰作用评价</td><td>信教的目的</td><td>信教并不是以治病为目的，是认罪悔改救灵魂，得永生。</td><td>9.5</td><td>9.5</td></tr>
</table>

（注：提及比例为提及人数除以总人数。在同一因素中，提及人不重复计算。在属性下，若样本提及一个以上的内容因素，其属性提及频率时

仅视为一次。故提及比例的两列数据，属性提及比例不等于其组成的内容因素提及比例之和。以下同。）

对治疗的途径，多数基督徒都主张要依据个人的信心程度来决定。他们大都提到：保罗曾指出要凭着你的信心，觉得自己信心够，通过祷告和与圣灵的交通，不吃药病也会好；而信心不够，觉得需要吃药病才好，那就吃药。“因为软弱的缘故，你得去就医”，“在今天社会中，大有信心的人也有，但很少啊！所以说不能因着你的信心，没有那么大信心，硬撑着，误了性命，那就不荣耀神了。好比感冒发烧，喝一点感冒药就好了，这个很自然的，并不是啥犯罪”。基于此，基督徒们推衍出基督信仰并不反对药物等医学手段上的治疗。在他们看来，世上万物都是神造的，如当地盛产的中药材柴胡、桔梗等，所以药物和治疗手段亦是神创造的，医院也是神所设立的，它们作为帮助世人治病的途径，神之所以这样创造和安排就是为了给人治病的。既然都是神所创造的，那么基督徒们吃药也就无妨，不是犯罪。此外，还有一部分基督徒提出生病的原因可以分为三类，一种是生理上的病，一种是“魔鬼附着”的病，还有一种是犯了罪之后所受到的惩罚。而对于死亡的结果，不少基督徒认可“寿命主定”的看法——活多少岁是神早就定好了，他们对死亡并不恐惧，原因在于他们相信信教要是灵魂得以拯救，而不是肉体，所以死亡并不是一件痛苦的事情，如果信仰得好提前步入天堂则是一件值得庆幸的事情。

行为归因对治病途径出现分歧作出解释，从个人和宗教团体两个层面进行分析。他们认为，地方基督教在传教时过分注重信仰在治病上的效果，甚至于有的讲道人宣称信教就得靠主，靠主就会治病，用不着吃药，这种讲道的偏见使得一些基督徒在领受时出现偏差，认为靠药物治病是犯罪，是信心不够和“软弱”的表现。

尽管在西镇基督徒看来，信教的目的在于灵魂的拯救和永生，而非治病上的神迹，但还是有基督徒明确指出今世生命的重要性，“你首先学会管好自己的身体，（如果）你连自己的身体都管不好，那你还能管点啥”（样本 36），“一旦没有了生命，什么都完了，那也是违背神的旨意的”（样本 1）。

信仰作用评价是西镇基督徒对皈依基督信仰目的的理解，在他们看来，如果信教单单是为了医治自己的疾病，那就是从私欲出发，是自私自利，神不会喜悦的，这样疾病也不一定就会得到医治。这种信仰的功利性可能使得基督教处于一种尴尬的境地：治不好是神的恩典，如果没有治好，就该抱怨神了（样本 29）。所以，认清“上帝是创造万物的神”，信仰不是单一以神迹为企图的，而信教的目的并不在于治病而在于永生，认罪悔改救灵魂，那么就不存在这种尴尬境地。

对非基督徒的社会认知因素进行梳理，结果如下：

表 6-4 信心治病中非基督徒的认知因素（n2=21）

<table>
<tr><th>属性</th><th>内容因素</th><th>访谈描述</th><th colspan="2">提及比例（%）（同一因素下）（同一属性下）</th></tr>
<tr><td rowspan="3">治病途径</td><td>信仰的精神作用</td><td>信教是一个很好的精神支柱，它仅是心理上的作用。</td><td>71.4</td><td rowspan="3">85.7</td></tr>
<tr><td>身体疾病靠医学</td><td>把病治好需要医生。</td><td>61.9</td></tr>
<tr><td>两依靠</td><td>必须是不仅依靠神还得依靠医学。不能只依靠神，像你说的光依靠神而放弃医学是很盲目的做法。</td><td>23.8</td></tr>
<tr><td>信仰作用评价</td><td>劝人向善</td><td>信教只是劝人不要违法，多做好事。</td><td>19.0</td><td>19.0</td></tr>
<tr><td>生命的重要</td><td>生命的重要</td><td>他这是延误病情，该他不治。</td><td>14.3</td><td>14.3</td></tr>
</table>

<table>
<tr><td rowspan="2">行为归因</td><td>个人原因</td><td>个性、思维偏差的问题。</td><td>14.3</td><td rowspan="2">14.3</td></tr>
<tr><td>讲道偏见</td><td>讲得跟迷信一样。</td><td>4.8</td></tr>
<tr><td rowspan="2">基督信仰</td><td>信心大小</td><td>作为基督徒来说，这就是心不诚，心诚就能得到神的恩典。</td><td>4.8</td><td rowspan="2">9.5</td></tr>
<tr><td>寿命事宜</td><td>信教信得那么虔诚，主都不能保护着他，让他长寿一点。</td><td>4.8</td></tr>
</table>

基于表 6-3 和表 6-4，并进行关联得表 6-5：

表 6–5 信心治病中基督徒与非基督徒的认知因素对比表

<table>
<tr><th rowspan="2"></th><th>宗教信仰</th><th colspan="4">相关社会观念</th></tr>
<tr><th>基督信仰</th><th>治病途径</th><th>行为归因</th><th>生命重要</th><th>信仰作用评价</th></tr>
<tr><td>基督徒（%）</td><td>85.7</td><td>57.1</td><td>23.8</td><td>14.3</td><td>9.5</td></tr>
<tr><td>非基督徒（%）</td><td>9.5</td><td>85.7</td><td>14.3</td><td>14.3</td><td>19.0</td></tr>
<tr><td>χ^2</td><td>24.44</td><td>4.20</td><td>—</td><td>—</td><td>—</td></tr>
<tr><td>df</td><td>1</td><td>1</td><td>—</td><td>—</td><td>—</td></tr>
<tr><td>p</td><td>0.00</td><td>0.04</td><td>0.70</td><td>1.00</td><td>0.66</td></tr>
</table>

（注：独立性检验是根据提及的人次进行。若单元格期望频率小于 5，采用 Fisher 确切概率法对其进行检验，无卡方值和自由度，只有 P 值。以下同。）

*p<0.05，** p<0.01，***p<0.001。

基于表 6-3、6-4、6-5，对基督徒与非基督徒在认知因素上的人数分布是否存在差异进行独立性检验，2（基督徒、非基督徒）×5（总认知因素）的检验结果显示，基督徒与非基督徒在总认知因素上的人数分布没有显著差异（Fisher 确切概率法，$p > 0.05$）。相关源分析发现，在基督信仰因素中。基督徒与非基督徒的人数分布存在显著差异（χ^2=24.44，$p < 0.001$），结合具体数据可知，基督徒在认知过程中会涉及到基督信仰因素，非基督徒在认知过程中尽管也涉及到，但并没有出现显著性差异。在相关社会观念

认知因素中，基督徒与非基督徒的人数分布没有显著差异（Fisher 确切概率法，$p > 0.05$）。

从具体内容看，在信仰治病中，个别非基督徒的认知过程居然涉及到基督信仰的因素，这与当地基督教以治病作为传教的方式有着密切的关联，以至于当地居民大都了解基督教对治病的作用。其中，提出信心大小对治病有作用的非基督徒，其配偶皆是基督徒，因此多次听闻并见证过此类事件。在这几个受访者看来，基督教在治病上具有一定的效用，最重要是不用花钱，从而在一定程度上印证了西镇基督徒信仰的功利以及当地经济发展的有限。

在所有的认知因素中，非基督徒提及治病途径的频率最高。在他们看来，基督信仰虽然有助于生理疾病的治疗，但仅为精神方面的激励，打针吃药才是真正有效的手段，不应该因此只依靠信仰治病。如，样本 3 就认为，宗教信仰治病的现象不仅在基督教中存在，在佛教、道教中也都存在这种现象，但这种心理作用根本不能治疗生理上的疾病。他说，信仰"只是对他心理上有个安慰作用，思想上好了，对他这病相对来说也有好处，内部器官都正常运行，也起到一定作用。但说能把治病治好，那是绝对不会的。如果说信仰能把病治好，那都不需要医生了，不需要医学了，病该怎么治还必须得怎么治。如果光靠这治病，那都成傻子了"。另一些非基督徒认同宗教信仰在治病上的精神作用，他们据此主张，治病"必须是不仅依靠神还得依靠医学，不能只依靠神，像你说的光依靠神而放弃医学是很盲目的做法"（样本 24）。从提及频率看，非基督徒提及治病途径的次数远多于基督徒，且其人数分布的差异具有统计意义（$\chi^2 = 4.20$，$p < 0.05$）。在西镇基督徒看来，一切依靠神，通过祷告是治病的必要条件，但并不是充分的条件，即便是强烈主张"神在治病上有大能"的基督徒也认可医学和药物在生理疾病上的效用。尽管有基督徒对此作出自己的诠释，认为依靠

药物也是神的安排，但出于维护自己的宗教信仰，他们很少明确把宗教信仰在治病上的作用范围定在心理层面上，故而使得非基督徒和基督徒在这一因素上的人数分布出现显著差异。

在生命的重要性上，非基督徒的认知内容和提及频率与基督徒一致。在行为归因上，非基督徒尽管也从个人和宗教团体两个层面进行解释，但相比较基督徒是从维护自己宗教信仰的目的出发，非基督徒更多地是从批评的眼光来看待。如样本 27 提出，治病单靠信教是思维出现偏差所导致的，正常人是不应该这么做的。正常人有病要就医，如果不吃药，光等主救他，就是迷信的做法。他认为："信教是一方面，但是也不能死扳着这。求医和信教是两码事，该信教信教，该求医求医，不能吊死到一棵树上。不能在这求生，也许能在那上头求生。本来是能治好的病，结果给耽误了。如果是祷告着效果不错的话，也可以不吃药；但如果祷告不行的话，是必须要吃药的。"与此类同，在对信仰的作用认知时，不同于基督徒认为信教的目的在于永生，非基督徒更多是出于基督教在社会中产生的实际影响，认为基督信仰可以劝人向善。

总的来说，在治病这一问题上，非基督徒更多是从信赖医学这一单一的应对方式入手；与此相对，基督徒虽然明确提出依靠两种途径的人数并不多，但具体认知过程中更多隐含于宗教信仰这一认知因素中，因此基督徒更多呈现双重应对方式。对西镇基督徒而言，他们的治病认知中也追从结果论，即不管黑猫白猫，只要最终结果好就行，基督信仰在其认知过程中的作用多为一种解释的框架而已。

第二节　人际社会认知

爱是基督徒宗教生活的一个中心议题，教会在讲道时常常提及“爱人如己”“爱你们的仇敌，为那逼迫你们的祷告”；每个基督徒的日常祷告中，都会涉及对他人的爱，如爱国家、爱家庭、爱配偶、爱“肢体”，甚至爱仇敌；世俗生活中，大多数基督徒在宗教信仰的影响下有较多的利他行为。即便是非基督，也大都承认“信教是让人学好”，善良、有爱心。但与此相对的是，西镇基督徒在其神圣与世俗二元实践活动中都存有功利性，突出表现在对教会的奉献上，在非基督徒以及基督徒之间的相关评价中也有所体现。那么，基督信仰所宣传的爱，对基督徒认知的影响到底如何？基于此，编制材料二，以考察基督信仰对西镇基督徒在人际社会认知上的影响。材料如下：

材料二：爱心捐助

村里要修路，但政府财政有困难，需要村民自己负担一部分。村民考虑到出行和经济等因素，都愿意出这个钱。其中，有个别家庭非常贫困，平日靠吃低保度日，根本没有能力交这个钱。如果你是这个村的村民，你愿意替他们分担一些吗？为什么？

材料二关于在爱心捐助中所持的态度，认知结果存在两种情况：愿意捐助与不愿意捐助。分析结果如下（表 6-6）：

表 6–6 爱心捐助中基督徒与非基督徒在认知结果上的人数分布（%）

认知结果	信仰群体（n=42）	
	基督徒（n1=21）	非基督徒（n2=21）
不愿意捐助	23.8	42.9
愿意捐助	76.2	57.1

从表 6-6 可以看出，基督徒（76.2%）多主张愿意捐助困难家庭，而

非基督徒在这一问题上呈现对峙情形。

以爱心捐助上的态度为因变量，将信仰群体（基督徒、非基督徒）、性别、年龄、受教育时间为自变量，采取 Logistic 回归模型分析对影响社会认知的因素进行分析（选用 Enter 法，选入变量水准 =0.05，剔出变量水准 =0.10）。结果如下（表 6-7）：

表 6–7 爱心捐助的 Logistic 回归模型分析结果

影响因素	B	S.E	Wald χ^2	P	OR	OR 的 95% C.I.
信仰	-1.07	0.91	1.37	0.24	0.34	0.06-2.05
性别	-0.25	1.08	0.05	0.82	0.78	0.09-6.44
年龄	0.02	0.04	0.36	0.55	1.02	0.95-1.09
受教育时间	-0.03	0.12	0.06	0.81	0.97	0.76-1.24
常量	1.74	3.85	0.21	0.65	5.72	–

分析显示，信仰因素在爱心捐助认知中并无统计意义，表明基督信仰并没有对西镇基督徒在爱心奉献上的认知结果产生显著影响。

人际认知中的因素

对基督徒和非基督徒的访谈内容进行分析、归类，其结果如下（见表 6-8、表 6-9、表 6-10）：

表 6–8 爱心捐助中基督徒的认知因素（n1=21）

属性	内容因素	访谈描述	提及比例（%）（同一因素下）	提及比例（%）（同一属性下）
他人承担	政府负责	实在是掏不起了，让村干部到上级政府再申请。	33.3	33.3
	富人承担	号召富人捐助，有些一万块钱在人家手里也算不得什么。	9.5	

个人承担	以工代资	有能力的或者让他多干点活，这样应该也可以的。	19.0	23.8
	平均主义	这有他切身利益，大家都交，他不交也说不过去。	14.3	
	负担得起	感觉都能拿出来。	9.5	
共同承担	村里解决	村里搞一些筹备资金，卖一些地，收一些外地来下户的户口。	14.3	23.8
	依据收入	根据收入情况，有了多出，没有少出，力所能及，自愿。	14.3	
基督信仰	奉献	信教的人积极交钱，即使不是那村也可以献一份爱心。	9.5	23.8
	荣耀神	咱掏的钱神给咱纪念着，不是给人看的。	14.3	
觉悟	良心	看个人的良心和思想觉悟。	9.5	19.0
	后代	为子孙后代考虑。	9.5	
推脱	不参与	不参与。	4.8	19.0
	修多少是多少	钱不够，修多少是多少。	4.8	
	收入有限	农民收入有限。	4.8	
	无此事	不存在这个事。	4.8	

从具体内容来看，他人承担认知因素是不愿意自己出钱捐助，但同时又希望路能修好，寄希望于政府和比较富裕的人来出这部分钱。其中，主张政府承担责任的受访者占多数。他们多是以不用农民出钱修路的事例作为类比，认为这些地方不摊派就修好村村通，一些富裕的县做到了“组组通”[①]，更是基督徒受访者提到临近 LC 县做到了“户户通”（样本 38），据此他们认为政府应该更多地承担自己的责任。

个人承担因素是基于平均主义的考虑，认为修的路大家都要走，困难家庭也会从中收益，有他切身利益，人人都有一份，你不叫他掏确实也说

① “组”指的是由相邻村民构成的一个位于村之下的农民自助团体。

不过去（样本 1）。在应对的方法中，有一部分人主张以出劳力替代捐款，还有受访者认为现在都出得起这个钱。

在共同承担因素中，依据收入是根据村民收入的情况，负责一部分；村里负责则是出自平均主义的考虑，认为从村中共有的款项中拨出一部分来扶持困难家庭，这样既做到公平，人人都有份，又避免了募集款项的麻烦。

在基督信仰因素中，提及爱与奉献的基督徒受访者并不多，在一定程度上说明了西镇基督徒信仰的功利性。同时，即便有个别基督徒提及爱心捐助可以作为一件荣耀神的事情，在某种程度上能够传播福音，但其出发点却是出于自身利益的考量，将爱心捐助作为谋求神奖励的一种手段。如样本 34 就明确表明："作为平常人，咱就不掏；但作为信徒，感谢神，咱掏的钱神给咱记着哩，不是给人看的，因为世上的金银都是耶和华上帝给的，他愿恩待谁恩待谁，他觉得你这人配得，只管往你的怀里倒，如果你把钱财都用到反面，神也许就会断送你的财源，让你穷，不让你富，干啥啥不行。就像姜子牙卖面，大风一起，什么都没了，这就是天意。一切都在于神，神让你兴得时候，很顺。"

推脱因素是一些基督徒从客观方面寻找的原因。这主要是奉献爱心作为荣神益人的重要组成部分，在当地基督教的活动和宣传中有着重要的地位，如果直接给与回绝与自己的宗教信仰相违背，这种情况迫使他们寻找借口，从而避免由此来的心理压力。

觉悟因素主要有良心和为后代的考虑，其出发点出自自身利益的考虑。即便是良心因素，也是出于修路后自身的收益而非宗教信仰所带来的影响。

对非基督徒的社会认知因素进行梳理，结果如下：

表 6–9 爱心捐助中非基督徒的认知因素（n2=21）

属性	内容因素	访谈描述	提及比例（%）（同一因素下）	（同一属性下）
他人承担	政府负责	政府应该负责出这部分钱。	42.9	57.1
	富人捐助	让村里有钱的就多拿出点， 让富人或企业多拿点。	14.3	
共同承担	村里解决	从村里的专项款中拿出一部分，要扣大家都亏。	19.0	38.1
	依据收入	根据摊派的多少而定，力所能及地拿。	14.3	
	动员	村里做工作，把修路的必要性和实际资金短缺的矛盾给村民讲清楚。	14.3	
个人承担	以工代资	困难家庭可以出点劳力，做工以抵资。	28.6	33.3
	负担得起	一般都交得起。	4.8	
觉悟	名声	你不出钱，人家咋说咱。	4.8	23.8
	后代	子孙后代考虑。	9.5	
	献爱心	可以出一部分，献爱心。	9.5	
推脱	不参与	这个不好说，至于怎么解决，一时也想不出。	4.8	14.3
	收入有限	农民收入有限。	4.8	
	讲自愿	不强求，讲自愿。	4.8	
	修多少是多少	拨的钱不够，修多少是多少。	4.8	

基于表 6-8 和表 6-9，并进行关联得表 6-10：

表 6–10 爱心捐助中基督徒与非基督徒的认知因素对比表

	宗教信仰	相关社会观念				
	基督信仰	他人承担	个人承担	共同承担	觉悟	推脱
基督徒（%）	23.8	33.3	23.8	23.8	19.0	19.0
非基督徒（%）	0	57.1	33.3	38.1	23.8	14.3
$\chi 2$	—	2.40	0.47	1.00	—	—
df	—	1	1	1	—	—
p	0.05	0.12	0.50	0.32	1.00	1.00

基于表 6-8、6-9、6-10，采用 $\chi 2$ 检验或 Fisher 精确概率检验，对基督徒与非基督徒在总认知因素、基督信仰因素、社会观念认知因素上的分布进行独立性检验。2（基督徒、非基督徒）×7（总认知因素）的检验结果显示，不同信仰群体与总认知因素不存在关联（Fisher 确切概率法，$p > 0.05$），表明基督徒与非基督徒在总认知因素上的人数分布没有显著差异。相关源分析发现，在基督信仰因素中，基督徒与非基督徒在人数分布上存在显著差异（Fisher 确切概率法，$p=0.05$），结合具体数据可知，基督徒在爱心捐助认知过程中会涉及到基督信仰因素，而非基督徒在认知过程中则不涉及；但在相关社会观念认知因素中，基督徒与非基督徒的人数分布没有显著差异（Fisher 确切概率法，$p > 0.05$）。

在具体内容上，在他人承担因素中，基督徒和非基督徒一样，提及的频率比其他因素要多。此外，他们在具体的举措上也大多主张政府应该承担相应的责任。这种情况尤其体现在样本 18 上，他以城乡间的不同作为对比来说明农民的不公待遇，“就像城市里任何一段路都没让老百姓出过一分钱，而农村修个路还要农民出钱出力，这说明对国内的所有农民不公平”。

在个人承担因素中，基督徒除了和非基督徒一样主张以劳动来替代捐款以及认为现在的捐款再困难的家庭也负担得起外，他们还特别强调了平均主义的想法，要求绝对的一致，“不管有多么困难的也要平均摊派”，“家庭再困难也有义务出这个钱”，“要交大家都要交”。这在某种程度上，说明了基督教在社会公义上的重视程度。①

在共同承担因素中，村里解决和依据自己收入酌量捐助是基督徒和非基督徒所共有的，除此，还有非基督徒认为村里干部应该宣传、动员村民，如样本32就提出，这时候，“领导人就要做出点工作，有人是真正拿不起钱，你可以让富人或企业多拿点，因为只要是需要很多人还是愿意献出爱心的，这就考验你领导人的能力了。”之所以基督徒的认知没有涉及政府的义务，与当地政府对基督教的管理以及西镇基督徒有所顾忌有关。

在觉悟因素中，名声和为后代考虑是基督徒和非基督徒所共有的，而献爱心是非基督徒所特有的。需要注意的是，名声和为后代都是基于自身收益的考虑才表示愿意积极捐助，这在非基督徒认知过程中体现在献爱心因素上，而在基督徒认知过程中则包括基督信仰中的奉献和荣耀神的认知因素。这表明，基督信仰为爱心奉献提供一个宗教信仰意义上的解释，并

①《世俗中的上帝》（[德]莫尔特曼）：前言中所引用汉斯·麦尔（Hans Mayer）的故事。“当现代社会诞生时，有三位善良的神仙带来了他们的祝福。第一位祝福这个小孩个体主义的自由，第二位祝福社会主义，第三位祝福富裕。可是有一天晚上来了一位邪恶的神仙，他说：‘这三个祝福之中只有两个可以实现。’因此，西方现代社会选择了个体主义的自由和富裕，东方的现代社会选择了社会主义和富裕。然而，哲学家和神学家——我如此补充——为他们的理想社会选择了个体主义的自由和社会主义，因此永远无法达到富裕的境界。”在这里引用意在基督教在社会公义和公平上的反思与重视程度。

没有对西镇基督徒在捐助活动上产生显著影响。

总的来说，材料二涉及人们对贫困家庭援助的爱心和力度。对基督徒来说，爱心与奉献是荣神益人的事功，作为宣传福音的重要途径，它在宗教活动和日常生活中被反复提及。奉献爱心是一个基督徒应有的外在行为表现，无论他们信仰的坚定程度（即信心）如何，都为他们所接受认可，甚至作为他们倍感自豪的一个事情。但数据分析的结果显示，西镇基督徒却并没有显示出比非基督徒更为显著的捐助意向和利他行为，他们的认知过程更多的也是基于自身利益的考虑。

此外，一些社会的观念对西镇基督徒影响与非基督徒一致，比如对名声和后代的重视等。在具体的内容因素，非基督徒则更倾向于实际的解决方法，而基督徒则强调社会的公平与正义。

第三节　讨论

结合田野调查和访谈材料，下面分别讨论基督信仰对基督徒社会认知影响的结果，以及西镇基督徒社会认知的机制与特点。

一、信仰对社会认知的影响结果

综合上述分析，基督徒与非基督徒在社会认知上的差异并不显著，表明基督信仰对基督徒社会认知的影响有限。但结合具体材料可知，在两个材料的具体认知过程中，基督徒和非基督徒存在不同，显示基督信仰对基督徒社会认知作用有差别。

造成这种结果的原因主要是由西镇基督徒信仰的功利性所导致的。材料一中，基督徒除了通过依靠神来治病外，同时也主张要依靠医学手段，从而出现双重应对方式，宗教信仰在其中起到提供一个解释框架的作用；在材料二中，基督徒和非基督徒一样，大都依据自身的利益并不愿意捐款。

二、基督徒社会认知的双重认知框架

材料一、二分析显示，基督徒的社会认知受到宗教信仰和社会文化观念的双重影响：在材料一中，宗教信仰因素有信心大小、寿命事宜，相关社会文化观念有治病途径、行为归因、生命的重要、信仰作用评价，在材料二中，宗教信仰因素有奉献、荣耀神，相关社会文化观念有他人承担、个人承担、共同承担、觉悟、推脱。特别需要注意的是，基督徒认知过程中的相关社会文化观念因素与非基督徒认知的结构和构成比例相同，这充分显示出民众共同心理认知结构的存在。另外需要注意的是，非基督徒的认知过程中也包含有基督信仰的因素。材料一中，非基督徒的认知因素也涉及到基督信仰的成分，这一方面与当地居民认为基督徒基本都是患病才信有关，另一方面是相关受访者的亲属为基督徒，对此类事件较为熟悉。但对提及宗教信仰的非基督徒而言，基督信仰并没有参与其认知的决策和判断中，而只是对材料中的事例做一反馈。非基督徒对标志事宜的认知也基于自己的“信仰”，但不同于基督教的信仰，他们是基于科学和其他宗教而做出自己的判断。

双重观念框架对基督徒社会认知的影响，取决于材料中所涉及的自身利益。材料一中，出于生命安全的考虑，和非基督徒一样，基督徒大都主张依靠医学手段；材料二中，基督徒出于自身物质利益的考虑而和非基督徒一样，很少愿意捐款。另外，基于自身利益的考量，基督徒在不同情形下，有着不同的应对方式。从基督徒处理问题的方式来看，总的来说，呈现出双重依赖的应对方式，即一方面通过祷告依靠神这种精神超越式的方式来解决，另一方面又呈现出与非基督徒一样的社会现实应对举措，而决定其偏重于何种应对方式的关键在于基督徒的意义评估。

意义是人的心理活动的本质和核心，它是个体具有我向性的意向事物的符号含义及体验状态，为个体的理性工具和价值情感心理系统所决定。从根本上看，人的全部心理可以在理性工具与情感精神两个维度上考察，且这两个维度的互动关系决定着人的行为（景怀斌，2011: 49）。材料一中，基督徒的认知活动既受到自己宗教信仰这一维度的影响，同时也受到理性工具维度的影响，从而使基督徒在应对举措中呈现出非常明显的双重依靠应对；而在材料二中，基督徒和非基督徒一样，都基于理性工具的维度考量，从而大多表现出不愿捐款的取向；但不涉及物质利益，则理性工具维度的影响十分有限，而主要受到情感精神维度的影响，但这一维度不同于材料一所表现出的是基督信仰，而更多的是传统习俗上的社会观念。这种情况尤其表现在样本 21 所说的当地刚发生的真实事件中，她说，岗上有个姊妹患病去世，按信教的办理葬礼。第二天清晨“肢体们”抬着从一个信教的老太家门口过。老太认为死人从门口过不吉利，便挡住不让通过。于是样本 21 上前说：“老姐啊，咱是一家人啊，咱信的都是一位神。”但那个老太太还是不同意。最后没办法，样本 21 说，她上前一把拉住老太，让“肢体们”赶紧从那里抬着过去。

三、例证的论述方式

基督徒和非基督徒一样，在社会认知中大多举例论证，特别是与自我的经历有关。具体例证举例如下：

在材料一中，基督徒用类似的当地事件来加以说明自己的主张，多为自己的经历。如样本 8 提出，他当时应该一方面依靠神，一方面也要依靠药物嘛："你看也是神借着医生的手医治，不能信得太死板。你看，我们这 HS 村那个地方有个人叫史 ZY，他得的也是脱肛，他那时还流血，现在是教会的副组长，还很年轻呢，今年才 31 岁。他去医院检查的时候，都感觉不太好了，说是肠子里面长了肉条。回来他光跟他媳妇说，也没敢跟他爸妈说，怕老人压力太大，他姐是在市里的，他家也没钱，他姐家有钱，就叫他去他姐那。他是一方面依靠神，另外他自己心里也有顾虑，因为他是管着教会各个方面的账呢，他就开始整理账目，把账都做个了结。后来他就去市里做手术，现在人家不是还生了个健康的孩子嘛。所以说，也不能那么死板说，我信神了，病再重，我都依靠神。那你依靠神，有时候魔鬼还会钻空子呢，你是不是信得特别好？药物、医生都是神所创造的。"

在材料二中，基督徒在认知过程中举例说明其他解决途径，如样本 6 认为："（材料中说的情况）跟咱这一样，咱这轱辘河户家也得掏钱，国家掏水泥钱、工钱，农民得堆这沙钱、料钱。咱这沟队里有收入，不让农民摊派这钱，没办法了，搞一些筹备资金，卖一些地，卖一些宅基地，收一些外地来下户的户口钱，就用这钱把路修起来。"样本 14 主张："以前有个山是村里的（集体财产），卖了以后由村长和村里的会计把钱存到银行，当时就想到后来修路的话把它拿出来用，谁知道村里的人净想着村里的干部要把钱花掉，还有的人不同意把那钱花在修路上，尤其是那些没有家室的人，他们想着他就一个人，也说不来老婆[①]，思想观念有问题，就在那里说三道四，要把那钱分了。到现在，村里的路差劲得很，根本走

① 当地方言，指找不到媳妇，一般是家庭条件差或个人有缺陷而没有女方愿意做其配偶。

不成，去年花了一万多垫了很多石头，还是不太好走。有时我都在想，就像我们家修自来水的时候，后来断流了我们就去修，可有的人每天吃水就是不掏钱，我们家的思想是可以，你要不吃水可以，就那几十块钱，我们把钱垫出来。你吃也好，不吃也好，人要凭个良心嘛。我们说你不吃我们吃，我们就把钱给他垫出来，把那个水修成了。人的思想问题，有的脑子和别人的就是不一样，太死板了，就是想不到那些好，不出钱。”

第七章　结语与讨论

终极信仰这一概念是开展本课题研究的逻辑起点。公认的信仰体系能决定着隶属文化及其社会的形态、结构、功能和性质，那么处于较大文化社会张力之下的乡村基督教会是探究中西文化差异根源的有效路径。

本书在首章旨在解决终极信仰作为精神生活特别是宗教生活的本质所在。终极信仰绝非西方日常用语中的所指，即“被认为是真的命题”。这一定义的错误是将信仰的关节点从超验源泉简化为对逻辑规则与经验证明的方法上，它抓住了信仰的次要特征而丢掉了最为重要的终极性特征。信仰不仅是一种思维方式，更是一种生活方式，它把日常生活置于永恒实体的笼罩中，不仅使人精力充沛，更使人获得人可以从至善的无限力量中获得最深厚充实感这一信念，由此人们可将自己的生活转向最高的精神目标，从而充满力量、觉悟和安宁（Streng，1984/1991: 59）。为了能更好地将纯粹的意指从琐碎的宗教日常事务中脱离出以及顾及当下世俗化运动所带来的非宗教性质的精神性探寻，本书将终极信仰定义为超越日常生活具有终极性质的对生命意义进行探寻、体验、培育和维持的心理建构。

对基督徒而言，皈信基督教带来的不仅是身份上的转变，更引发其心理认知上的超越体验。Coe（1990）指出宗教皈依影响的四个后果：一、皈依是自我深刻的改变；二、皈依的改变不是简单的成熟事情，而是对另一个即将认定的新自我观点的认同；三、皈依这种自我的改变构成人的一生的完全模式的转变，出现新的关注、爱好和行为中心；四、皈依所带来的新的转变被视为“最高”或是对之前困惑与微小价值人生的解脱（梁丽萍，2004: 18-19）。但对农村基督徒而言，其皈信基督教绝大多数并非出于生命意义的精神性探寻，也并不需要逻辑上的证明，而是实践上能带来益处的结果。这一先天富含的理性选择使得农村基督徒的生活和心理都呈现出典型的圣俗二元分离状态，即皈依这种最典型的决定性认同毋庸置疑带来基督徒在宗教认知上的灵命至上，但在日常生活中却依然保持理性选择的心理惯习，并在宗教生活中常有功利的考量。

康德指出：“人的行动，要把你自己人身中的人性，和其他人身中的人性，在任何时候都同样看作目的，永远不能只看作是手段。”（Kant，1968/1986: 81）“人是目的的”这一命题指向了人的终极价值。中国本土化基督教会自出现起就主要受到敬虔派和灵恩派神学思想的影响，倾向于从内在属灵角度理解宗教生活，把敬虔与内在生命联结起来。西镇基督徒自认为属灵派，对他们而言，终极价值就是读《圣经》，寻求基督且相信他，唯有借着信心才能达到属灵的成熟，从而实现生命和救赎的终极价值。但这一终极价值往往是服务于现世效益和灵命福祉，其宗教活动也多基于此目的，故而呈现出既重属灵倾向又有属世利益、既重圣经本本又有世俗惯习、既重末世思想又有物质诉求。

社会认知是人关于自身以及社会关系的认知，包括自己、他人以及群体三个相互联系的层次。基于此，本书从个体内认知（与神关联）、人际认知（与他人互动）、群体认知（不同信仰群体间）三个层次的内容考查西镇基督徒社会认知的现状，分析其社会认知的共享性和特异性。分析发现，基督徒的社会认知受到宗教信仰和社会文化观念的双重影响，而后者与非基督徒认知的结构及其比重一致，在一定程度上证实了国人共同心理认知结构的存在。

本书对信仰下农村基督徒的认知与生活研究的结论如下：首先，在基督徒的宗教生活和世俗生活中，文化传统都有所体现；其次，基督徒的认知反映出双重认知框架的特点，即其认知受到宗教信仰和社会文化观念的双重影响；再次，西镇基督徒信仰带有很大的功利性，信仰在某种程度上满足了他们的生存需要，但功利性并不是基督徒宗教生活的唯一依据，信仰的功利性也可以转换为虔诚的信仰；最后，基督徒与非基督徒在认知过程中并无区别，表明基督徒并未脱离国人典型的心理行为。

第一节 信仰与传统：乡村基督徒的文化际遇与形塑

一、信仰与传统间的张力与融合

中国文化的底蕴是以儒家天人相通的天命思想为基础积淀而成，它产生了两个重要的人文特征，一是认“命”敬“天”，二是宗教观念淡薄（徐杰舜，许立坤，2009: 7）。这两特征使得中国并没有形成制度性的宗教，取而代之的是弥漫性宗教，因此在中国的农村地区与日常生活结合最为密切的民间信仰颇为流行。而且，这一特征还使得国人自古在宗教信仰上并没有固执的成见，不仅其原生宗教如道教很少有争端，对外来宗教也能宏量包容。但自基督教传入中国，其与中国文化传统的冲突一直持续着，成为社会各界恒定关注的主题。

王治心（2004: 19-21）提出，基督教与中国传统文化的冲突大致有七种：首先，中国遵循宗法社会家庭制度原则，祭祖这一崇拜祖宗的习惯有维系家族生存与延续的重大功效，而基督教教义坚守“除上帝外不得崇拜别神”的信条，由此误会发生，基督教排斥祭祖为迷信，而国人则以反对祭祖为忘本；其次，国人对文化传统有很高的自信，但自近代却频受侵略，其中与教案不无关联，故而一般人便怀疑基督教是帝国主义的先锋，引起许多误会；第三，国人浸润于儒佛教义已久，强调伦理纲常与三世因果，而基督教则主张自由平等和现世生活，抨击偶像反对迷信诸端，皆足以动摇两教的地位，因而不免龃龉；第四，中国乡村生活中，每以迎神赛会为娱乐与团结，且亦认这是个人对社会的责任，而基督徒则拒绝和反对参加此类活动，于是便被认为是破坏团结的不良分子，甚至会群起攻之；第五，中国伦理以孝顺父母为中心，养生丧死乃是子女的唯一任务，而基督教携来的西方小家庭制度，促使子女与父母的分家，父母死后又不举行追荐祭祀等活动，这一举动往往被认为是大有背于孝道，斥为名教罪人；第六，国人对宗教信仰向来持宏量态度，个人往往可以信仰几种不同之宗教，既信儒，又信佛道，而基督教为保持其独有的本质，对于中国原有宗教习惯予以排斥，故而被视为原有宗教的破坏者；最后，基督教自身也存在被人怀疑的地方，如宗派分立相互攻击、初期教徒借教行私、传教方式与中国礼仪不合等。这七种冲突前六个为中国原因，可归为宗法制度、排外态度、社会迷信、民众团结、道德价值、宗教态度，最后一个为基督教自身的缺陷。对于基督教在中国社会的未来发展，王治心持乐观的态度。在他看来，上述七种冲突只是发生于表面上的习惯，基督教教义与中国文化传统不仅并无根本冲突，更有相互融通之处，随着社会的发展，基督教的教义逐渐被民众所了解，于是冲突便不再存在。对于基督教与中国文化传统的融通之处，王治心（2004: 15-19）指出主要有三点：首先，在信仰方面，基督教坚守的一神崇拜在中国古代的对天观念中也存在，即昊天上帝乃是群天之中的至高至尊，主宰万物，与上帝的地位基本一致；其次，在教义方面，基督教爱的律法在中国古代先贤，如孔子、墨子、老子的教训中也都得以体现；再次，在道德方面，基督教主张人生的价值不在于物质而在于精神，其人生观积极乐观，与儒家的主张不谋而合。对基督徒个人而言，爱人如己为其道德标准，悔改信仰为其建德力量，祈祷默念为其修养功夫，这种对精神生活和道德修养的重视在儒家那里是实有过之而无不及。但他也提醒基督教人应当特别注意，基督教中心教义中的复活与永生问题是国人固有习惯中所不熟悉的，应当注意此种教义的发挥。

就本书田野点而言，当地村民在宗教上的包容态度多体现在佛道传统宗教和民间信仰上，而对于基督教则持相对排斥的态度，其最大冲突在于祭祖等祖先崇拜活动上。维护孝亲之道，是维护中国伦理和宗法一体化社会结构的关键。从这一点上看，过去“多一个基督徒，少一个中国人”的口号，并不单单是对外国侵略历史记忆的抗争，而是担心基督教所带来的对中国传统社会基石的冲击和颠覆。对比起来，佛道二教之所以被儒学吸收利用，实现合流，原因虽是多方面的，但它们在孝亲问题上不与儒学抵触是为基础和肯綮所在（董丛林，2007: 82-83）。当地人对丧礼的重视程度要远远大于诞生礼和婚礼，老人去世后，所有亲朋好友家都要有代表前来吊唁，在外打工和工作的也不例外，否则会被视为对当地风俗秩序的一次挑衅，而诞生礼和婚礼则不强迫亲临，礼金送到即可。丧礼的重视程度还体现在大操大办上，花销不菲，即便老人在世时并不孝顺甚至没有尽到赡养义务的也不例外。在不少当地人看来，可以“活着不孝死了孝”，但绝不可以草草举办丧礼，因为“大办丧事让活着的人看”。

基督教与中国文化传统的融通之处主要体现在道德方面。道德方面的精神关注是基督教和中国传统文化都关注的一个热点领域，但其实现路径大相径庭，形似而神不似。如自我完善（self-improvement）是基督和中国传统文化中道德和宗教传统的重要目标，但两种文化的着重点并不完全相同。相对于基督文化更关注于个人与上帝之间的关系以及这种关系对个体福祉的影响，以儒家为代表的中国传统文化强调相互依赖以及维持良好人际关系的重要性。曾子曰：“吾日三省吾身。为人谋而不忠乎？与朋友交而不信乎？传不习乎？”（《论语·学而》）儒家十分重视个人的道德修养，以求塑造成理想人格。为此，曾参提出了“反省内求”，通过不断检查自己的言行，使自己修善成完美的理想人格。这种内省的方法被认为是实现儒家的基本价值——仁的基本方法（Wang & Ross，2007: 652-653）。自我完善的实现路径上的关系取向致使国人的心理“尚实际，重经验，讲伦理，长记忆”，但却缺乏“论理的思想和系统的观念”（陈文渊，2004: 1-2），因而儒学到后期不得不从佛教中汲取思想营养以完善自己。基督信仰给出较为完备的终极观思想体系，基督教义宣扬的复活与永生这些有终极关怀的问题恰恰是基督教具有的最大吸引力。西镇基督徒由现世不同困境皈信基督后，追求复活永生是其宗教生活的最大动力。

基督文化与中国文化传统各具特质，其异质性要远大于同质性，基督教要在中国发展就必定经过一个真正意义上的本土化。基督教信仰宣扬的是普世性，但它却是基于地域性的西方文化，这构成了一种奇特的组合。当信仰在外方宣道中谋取普世诉求时，其地域性的文化特质不可避免地与当地文化出现冲突，这一张力成为基督教发展的最大障碍。故而，对中国基督教而言，基督教的发展必定是一种去西方化、引入本土化的过程（卓新平，2007: 3）。基督教在特定条件下可以充当世俗文化的载体，这一功用甚至要比其宗教性本身更具吸引力。家族制是传统文化与势力延续的载体，但在基督教传教的过程中也可因势诱导为其所用。加拿大长老会的传教士曾做通一个村庄中颇具影响力家族的工作，不仅使得家族中大部分人皈依基督教，也使村庄内的其他人纷纷加入基督徒（详见 顾求知，1995）。随着社会的变迁，宗法制的社会结构日渐式微，核心家庭凸显，基督教在家族上的传继已演变为家庭内的传教。

基督—中国传统文化的对比研究多依从两个视角，要么立足于基督教神学，认为中华归主；要么立足于中国传统文化，认为主归中华，这使得相关研究呈现出重立场而轻信徒的倾向。就中国基督徒的文化属性而言，应该从自者本位的视角下考量：作为中国人，他们必然被传统文化和地方风俗所塑造；作为基督信徒，他们又被宗教教义及禁忌仪式所规范着。这两种文化对西镇基督徒不同身份的建构有着直接的影响，文化间的张力与融合在西镇基督徒身上有着鲜活的呈现。

二、文化传统的继承与呈现

文化传统是代代相传的，它以一种历史的积淀和社会意识的潜质，塑造着社会生活和社会心理的深层，根本影响着人们的生活与心理行为。文化传统的习得过程往往意味着个体内化文化传统的观念、价值和信仰，并依此有意识和无意识地形成自己的个性特征与行为方式。由于存在于“文化之中”的熟悉性，大多数人将其生活的世界视为“自然而然”和“理所当然”，以至于他们普遍认为“所有事情本来如此”（the ways things are），这被英格利斯称为“预反射性”（pre-reflective），认为是所有生活最核心的特征（参见 Inglis，2005/2009: 15）。对西镇基督徒而言，他们和非信教村民生活在同一个环境世界中，这一共享世界是由地方的文化传统所塑造着，因此他们不可避免带有文化传统的烙印，主要有以下几个方面：

1. 传统文化的意识

皈依基督教后，基督徒对其身份认同的一个重要影响便是文化规范的自我意识转变。为维护信仰，基督徒大都认为中国传统文化存在诸多弊端，主要涉及两个方面。其一为思想层面，基督徒认为中国传统文化比较庸俗、不科学，人要用科学角度去看，才能发现上帝。其二为行为层面，在多数基督徒看来，中国文化不妥之处多为传统习俗，如祭祖等违背基督信仰的习俗。基督徒通过对传统文化的否认来合理化信仰，但从另外一个角度视之，否认本身恰恰正说明了传统文化对信徒根深蒂固的影响。

基督文化与传统文化的人为对立，并不能消除基督徒早年社会化过程中的文化传统烙印。对基督徒个人来说，基督教的教义一旦被西镇基督徒依据个人的体验和认知加以理解，那么基督信仰在当地就必定与基督教原本的信念有所出入，从而呈现出地方文化的话语。如传教中基督徒会借助与非基督徒的共有知识，来论证基督信仰的合理性，特别是提及文化符码，“孔子曾说，朝闻道夕死可矣”。

而对非基督徒而言，基督教的复兴则唤起其文化自觉。在思想层面，有非基督徒明确提出，基督教是西方对中国的文化侵略。如，HB 村何 SY 认为：“中国文化积淀蕴藏的太深，你骨子里就是中国人”，所以，“中国的传统文化到什么时候都不能丢。如果你丢掉了中国文化而去接受另一种新的文化，被另一种文化侵染，那到最后你这个人就会变成四不像”。在行为层面，不少非基督徒都指出，如果葬礼按基督教的方式操办，就会被他们嘲笑，所以当地的基督徒为避免被嘲笑的风险，大部分人是按传统习俗操办葬礼。

2. 传统观念的影响

当地传统观念主要有：重面子、重功名、子嗣观念和家族观念。这些传统观念在基督徒身上也得到充分体现。重功名体现在对子女教育上。子嗣观念突出表现在基督徒的见证中。家族观念的影响表现为，基督徒迫于家族压力而不得不参与祭祖，二程故里和集镇李家祠堂对当地基督教会发展的限制。传统观念的子嗣观念和重面子在集资修路中有所体现，为子孙后代考虑和出于面子、好名声而捐款。

在当地人看来，盖新房是很有面子的一件事。近些年，当地基督教会兴起一股盖教堂的热潮。TH 教会在只有 5 万元的情况下，毅然决定建一座新教堂，最终花费 130 多万元。这一举动被西镇基督徒认定为荣耀神，并以此增强其作为基督徒的自豪感，而该镇教务组组长更是因此被推选为县两会的会长。HC 乡基督教教务组刘 HP 组长受此感召，拟以 180 万元修建教堂。当时教务组账上才几万元，于是便号召信徒们积极捐款，服侍信徒强制要求，教务组成员每人一千五，唱诗班每人八百到一千，非服侍信徒则自愿。由于本乡信徒的捐款金额远远不够，教务组便号召当地信徒到全国各地募款。一个女性信徒在打工地方和当地教会沟通此事，那个教会便捐款两万元过来。每谈及此事，刘组长感叹道，平时说的好的到时不见得行，平时不显山不露水倒见其信心。笔者调查时已筹 70 多万，来自太原、郑州等地。刘组长说，若有哪个地方教会有意愿捐款，他会亲自去拜访。

在建房风气的影响下，西镇教会不顾财务上的困难，也加入修建新教堂的行列中。新教堂的建设于 2013 年 8 月份动工，但到 10 月份就停工，说是天冷怕水泥凝结不好，但过年后一直没动工，修建了一半的教堂孤立耸立着，信徒们只有在已封顶的一层中聚会，由于不便，一个月才聚会一次，平常礼拜分散在下面各堂点。西镇信徒对此并不觉得灰心，而是认为顺利使人骄傲，挫折是神让人齐心凝聚，通过这个让信徒感受到与神同在，信徒们才更有信心。更有基督徒提出，听县里牧师说，其他地方盖教堂欠 68 万，有个大老板给 90 万，困难于是就解决了。

《圣经》中说：“我又告诉你们，若是你们中间有两个人在地上，同心合意的求什么事，我在天上的父，必为他们成全。因为无论在那里，有两三人奉我的名聚会，那里就有我在他们中间。”（马太福音 18:19-20）这句话指出两三人的原则就是教会的原则，只要两三个信徒同心合意在主的名里聚集在一起，就为教会，无需依靠外在物质的建筑物，这即为加尔文所言的“不是教堂而是我们自己才是神的殿”。当地教会兴建新教堂之风，显然并不很契合《圣经》中的指导，更似在地方传统观念影响下借助乡民认定的面子之事来荣耀和彰显神。所以，即便是在相对封闭和纯粹的宗教生活中，传统因素也有所渗入，突出表现在“旧瓶装新酒”，即以传统和世俗的形式来表达基督信仰的内容，其他有对联、赞美诗、灵歌等。

3. 信仰实践中的关系取向

相对于讲道者宣称《圣经》的精神是“契约”，有基督徒则提出自己的理解，他认为《圣经》的精神是“关系”。学理上讲，基督徒所要处理的三种关系为与自己、与他人、与神的关系，此观点不仅为学界所认可，而且在当地教会讲道中也提及过。在基督徒的信仰实践中，与他人的关系，即人际关系处于中心地位。表现在：

传教的关系取向。传教要先确定好“关系”，才能取得成效。如有基督徒提出：“和人家聊得得劲了才说。不然咋说哩，说得不得劲了，人家还臭你两句。”

募捐的关系取向。由于当地教会财力有限，所以一旦出现需要用钱的地方，大都先是通过关系较近的其他教会进行募捐。如 ZF 村堂点的房屋为老式土坯房，年久失修，院墙倒塌。由于教会经济收入主要来自基督徒们的奉献，而 ZF 村每月的收入都不足 10 元。为此，前任教务组组长钱 GR 姊妹就到城区教会寻求资助。

组织管理的关系取向。在教会的组织管理中，也是以关系的远近进行的。据了解，镇区三自教堂的守门人由于和教务组长关系要好，才能住在教堂。在日常的交通中，基督徒们大都会带着礼物前往，以拉近彼此之间的关系。此外，从西镇教会公布的财务看，教会之间常有往来。

4. 张力下信仰与传统的实践融合

无论是在宗教生活，还是在世俗生活，基督信仰与地方文化传统呈现融合趋势。如在葬礼中，由于涉及到宗教信仰的禁忌，当地教会在讲道中屡次提及要保持信仰的纯正性，坚守信心。但在实际生活中，由当地家族观念而形成的社会压力，使得葬礼成为张力下基督信仰和地方文化传统的融合产物。

在皈依后的生活中，基督徒也有意识或无意识地参与到地方文化的实践活动中，主要途径为：一，在世俗生活中，基督徒作为社会人，与人数占优的非基督徒进行日常互动；二，在神圣与世俗的交集中，基督徒作为基督徒，对非基督徒进行信仰互动。前者为弱式，因为只有遵守地方规范才能实现，如谋生、礼情、社会活动、社会关系处理等；后者为强式，只有突出自己的基督徒身份，才使信仰活动得以继续，如传教、葬礼、祭祖等。尽管后者为强式，但它并不能排除传统文化的影响，如要借助于关系的确立进行传教活动等。

费孝通早在20世纪初，就提出传统与西方并存这一特征，“强调传统力量与新的动力具有同等重要性是必要的，因为中国经济生活变迁的真正过程，既不是从西方社会制度直接转渡的过程，也不仅是传统的平衡受到了干扰而已。目前形势中所发生的问题是这两种力量相互作用的结果”（费孝通，1939/2001: 20）。这一观点在解释基督信仰与中国传统文化的融合上同样适用。

5. 记忆中的文化符号认知图式

人是符号的动物，所有文化形式都是符号形式，人的本质在于他能通过运用符号从而创造和传承文化（卡西尔，1944/2004: 37）。记忆中的文化符号不包括语言、行为符号，仅指记忆中的文化符号象征，其作用突出表现在个体的认知过程中，这可概括为文化符号认知图式。如在社会文化认知过程中，记忆中的标志性事件和人物成为基督徒以及非基督徒进行认知时的图式，这些具有代表性的人物为人们在认知过程中提供它所表征的观念。

文化符号认知图式从社会群体经验的整体事件中抽象出来、超越其自身意义而成为持久的象征，它以情感态度为基础进行构念，代表着社会文化中共享的某一观念和应对方式。在面临新的认知事件时，个体依据相似性原则提取记忆中的相关符号，利用已有知识经验为其认知提供判断启发，从而类推出在新事件中该具有的态度观点。

第二节　乡村基督徒的信仰心理与双重应对方式

一、乡村基督徒的信心

信是基督徒“三德”中重要和根本的一个，它要求对上帝启示和耶稣教诲的信守和信奉。由信而来的因信称义也成为基督教最为重要的教义。因信称义宣称信是信徒得到救赎并在上帝面前称义的必要条件，即称义不是靠外在的行为而是依赖于内在的信心，从而确立了称义恩宠与内在虔信的关联（张志刚，2013: 142-143）。在地方公众和个人的敬拜中，《圣经》具有不可或缺的重要地位。“因信基督耶稣，有得救的智慧”（提摩太后书 3:15），指出基督徒不仅要了解知道神，更要相信他。相信神的实现路径为听从《圣经》的指引，“圣经都是上帝所默示的，于教训、督责、使人归正、教导人学义都是有益的，叫属上帝的人得以完全，预备行各样的善事”（提摩太后书 3: 16-17）。《圣经》作为神的见证，只要承认和接受就可得救。《圣经》以神的救恩（耶稣基督）为中心主题，中心内容是“你们查考圣经，因你们以为内中有永生，给我做见证的就是这经。”（约翰福音 5:39），其目的是“但记这些事，要叫你们信耶稣是基督，是神的儿子，并叫你们信了他，就可以因他的名得生命”（约翰福音 20: 31）。

《圣经·新约》中提到“人心里相信，就可以称义；口里承认，就可以得救”（罗马书 10:10），这即为因信称义的来源，西镇基督徒据此认定相信神和知道悔改就是得救之路。这一得救之路尽管被神学家批判为将十字架上的恩典变得廉价，但在乡村环境中却有其优势所在，不仅能容易操练，增强信徒的信心，也更让不信教的人不畏惧慕道，降低福音传播在个人心理惯习上的阻力。

西镇基督徒判断信心好的信徒多是依据于外在的表现，主要为对经文的熟知理解程度和服侍同工中的积极程度这两个宗教活动方面。加尔文理想中的好信徒，内在主要体现为内心对上帝及其圣言的敬畏，外在表现为一种可见的日常生活方式。按照加尔文的意思，个人称义仅是客观地位上的变化，即获得新生，但这仅是开始，下一步信徒主观上经历的自我否定，在这一过程中信徒逐渐明确并借着操练更加确定。在自我否定发展到后面，主要是借着“背负十架”来操练，上帝也会借着苦难来操练敬虔的人成为门徒（Calvin，2011: 4-9）。

地方信徒不乏对神的虔诚敬畏，也有背负十架的顺服和忍耐，如信徒在主日学事件中的态度看法，但限于教义理解以及理性选择上的考虑，他们实现建立在《圣经》教导基础上的敬虔生活方式并非易事。受洗所带来的客观身份及内在生命的变化，使信仰与日常对西镇基督徒而言呈现一种分离状态，而其后宗教生活与世俗生活的遭遇则会使分离进一步加大。当地好信徒的评价标准依据宗教生活上的表现，那么敬虔归于宗教生活就显得尤为必要；而对于日常生活中的选择，若不明显与教义违背，地方信徒则多遵循世俗理性的考虑。敬虔归上帝，功利归日常，这一二元分裂的准则成为西镇基督徒认知与生活的最大特征。

二、乡村基督徒信仰的功利

由于生活在一个由文化传统塑造的世俗生活以及基督信仰塑造的宗教生活纵横交错而形成的现实世界中，中国基督徒的宗教信仰不可避免带有世俗功利性。正如 Hunt（2005/2010: 246）指出的那样，在我们这个物质主义至上的世界，个人的自由选择不会导致一个没有宗教的社会，但宗教至高无上的地位和绝对影响的功能却被不断拉低，世俗化的宗教信仰日益占据主导地位。“功利性”一般是指，“信徒接受和信仰某一宗教的动机，是出于满足个人现实生活中某种直接可见的具体的需要，或是为了获得某些实际可见的物质利益，而不是对教义教理有深刻的理解和认同，更没有抑制和放弃对世俗物质的欲望而去努力追求信仰的超越性和终极意义，而这一点通常被视为宗教的最重要特性之一”（刘诗伯，2006）。针对国人宗教信仰的功利性问题，国外研究者大都认为中国人较为现实，大多不会对自己所崇拜的神寻根究底，其信仰也缺乏纯洁性，而是充满着现世报的功利，都是为了获得某种特定的益处（Granet，1923 /2010: 136）。就农村基督徒功利性而言，有关农村地区基督教的众多文献中多有涉及，大都持肯定的态度。

西镇基督徒的功利性主要具体呈现为两个方面：其一是信仰目的的谋利性；其二是信仰生活的民间化。信仰目的的谋利性和信仰生活的民间化是功利性的两个方面，后者是前者的形成基础，而前者则是后者发展的必然结果。在传统的民间信仰看来，如果一个宗教是灵验的，必能庇佑信奉者富裕健康、一生顺景，基督信仰目的的谋利性正是由这一民间信仰心理带有的传统功利主义发展而来的（梁家麟，1999: 138）。就目的性而言，当地基督信仰多为西镇基督徒在穷途末路时的一根救命稻草，从祷告和见证中以及皈依的缘由中可以看出。正确的信徒祷告有四个原则：当存敬畏的心；当因真正感到自己的缺乏而祷告，也要认自己的罪；当弃绝一切的自信并以谦卑的心恳求神的赦免；当在祷告中抱着信心和盼望（Calvin，2011: 155-165）。对西镇基督徒而言，形式上并没有触动违反的这几个原则，有敬畏、谦卑和信心，甚至他们视信心程度为影响祈祷效果的关键因素。但在祈祷的内容上，当地基督徒往往会带有很大的功利性。西镇基督徒的祈祷，很少出于心灵的忏悔与自省，多为祈求现世的帮助而祈祷感恩。此外，就最初的皈依基督教而言，试图保持原有的社会资本是影响当地信徒做出宗教选择时的重要因素。这也就是为何地方青年基督徒多是出于保持与其父母和亲朋好友相一致而皈信基督教。故而，信徒皈依时会根据预期的代价—回报率来决定，从而使其收益最优化，其实质乃是一种理性选择的结果（Stark & Finke，2000/2004: 104）。总之，西镇基督徒参与宗教活动、增强其灵命、追求永生，其产生的根源在于基督徒能从中受益。这种个人的获益性，显示出基督徒的宗教信仰具有我向性的性质，即关注于自我，这使其宗教信仰带有很大的功利性色彩。

对于信仰的目的功利性，李 ZJ 组长直言道：“人没利谁早起，没有得利谁信。”功利信的表现除了上面介绍的见证外，西镇基督徒口头禅也往往指向了对上帝的依赖，如“向主要”“得着了”。“向主要”就是有需要的时候，向主祷告，让主赐给自己。当地一名基督徒在谈到为何皈依时，说信教有依靠，“信神靠神，真是有个指望，得难之处没办法，靠个神。有难处跟谁说，不是那个人了，他笑说你”，并认为：“你信啥靠啥”，“一心一意，不能三心二意，要坚定”。在他们看来，“向主要”是因为身体还在这世上，既然是被神拣选的、合他的意，神就会祝福你。可见，无论在其世俗生活还是在宗教生活中，西镇基督徒的行为多以理性工具心理维度作为依据。

其次，宗教生活的信仰民间化主要体现在民间信仰对当地基督徒宗教生活的影响以及当地基督徒对民间信仰的包容上。农村信徒非常注重信仰的即时效验，强调主观感受过于客观真理。他们尊重领袖权威，相信天人合一的观念，故人间存在着与神明直接契通、拥有特殊法力的神人（梁家麟，1999: 186）。对当地基督徒而言，其宗教生活常常将信仰功效进行神化，这主要体现在对神迹、有权柄信徒的表述以及通过信仰达到求子、医病等目的上。而对于信仰民间所形成的地方风俗上，当地基督徒在不触犯最根本教义信念的前提下，多会接受民间信仰的做法，如不少信徒在子女婚嫁时核对八字的契合程度，更有一些信徒请风水先生看宅地坟地。他们的出发点毋庸置疑是为了对后代有利，但需注意的是导致他们如此行为的根源是对这些民间信仰功效的认可，虽然信徒并不愿意承认。

乡村基督教的信仰民间化被学者们认为是没有办法完全纯粹化和真空化，甚至有些学者指出需要加强乡村基督徒的素质以克服和消除，但依从本位视角，我们应看到它有其生存的空间，它不仅能带来现世的福祉，也可作为降低基督信仰与地方文化传统张力的一个有效减压阀。为此，我们应看到起积极的一面，对信仰民间化有利于改善信教农民的生存空间持相应肯定态度，而不是一概而论先给予消极负面的标签。

三、双重依赖的应对方式

个人的生活世界是由他们所属的不同群体中所有相互交织的文化力量组成，并且由他们生活其中的社会语境所构建（Inglis，2005/2009: 15）。对生活在圣俗分离世界的基督徒而言，他们行为的应对方式往往也体现出这一点：当遇到信仰问题时，遵守其信仰的要求和准则；当处理现实问题时，则以自己的现实利益为目的。可以说，西镇基督徒的信仰更多解决的是精神层面的问题，追求拯救和永生，而非现实生活问题。与非基督徒相比，基督徒处理现实生活问题的动机和方式与非基督徒一样，即使自身利益最大化，只是比非基督徒多了解决其精神世界问题的基督信仰，且为其行为提供一个解释的框架而已。

当地有一名开理发店的基督徒，她被认为是那一带信得好的。有次，一个有智力缺陷的人去她店里理发，理到一半，那人拿出两块钱给她，说家人就给这么多。由于这钱不够她正常的理发费用，所以她就告诉那人给他理过之后，不能按正常程序给他洗头了，让他回家洗。而且不断埋怨其家人知道行情。韩姊妹是一家裁缝店的店主。听当地一位王姓村民讲，有一次她出于好奇和韩姊妹一道去聚会。当自由祷告时，她发现韩姊妹跪在地上，痛哭流涕地在说着什么。之后她问韩姊妹当时在说些什么，韩姊妹的回答是："我觉得你们这些不信的人太可怜了，所以我在为你们祷告，希望你们能早日明白神的爱。"韩姊妹的这些话，让这名非基督徒表示当时觉得很感动。之后，有一次她有条裤子的拉锁有点问题，想让韩姊妹帮忙修理一下，但韩姊妹以自己的机器还是新的，不想做这种活为由，拒绝了她的要求。这让她觉得基督徒也不过如此，还是像普通人一样，不愿为别人牺牲自己的一点点利益。远不像她当时祷告的那样为了希望改变别人的处境，而痛哭流涕地虔诚祷告。

以理性的考虑来指导日常世俗生活在当地基督徒中普遍存在，从而使基督徒在属灵和属世中呈现出截然分裂的心理系统。而这种分裂的状态，在当地非基督徒看来却是信得好的；而对于在属灵和属世生活中都以宗教信仰为指导的基督徒，尽管基督徒评价其信得好，但在非基督徒看来，则属于"魔怔"，不懂人情世故，不知赚钱养家；对于在属灵和属世生活中都以工具理性指导的基督徒，会被其他基督徒认为"信得瞎"。

四、信仰的强化与转化

随着基督徒从宗教信仰中不断获益，形成持续性的强化，其信仰的坚定程度也随着加深。此时，一些基督徒开始脱离最初信仰的功利性，在面临一些具体的问题情景时，以宗教信仰来指导自己的认知和行为。甚至在违背当地习俗观念，危及自由时，也会选择遵守自己的宗教信仰。这一转化是基督徒将宗教教义内化为坚定的信仰并作为他生活的主要动机，类似于从制度宗教转向个人宗教、从外在的宗教倾向转向内在的宗教倾向。但转化的比例较低，尽管这一行为得到基督徒们的认同和赞誉，但绝大多数基督徒在实际生活中还是遵从功利性的考虑（见下图）。

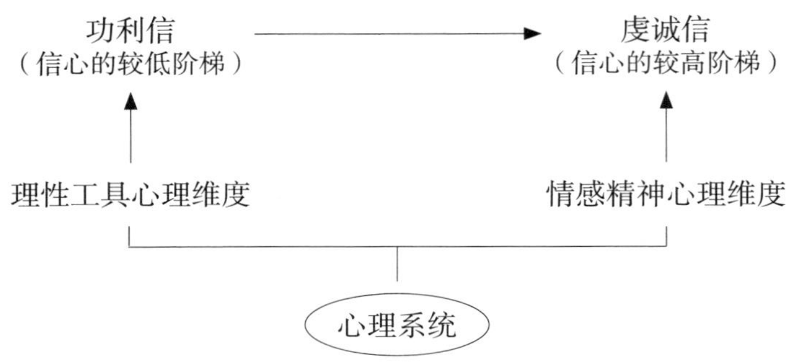

图 7-1 信心转化的心理机制图

基督徒信心转化的基础在于其依赖资本的变化。基督徒的宗教生活基于灵性资本，他们的世俗生活则是基于权力、经济和文化这些世俗资本。灵性资本和世俗资本各自发挥作用的场域有别，使得基督徒的生活和认知呈现出神圣—世俗之分。宗教徒的灵性资本可能具有全能资本特性，在有些语境下，若基督徒的信心发展为虔诚信仰，宗教信仰主导的情感精神心理占据绝对优势时，信徒的灵性资本转化为形式不同的世俗资本，他的基督徒身份和资格几乎在所有情景下具有显著性，他所有的生活就会被宗教资格所主宰，而世俗生活就被废弃，此时他的灵性资本就转变为生命资本（参见 方文，2009）。

从信仰的历程看，基督徒敬信的每一个阶梯都有一种特定的“信心”与之相对应：起先的不信教，基督教的教义对其来说毫无意义，是不敬信的；信仰初期的功利性，基督教的教义接受多为被动式，理解也多基于个体过去的知识经验；信仰高阶的虔诚信，主动探寻基督教的教义，并以此指导其认知，规范其行为。这一阶段是基督徒在生活中获益而形成对上帝的信任和忠诚性的情感，这种情感在与其他基督徒间的互动过程中得以强化，以至于被一些基督徒视为行为的最高准则。

第三节　双重认知框架：基督徒的社会文化心理机制

文化是一个包括一系列共享意义的集体现象，这些共享的意义为一个人群理解社会现实、调整自我在集体生活中的活动以及适应外部环境提供了共同的参考框架。在此意义上文化是一种社会心理学现象，它可以有效调节社会中相互依赖个体间的活动，以确保自己群体作为一个整体适应环境并创造出和谐的及生产性的社会生活（Chi-Yue & Ying-Yi，2006/2010: 18-23）。在交织复杂的不同文化语境中，个体往往会应用彼时占支配地位的文化知识来组织他们的经验，指导他们的生活实践。对基督徒而言，由于他们生活在圣俗分离的不同世界中，在这两种不同的世界中基督文化和文化传统各自发挥着主导性的作用，这使基督徒的心理和认知在神圣—世俗的不同生活中呈现出不同的认知原则，这一现象我们称之为双重认知框架。

一、机制：双重认知框架

双重认知框架在基督徒的整个生活中有着不同的适用范围，基督信仰框架指导基督徒的宗教生活，而社会观念框架指导其世俗生活。无论是田野调查的材料还是对基督徒的社会文化认知的研究，都表明西镇基督徒在进行认知过程中，受到宗教信仰和社会文化观念的双重影响，且后者与非基督徒认知的结构相同。这在一定程度上说明了当地居民共同心理认知结构的存在，同时也显示出尽管宗教信仰对基督徒的影响有限，并没有使基督徒的认知与非基督徒有显著的不同，也没有改变或者渗透到其他认知因素之中，但在具体的认知过程中有着一定的影响。特别是当涉及到对西镇基督徒意义重大的问题时，其作用更为显著，如在宗教事务管理中。

究其根源，基督徒双重观念框架的作用机制取决于基督徒的意义评估

（meaning appraisal）。意义是人的心理活动的本质和核心，对意义的寻求是人的基本需求以及在日常生活中的普遍动机，意义评估又分为整体意义评估和情景意义评估两个层次。整体意义（global meaning）指向终极价值，用以解释自己存在的价值和生命的意义；情景意义（situational meaning）指在日常生活中，个体根据整体意义对具体事物进行的意义评估。信仰、价值观、人生目标和心理一致感是个体整体意义的核心来源，其中又以信仰的地位最为重要，其他来源都根植于信仰之上。信仰处于人精神世界的深层，作为人的心理核心，它不仅影响着人的世界观，也影响着人格的性质和人际交往的方式，并根本性地影响着人的认知与行为的性质和走向。美国心理学家弗洛姆认为，个性是基于价值观念之上的稳定的行为方式，个性结构是取向和信念体系在人的心理上的表现。因此，在个性背后的价值观念系统中，其核心作用的是终极信仰。此外，终极信仰还根本地决定着个体的意义建构，它是个体用以建构世界本质的基本内部认知结构，通过影响个体诠释现实的基本方式以及通过构建个体的总体目标从而引导人的一生（Cacioppo，Hawkley，Rickett，& Masi，2005；Park & Folkman，1997；Park，2005；Skaggs & Barron，2006）。总之，信仰是构成个体经验、信念、价值观和行为最重要的因素，决定着人的行为的性质和走向。

源自基督信仰的一些观念不仅推动和强化地方信徒的宗教生活，更是给予地方信徒能获得满足的意义。在具体情境中，宗教信仰为基督徒提供相关信念和动机，影响其具体情境意义上的评估，从而形成不同的价值感受和情感态度（Park & Folkman，1997）。在认知具体的问题时，个体在整体意义的影响下，特别是信仰的影响下，对具体事物进行意义评价从而获得不同价值感受的过程，即“赋予意义”。当基督徒的信心非常大时，信仰成为基督徒在进行认知活动的核心，在这种情况下，他们进行认知活动的最终和根本性的目的都是为了捍卫自己的信仰。在田野调查过程中，笔者提到保罗就曾为自己申辩，遭到一些信徒的断然否定，认为不是这样，当时保罗只是做了自己为何信教的见证。于是一起查询《圣经》，在《使徒行传》中明确写着“保罗辩论”。他们随即就认为这是由于保罗自身软弱，神并不喜悦这么做的。在这里，进行说理的逻辑性对他们而言并不重要。

根本地影响个人进行“赋予意义”的信仰，并不仅局限于像基督教这样的宗教信仰，它应该具有更广泛的含义，即在第1章所给出的终极信仰的含义，即终极信仰一般指超越日常生活，涉及生命意义、生死参悟和个人整合等主题，具有终极关怀性质的个人心理建构。如在对崇尚科学的一名退休物理教师进行访谈时，说到有一些基督徒在过世后身体没有僵硬，下面不少基督徒认为这是上天堂的征兆。听过之后，这名教师认为从科学上无法做出解释，便断然否认。笔者告诉他曾亲眼见过，他还是认为绝不可能。而在教会中，笔者问起同样的事，有两个基督徒认为是有不少这样的事，但身体发软并不像许多基督徒所说的那样是上天堂的征兆，因为一些不信教的人去世后身体也不会僵硬。在这两位基督徒看来，信教主要是罪能得赎、永生，“神迹”只是让不信的人认识神，并不重要。之所以出现对同一件事认知上的不同，是心理意义评价中对这一事件“赋予意义”的不同造成的。否认征兆对那两位基督徒来说并不消弱其信仰，但对物理教师而言或可危及其自身的科学信仰。

此外，对处于文化困境中的中国农村基督徒来说，他们的信仰和意义系统并不只有基督信仰在作用，地方社会文化也有重要的影响。在基督信仰与文化不关联特别是一致的情形下，社会观念和基督信仰都对认知产生影响。此时，基督徒的认知加工多依据社会观念。通过地方社会和基督信仰两种不同的文化参与，基督徒不仅具有与非基督徒相同的意义观念系统，还形成基于基督信仰的、异于中国社会文化的意义观念系统。这一双重的意义观念为基督徒理解社会现实提供了参考框架，组织其知识经验，指导其生活实践。在面临具体情景时，基督徒根据情景线索激活意义观念系统。

二、动力：二维心理系统的互动

个体在具体情境中的意义评估为个体的理性工具和价值情感两个心理系统的互动关系所决定。人的全部心理活动，可分为理性工具和情感精神二元心理系统。所谓理性工具心理，是指个体心理以效率、理性为标准或功能，如做事追求效率、习惯以有没有用处来评价事物；情感精神心理则是以人生意义和人生目的为标准或功能，如追问生命的性质是什么？生命的目的是什么？生命的显著价值是什么？在二维心理系统中，情感价值心理为人的信仰所决定（景怀斌，2011: 33-34）。在基督教的生活世界中，无论是宗教生活，还是世俗生活，都包含理性工具和价值情感这两个心理维度，但整体而言，宗教生活倾向于情感精神，而世俗生活则倾向于理性工具。在加工具体信息时，如果价值情感心理维度占优势，基督教教义的意义赋予更多，那么基督信仰成为基督徒认知活动的核心。如果理性工具心理维度占优势，则基督徒的认知则更多是为了维护个人的利益。整体来看，在本研究中基督徒的社会文化认知是先工具理性、后情感精神，这种心理趋向使西镇基督徒在信仰上表现出明显的功利性。

二维心理系统对基督徒的影响是根据具体的情景而定的，其运行规律为：（1）无论在宗教生活，还是在世俗生活，理性工具上的考虑是首选的。其运行的表现大体为，先满足物质生活的需要，继而追求信仰上的自我实现。这种先工具理性、后情感精神的心理系统趋向使西镇基督徒在信仰上表现出非常明显的功利性。特别是，多数基督徒以基督信仰来指导自己的宗教生活，同时又以物质利益为首要原则指导自己的日常生活。如呈现二维分裂的基督徒行为依据。（2）如果不涉及到物质利益，只在情感精神维度上，基督信仰和社会观念出现冲突，此时，基督徒多采取重新诠释的方式以使其达到一致。如社会认知研究，材料一中，有基督徒把依靠医学治病认为也是神的旨意而非信心不够的表现；有基督徒认为传教也需要遵守传统观念和习俗。

二维心理系统的运行机制建立在个体的记忆基础上，其动力和向量由个体情绪的强度与性质根本影响着。在面对具体情景时，个体往往提取记忆系统中可用的易得信息对问题做出解释并依此决策和行动。可以说，记忆作为一个认知工具，它往往与社会情景紧密相连时，起到解释现状的作用，个体可依此做出决定，从而指导其外部行动（Bodnar，1989）。西镇基督徒在认知过程中，类比论证和例证方式是他们常用的策略，而这正是利用储存在个人大脑长时记忆中的历史经验，特别是自我经历，类比当下情境从而做出决策。情绪给记忆中的每个认知项目都被赋予了情感色彩，当个体在加工新的问题时，他往往结合其情感因素直接得出结论；信息加工完成后，这些情感因素会随着相应的项目储存在长时记忆中，并影响随后相关的认知。若这一情感色彩的强度达到一定程度，就极易促使个体形成偏见，不仅让他做出较为武断的判断，而且还令个体花费更多的时间去加工与他既有情感不一致的信息，并影响到他对新信息的寻求（Redlawsk，2002）。就人的心理过程而言，记忆中情感相似的材料联结在一起，如果激活某一积极或消极的单元，那么其他积极或消极的单元也会自动被激活，由此不同情绪会影响认知过程的不同变化（尹继武，2006）。相比较非信教的村民，基督徒的认知过程更容易受到类比例证以及情绪的影响。这是因为，在宗教范围内，情感起首要作用，且宗教信仰往往要倚仗具体的事例（James，1902/2008: 157，312）。对西镇基督徒而言，宗教的情感是通过基督教的教义影响而呈现出来的，如启示录、耶稣死而复活、天堂与地狱、惩罚与救赎等，这些教义对他们有重要的吸引力，是西镇基督徒坚守信仰信心、对神虔诚膜拜的源泉。总之，二维心理系统的运行机制需要具身于具体情境与个体情绪的交互作用中展开剖析。

三、效用：心理健康的维护①

基督信仰对信徒的心理健康有积极作用，既然二维心理系统左右着人的全部心理活动，本书下面以此视角试分析之，意图能对国人心理健康的维护有所启发。

个人是心理健康的基石和归宿，各种途径和手段最终都是要通过个人来实现的。对基督徒而言，由于其皈依宗教天然具有终极信仰，信徒个体心理的维持更多偏重于精神信仰层面。信仰在心理健康中的作用已不断得到科学研究的证实，其在当代心理健康和治疗领域的重要地位已被认可。究其过程而言，终极信仰对基督徒个体心理健康的影响是通过意义—认知路径来实现的。终极信仰根本性地影响着人的认知，并通过对认知的影响维持个体的心理健康。例如，宗教信仰能使基督徒认为世上发生的一切事情都是神的安排，都是有意义的，从而更能接受不确定性的存在。在信仰对认知影响的过程中，终极信仰通过影响整体意义进而左右着个体在具体情景中赋予事物的意义，最终影响个体的认知和行为反应，见下图。

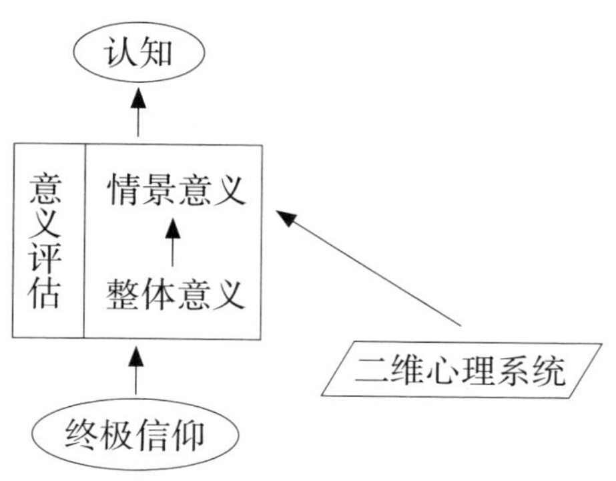

图 7–2 信仰影响机制模型图

① 本部分主体内容以“精神性在国人心理健康维护中的作用与实践”为题发表于《中国健康心理学杂志》2017 年第 8 期，有所删节修改。

在意义评价过程中，如果个人多受到理性工具系统的支配，价值情感系统非常薄弱，那么他的心理健康就会受到损伤。宋兴川等人（2004）研究了精神信仰与心理健康的关系，结果发现太关注自我实际利益的受调查者，往往会敏感、强迫、抑郁和焦虑；与之相反，关注生命主义信仰的受调查者，则能主动调节心态，因此心理健康程度往往很高。随着正确认识到信仰对人的心理的根本性影响作用，信仰本身的健康状态也日益受到重视。信仰的健康状态称为信仰健康（Spiritual Health），它被认为是人们所有的健康与幸福的根本层，用以整合其他健康的层面，如生理、心理、情绪、社会及职业的层面。西方很多国家早已注意到信仰健康的重要性，大多有建构完善的教育体系与具体的执行策略，有关于信仰健康的议题，更常在期刊及研讨会中被热烈讨论。有关信仰的能力探讨发展出“信仰智商”（Spiritual Intelligence）这一概念，它是评估人类行为或生命之路是否具有意义的智慧，被认为是除 EQ（情绪智商）与 IQ（智商）外第三个同等重要的“Q”。可见，信仰与心理健康程度息息相关，清晰健康的信仰往往会有好的心理健康程度，而模糊混乱的信仰则心理健康程度较差。

加强终极信仰的培养及重视它在心理健康中的作用，与我国当代时代精神的需要相吻合。我国社会目前还处于转型期，很多人面临着史无前例的精神冲击，信仰模糊、信仰缺失、信仰倒退和滑坡，精神支柱和奋斗目标丧失，尽管民众物质丰富了，却不幸丧失了意义，享乐主义和极端个人主义滋生和膨胀现象屡见不鲜，而这已成为个体心理出现问题的一个重要原因。信仰是维护身心健康的有力源泉，人们要重新反思人生的意义和价值，如“人为什么活着”“人活着的意义是什么”“人应一该怎样活着”等，重塑整个社会的价值观念和人生态度，让情感价值维度在心理系统中占据优势地位，进而为意义评估提供健康的信念、动机、价值观。当遇到诱惑、困难和不良现实时，就不会只运用理性工具心理系统，过多考虑个人利益的得失，他会优先遵循精神情感心理系统，平衡个体利益与国家、集体利益的关系，在个人得失和各种社会思潮面前才不会出现心理失衡，由此可见信仰在重塑当今中国社会精神与健康发展的重要性。

参考文献

中文文献

车文博 .（2003）. 人本主义心理学 . 杭州 : 浙江教育出版社 .

陈国强，石奕龙 .（1990）. 简明文化分类学词典 . 杭州 : 浙江人民出版社 .

陈文渊 .（2004）. 序 . 见 王治心，中国基督教史纲（pp.1-5）. 上海 : 上海古籍出版社 .

车文博 .（2003）. 人本主义心理学 . 杭州 : 浙江教育出版社 .

陈占江 .（2007）.“基督下乡”的实践逻辑——基于皖北 C 村的田野调查 . 重庆社会科学，9，102-115.

常薇 .（2008）. 中国基督教宗教性量表的编制及其相关研究 . 硕士学位论文 . 上海师范大学 .

成穷 .（2003）. 定义“宗教 ”的四种方式 . 宗教学研究，2，83-88.

戴燕 .（2008）. 青海省基督教徒宗教皈依原因分析 . 青海社会科学，6，156-160.

戴燕 .（2009）. 青海省宗教状况及其社会样态分析 . 青海社会科学，6，139-143.

董丛林 .（2007）. 龙与上帝 : 基督教与中国传统文化 . 桂林 : 广西师范大学出版社 .

董延寿 .（2014）. 基督新教在河南的传播与发展研究 : 1883-1949. 北京 : 人民出版社 .

杜维明 .（2001）. 儒学第三期发展的前景问题 . 见 朱汉民 , 肖永明（编）, 文明的冲突与对话（pp.119-156）. 长沙 : 湖南大学出版社 .（原著出版年 :1986）

杜维明 .（1992）. 儒学传统的现代转化 . 北京 : 中国广播电视出版社 .

杜维明 .（2002）. 儒学的超越性及其宗教向度 . 见 杜维明（编）, 杜维明文集 （第四卷）. 武汉 : 武汉出版社 .

杜维明 .（2001）. 杜维明 : 儒学第三期发展的前景问题 . 见 朱汉民 , 肖永明（编）, 文明的冲突与对话（pp.119-156）. 长沙 : 湖南大学出版社 .（原著出版年 :1986）

杜晓田 .（2011）. 从农村基督教盛行看农民社会保障需要——基于豫西南 H 村的调查 . 西北人口，32（4），43-46.

段琦 .（2004）. 奋进的历程 : 中国基督教的本色化 . 北京 : 商务印书馆 .

段琦 .（2013）. 河南开封和南阳的宗教格局及成因报告 . 见 金泽，邱永辉（编），中国宗教报告 : 2013（宗教蓝皮书）（pp.252-280）. 北京 : 社会科学文献出版社 .

方文 .（2005）. 群体符号边界如何形成 : 以北京基督新教群体为例 . 社会学研究，1，25-59.

方文 .（2009）. 政治体中的信徒——公民困境 : 群体资格路径 . 北京大学学报（哲学社会科学版），46（4），89-95.

方文 .（2010）. 文化自觉的阶梯 . 开放时代，5，146-158.

费孝通 .（1996）. 重读《江村经济 · 序言》. 北京大学学报（哲学社会科学版），4，4-18.

费孝通 .（1997）. 反思・对话・文化自觉 . 北京大学学报（ 哲学社会科学版），3，15-22.

费孝通 .（1998）. 乡土中国・生育制度 . 北京 : 北京大学出版社 .

费孝通 .（2001）. 江村经济：中国农民的生活 . 北京 : 商务印书馆 .（原著出版年 : 1939）.

费孝通 .（2006）. 总序 . 见 徐平（编），文化的适应和变迁 : 四川羌村调查 . 上海 : 上海人民出版社 .

葛鲁嘉 .（1995）. 心理文化论要 : 中西心理学传统跨文化解析 . 大连 : 辽宁师范大学出版社 .

顾求知 .（1995）. 加拿大在华传教士活动的若干问题 . 见 宋家珩（编），加拿大传教士在中国 . 北京 : 东方出版社 .

郭海良 .（2006）. 1980 年以来国内基督教研究评述 . 历史教学问题，6，97-92.

郭永玉 .（2003）. 人本主义心理学的新进展——超个人心理学 . 见 郭本禹（编），当代心理学的新进展（pp.127-162）. 济南 : 山东教育出版社 .

韩广富 .（2007）. 论贫困地区农民的政治心理对新农村建设的影响及对策 . 长白学刊，5，45-48.

何光沪 .（1998）. 导言 : 文化对话的意义、基础与方法 . 见 何光沪，许志伟（编），对话 : 儒释道与基督教（pp.1-8）. 北京 : 社会科学文献出版社 .

何光沪 .（2009）. 信仰之间 . 北京 : 中国人民大学出版社 .

韩恒 .（2012）. 传播模式与农村基督教群体特征的演变——基于河南省 14 个调查点的分析 . 世界宗教文化，5，90-98.

黄光国 .（2004）. 人情与面子：中国人的权力游戏 . 见 黄光国，胡先缙（编），面子 : 中国人的权力游戏 . 北京 : 中国人民大学 .

黄剑波 .（2003）.“四人堂”纪事——中国乡村基督教的人类学研究 . 博士学位论文 . 中央民族大学 .

黄剑波 .（2010）. 二十年来中国大陆基督教的经验性研究述评 . 中国社会科学，取自 : http:// www. piyongtang.com/ show.aspx?id=144&cid=34.

金以枫 .（2007）. 1949 年以来基督宗教研究索引 . 北京 : 社会科学文献出版社 .

金志成，何艳茹 .（2005）. 心理实验设计及其数据处理 . 广州 : 广东高等教育出版社 .

金妍妍 .（2005）. 基督教的“马大现象”探析——以河南潢川城关教会为考察对象 . 巢湖学院学报，7（5），24-29.

景怀斌 .（2003）. 心理健康观念对心理症状的影响研究 . 心理科学，26（5），922-923.

景怀斌 .（2005）. 心理意义实在论 . 广州 : 暨南大学出版社 .

景怀斌 .（2006）. 儒家式应对思想及其对心理健康的影响 . 心理学报，38（1），126-134.

景怀斌 .（2008）. 职业压力感视野下公务员机制的问题与建议 . 公共行政评论，4，110-138.

景怀斌 .（2011）. 公务员职业压力 : 组织生态与诊断 . 北京 : 中央编译出版社 .

景怀斌 .（2012）. 孔子“仁”的终极观及其功用的心理机制 . 中国社会科学，4，46-61.

金泽，邱永辉 .（2010）. 走进 21 世纪 10 年代 . 见 金泽，邱永辉（编），中国宗教报告 :2010（宗教蓝皮书）（pp.1-17）. 北京 : 社会科学文献出版社 .

金泽，邱永辉 .（2013）. 中国宗教报告 : 2013（宗教蓝皮书）. 北京 : 社会科学文献出版社 .

李创同，林连华 .（2007）.“以堂带点”管理模式的调查与研究——以 X 市基督教 T 聚会点为例 . 兰州大学学报（社会科学版），35（5），75-82.

李红菊，崔金霞，张蓉，王妍蕾 .（2004）. 乡民社会基督教信仰的原因探析——对豫北蒋村教堂的调查 . 中国农业大学学报（社会科学版），4，73-76.

李华伟 .（2012）. 苦难与改教：河南三地乡村民众改信基督教的社会根源探析 . 中国农业大学学报（社会科学版），29（3），81-91.

李蓉蓉 .（2010）. 海外政治效能感研究述评 . 国外理论动态，9，46-52.

李顺华 .（2010）. 仪式的交融与亚文化团体的存续 . 中国农业大学学报（社会科学版），27（4），132-140.

李向平，杨静 .（2004）. 宗教合法性及其获得方式 . 当代宗教研究，4，11-19.

李玉洁 .（2005）. 河洛文化在中华文明史的地位 . 江西社会科学，12，43-46.

李泽厚 .（2004）. 论语今读 . 北京 : 生活・读书・新知三联书店 .

梁家麟 .（1999）. 改革开放以来的中国农村教会 . 香港 : 建道神学院 .

梁建宁 .（2003）. 当代认知心理学 . 上海 : 上海教育出版社 .

梁丽萍 .（2004）. 中国人的宗教心理 : 宗教认同的理论分析与实证研究 . 北京 : 社会科学文献出版社 .

梁燕城 .（2013）. 儒、道、易与基督信仰 . 北京 : 宗教文化出版社 .

林诚光 .（2008）. 准实验研究 . 见 陈晓萍，徐淑英，樊景立（编），组织与管理研究的实证方法（pp.153-160）. 北京 : 北京大学出版社 .

刘诗伯 .（2006）. 在教堂内外——都市基督徒群体的人类学考察 . 博

士学位论文 . 中山大学 .

刘诗伯 .（2006）. 对城乡基层基督教信徒“功利性”的比较分析 . 青海民族研究，2（17），142-147.

刘霁雯 .（2004）. 乡村的“天堂之路”——湖北省荆门市团林镇“基督教”活动调研 . 中南民族大学学报（人文社会科学版），24，66-69.

刘小枫 .（1998）. 现代性社会理论绪论 . 上海 : 生活 · 读书 · 新知三联书店 .

刘小枫 .（2003）. 西美尔论现代人与宗教 . 见 Simmel，G.（著），现代人与宗教（曹卫东译，pp.1-38）. 北京 : 中国人民大学 .

刘志军 .（2007）. 乡村都市化与宗教信仰变迁 : 张店镇个案研究 . 北京 : 社会科学文献出版社 .

吕大吉 .（1998）. 宗教是什么 ?——宗教的本质、基本要素及其逻辑结构 . 世界宗教研究，2，1-20.

孟玲 .（2011）. 农村社区基督徒的身份建构研究——以河南某村庄的基督徒为研究对象 . 硕士学位论文 . 华中师范大学 .

牟宗三 .（1974）. 中国哲学的特质 . 台北 : 台湾学生书局 .

潘薇 .（2011）. 发挥农村基督教正功能为构建和谐社会服务——以河南为例 . 四川省社会主义学院学报，3，45-46.

尚新建 .（2008）. 中译者导言 . 见 威廉 · 詹姆斯（著），宗教经验之种种（尚新建译）（pp.1-28）. 北京 : 华夏出版社 .（原著出版年 :1902）

世界宗教入门编委 .（2008）. 出版说明 . 见 Harvey Cox（著），基督宗教（孙尚扬译，pp.1-3）. 上海 : 上海古籍出版社 .

潘朝东 .（2006）. 将灵性融入心理治疗（综述）. 中国心理卫生杂志，20（8），538-541.

潘朝东 .（2007）. 心理治疗与咨询中的灵性干预 . 中国心理卫生杂

志 ,21（7），505-509.

乔红霞 .（2010）. 社会心理学与政治研究进展 . 见 俞国良等（编），社会心理学前沿 （pp.41-60）. 北京 : 北京师范大学出版社 .

宋兴川, 金盛华, 李波 .（2004）. 大学生精神信仰与心理健康的关系 . 中国心理卫生杂志，18（8），554-556.

唐晓峰 .（2013a）. 改革开放以来的中国基督教及研究 . 北京 : 宗教文化出版社 .

唐晓峰 .（2013b）. 云南省基督教传播特点及分析 . 见 许志伟（编），基督教思想评论 （pp.227-241）. 上海 : 上海人民出版社 .

陶飞亚，杨卫华 .（2009）. 基督教与中国社会研究入门 . 上海 : 复旦大学出版社 .

陶黎宝华，甄景德 .（2011）. 生活的意义（修订版）. 北京 : 中国人民大学出版社 .

王保全 .（2008-07-31）. 河南省基督教简史 . 取自 河南基督教网站 http://www.hnjdj.org.

王重鸣 .（2001）. 心理学研究方法 . 北京 : 人民教育出版社 .

王建新，刘昭瑞 .（2007）. 序 . 见 王建新，刘昭瑞（编），地域社会与信仰风俗 : 立足田野的人类学研究 （pp.I-XII）. 广州 : 中山大学出版社 .

王建新 .（2007）. 宗教民族志的视角、理论范式和方法——现代人类学研究诠释 . 广西民族大学学报（哲学社会科学版），29（2），6-14.

王奇昌 .（2007）. 无人聆听的福音——河南省镇平县北庄基督教之研究 . 硕士学位论文 . 中央民族大学 .

王万轩 .（2011）. 豫东 Z 市基督教发展的现状调查与趋势分析 . 辽宁行政学院学报，3，169-171.

王鑫宏 .（2011）. 当前河南农村基督教现状研究 . 重庆科技学院学报

（社会科学版），2，75-77.

王莹．（2011）．身份建构与文化融合：中原地区基督教会个案研究．上海：上海人民出版社．

王治心．（2004）．中国基督教史纲．上海：上海古籍出版社．

夏征农，陈至立．（2009）．辞海（第六版）．上海：上海辞书出版社．

香港浸会大学宗教与哲学系．（2009）．当代儒学与精神性．桂林：广西师范大学出版社．

谢炳国．（2008）．基督教仪式和礼文．北京：宗教文化出版社．

薛瑞泽．(2005). 河洛地区的地域范围研究．洛阳师范学院学报，1，5-9.

薛灿灿，叶浩生．（2011）．具身社会认知：认知心理学的生态学转向．心理科学，34（5），1230- 1235.

徐杰舜，许立坤．（2009）．人类学与中国传统．北京：民族出版社．

徐凯．（2013）．宗教的心理哲学理解及其交叉领域研究．求索，1，67-70.

徐凯．（2014）．农村基督徒政治心理现状与特征．文化研究，10，143-144.

雪菲．（2008）．中国传统文化与基督教在中国的走向．科学与无神论，2，7-14.

杨宝琰，万明钢，王微，刘显翠．（2008）．基督教青少年的宗教性：以甘肃农村基督教群体为例．心理学报，40（ 11），1197-1202.

杨华明．（2011）．英语学界关于中国基督教现状研究的若干热点问题综述．见 世界宗教研究所基督教调研课题组（编），中国基督教调研报告集（pp.537-554）．北京：中国社会科学出版社．

杨庆堃．（2006）．中国社会中的宗教：宗教的现代社会功能及其历史因素之研究（范丽珠译）．上海：上海人民出版社．（原著出版年 :1961）

杨韶刚 .（2006）. 超个人心理学 . 上海 : 上海教育出版社 .

杨卫民 .（2007）. 社会转型与农村精神重建——河南李村基督教堂的个案研究 . 见 王建新、刘昭瑞（编），地域社会与信仰风俗 : 立足田野的人类学研究（pp.154-174）. 广州 : 中山大学出版社 .

杨泽波 .（2009）. 关于儒学与宗教关系的再思考——从儒学何以具有宗教作用谈起 . 见 香港浸会大学宗教与哲学系（编），当代儒学与精神性 （pp.250-262）. 桂林 : 广西师范大学出版社 .

尹继武 .（2006）. 认知心理学在国际关系研究中的应用 : 进步及其问题 . 外交评论，8，101-110.

俞国良 .（2008）. 社会心理学前沿 . 北京 : 北京师范大学出版社 .

余英时 .（1992）. 内在超越之路 . 北京 : 中国广播电视出版社 .

张爱卿 .（1999）. 放射智慧之光 : 布鲁纳的认知与教育心理学 . 武汉 : 湖北教育出版社 .

张宝山 .（2010）. 社会认知研究的研究热点和发展趋势见 . 俞国良等（编），社会心理学前沿 （pp.200-217）. 北京 : 北京师范大学出版社 .

张向葵，吴晓义 .（2004）. 文化震荡及其对个体心理健康的影响 . 心理与行为研究，2（2），438-442.

张素威 .（2011）. 一个中原村落基督教信仰的调查研究 . 硕士学位论文 . 赣南师范学院 .

张西平，卓新平 .（1998）. 交融与会通（代序）. 见 张西平，卓新平（编），本色之探 :20 世纪中国基督文化学术论集 （pp.5-33）. 北京 : 中国广播电视出版社 .

张耀杰 .（2010-09-14）. 基督教在中国的矮化变异 . 取自 : 中评网 http://www.china-review.com.

张志刚 .（2013）. 宗教研究指要（2 版）. 北京 : 北京大学出版社 .

赵风娟 .（2012）. 基督教在中国农村的传播——以河南省一个村庄为例 . 硕士学位论文 . 南昌大学 .

郑萍 .（2005）. 落视野中的大传统与小传统 . 读书，7，11-19.

中国社会科学院世界宗教研究所课题组 .（2010）. 中国基督教入户问卷调查报告 . 见 金泽，邱永辉（编），中国宗教报告 :2010（宗教蓝皮书）（pp.1-17）. 北京 : 社会科学文献出版社 .

钟鸣旦 .（1999）. 基督教在华传播史研究的新趋势（马琳译）. 载于任继愈（编），国际汉学 : 第四辑 （pp.477-520）. 郑州 : 大象出版社 .

庄孔韶 .（2007）. 银翅 : 中国的地方社会与文化变迁 . 北京 : 生活 · 读书 · 新知三联书店 .

卓新平 .（1994）. 展开多层次的宗教探究 . 世界宗教文化，2，48-49.

卓新平 .（2000）. 基督教新论 . 北京 : 社会科学文献出版社 .

卓新平 .（2005）. 中国基督教基础知识 . 北京 : 宗教文化出版社 .

卓新平 .（2007）. 基督教与中国文化的相遇、求同与存异 . 香港 : 崇基学院神学院 .

卓新平 .（2008）. 抓住机遇，推动宗教研究的创新发展 . 中国宗教，1，32-33.

卓新平 .（2008）. 全球化的宗教与当代中国 . 北京 : 社会科学文献出版社 .

周丽清，孙山 .（2009）. 大学生文化取向内隐效应的实验研究 . 心理发展与教育，2，55-60.

周文顺，徐宁生 .（1998）. 河洛文化 . 北京 : 五洲传播出版社 .

朱峰 .（2009）. 基督教与海外华人的文化适应：近代东南亚华人移民社区的个案研究 . 北京 : 中华书局 .

庄孔韶 .（2006）. 人类学概论 . 北京 : 中国人民大学 .

译著文献

Argyle, M. (2005). *Psychology and Religion: An Introduction* (Chen, B., Trans.). Beijing: China Renmin University Press. (Original work published 2000)

[麦克 · 阿盖尔 . （2005）. 宗教心理学导论 （陈彪译）. 北京 : 中国人民大学出版社 .（原著出版年 :2000）]

Aristotle. （ 1997 ）. *Politics* （ Wu, S. P., Trans. ）. Beijing: the Commercial Press.

[亚里士多德 .（ 1997 ）. 政治学 （吴寿彭 译）. 北京 : 商务印书馆 .]

Bartlett, F. C. （ 1998 ）. *Remembering: A study in experimental and social psychology* （ Li, W., Trans. ）. Hangzhou: Zhejiang Education Press. （ Original work published 1932 ）

[巴特莱特 .（ 1998 ）. 记忆：一个实验和社会的心理学研究（ 黎炜译 ）. 杭州 : 浙江教育出版社 .]

Berger, P. L. （ 1991 ）. *The Sacred Canopy: Elements of a Sociological Theory of Religion* （ Gao, S. N., Trans. ）. Shanghai: Shanghai People's Press. （ Original work published 1969 ）

[彼特 · 贝格尔 .（ 1991 ）. 神圣的帷幕 : 宗教社会学之要素（高师宁译）. 上海 : 上海人民出版社 .（原著出版年 :1969 ）]

Binkley, L. J. （ 1983 ）. *Conflict of Ideals: Changing Values in Western Society* （ Ma, Y. D., Chen, B. C., Wang, T. Q., & Wu, Y. Q., Trans. ）. Beijing: The Commercial Press. （ Original work published 1969 ）

[宾克莱 . （1983）. 理想的冲突——西方社会中变化着的价值观念（ 马元德、陈白澄、王太庆、吴永泉译 ）. 北京 : 商务印书馆 .（ 原著出版年 :

1969）]

Boas, P.（1989）. *The mind of primitive man.*（Xiang, L., & Wang, X., Trans.）. Beijing: China Renmin University Press.（Original work published 1919）

[弗兰兹·博厄斯．（1989）．原始人的心智 （项龙，王星译）．北京：国际文化出版社．（原著出版年 :1919）]

Brown, L. B.（1992）. *The Psychology of Religious Belief*（Jin, D. Y., Trans.）. Beijing: Today China Press.（Original work published: 1987 ）

[布朗．（1992）. 宗教心理学 （金定元等译）． 北京 : 今日中国出版社 .（原著出版年 : 1987 ）]

Brown, R. （2013）. *Group processes* （2nd ed., Hu, X., & Qing, X. F., Trans.）. Beijing: China Light Industry Press.（Original work published 2000）

[布朗．（2007）. 群体过程 （第二版，胡鑫，庆小飞 译）. 北京 : 中国轻工业出版社 .（原著出版年 :2000）]

Calvin, J. （2011）. *Golden Booklet of the True Christian Life* （Qian, Y. C., & Sun, Y. Trans.）. Beijing: SDX Joint Publishing Company.（Original work published 1927）

[加尔文．（2011）. 基督徒的生活 （钱曜诚 译，孙毅 选编）. 北京 : 生活·读书·新知三联书店 .（原著出版年 :1927 ）]

Cassirer, E. （2004）. *An Essay of Man* （Gan, Y., Trans.）. Shanghai: Shanghai Translation Publishing House.（Original work published 1944）

[恩斯特·卡西尔．（2004）. 人论 （甘阳译）. 上海 : 上海译文出版社 .（原著出版年 :1944）]

Charmaz, K. （2009）. *Constructing Grounded Theory* （Bian, G. Y. Trans.）. Chongqing: Chongqing University Press. （Original work published 2007）

[凯西·卡麦兹.（2009）. 建构扎根理论 （边国英译）. 重庆：重庆大学出版社.（原著出版年：2007）]

Chi-Yue, C., Ying-Yi, H.（2010）. *Social psychology of culture*（Liu, S., Trans.）. Beijing: China Renmin University Press. （Original work published 2006）

[赵志裕，康萤仪.（2010）. 文化社会心理学 （刘爽译）. 北京：中国人民大学出版社.（原著出版年:2006）]

Cirpriani, R., & Ferrarotti, L. （2005）. *Sociology of Religion: An Historical Introduction* （Gao, S. N., Trans.）. Beijing: China Renmin University Press. （Original work published 1997）

[罗伯托·希普里阿尼，劳拉·费拉罗迪.（2005）. 宗教社会学史（高师宁译）. 北京：中国人民大学出版社.（原著出版年:1997）]

Cox, H. （2008）. *Christianity* （Sun, S. Y., Trans.）. Shanghai: Shanghai Ancient Books Publishing House. （Original work published 1993）

[哈维·寇克斯.（2008）. 基督宗教 （孙尚扬译）. 上海：上海古籍出版社.（原著出版年:1993）]

Elkins, D. N. （2007）. *Beyond Religion: A Personal Program for Building a Spiritual Life Outside the Walls of Traditional Religion* （Gu, S., Yang, Y. M., & Wang, W. J., Trans.）. Shanghai: Shanghai People's Press. （Original work published 1998）

[大卫·艾尔金斯.（2007）. 超越宗教：在传统宗教之外构建个人精神生活 （顾肃，杨晓明，王文娟译）. 上海：上海人民出版社.（原著出

版年 :1998）]

Encyclopædia Britannica Inc.（1999）. *Encyclopædia Britannica*（International Chinese Edition，Vol.2）（Xu，W. C.，Trans.）. Beijing: Encyclopædia of China Publishing House.

[大英百科全书公司 .（1999）. 不列颠百科全书（国际中文版，第 2 卷）（徐惟诚译）. 北京 : 中国大百科全书出版社 .]

Evans-Pritchard，E. E.（2001）. *Theories of primitive Religions*. Beijing: the Commercial Press.（Original work published 1965）

[埃文斯·普理查德 .（2001）. 原始宗教理论（孙尚扬译）. 北京 : 商务印书馆 .（原著出版年 :1965）]

Frazer，J. G.（1998）. *The Golden Bough: A Study in Magic and Religion*（2nd ed.，Xu，Y. X.，Wang，P. J.，& Zhang，Z. S.，Trans.）. Beijing: People Literature and Art Publishing House.（Original work published 1922）

[詹姆斯·乔治·弗雷泽 .（1998）. 金枝：巫术与宗教之研究（第 2 版，徐育新，王培基，张泽石译）. 北京 : 大众文艺出版社 .（原著出版年 : 1922）]

Fromm，E.（2006）. *Psychoanalysis and Religion*（Sun，X. C.，Trans.）. Shanghai: Shanghai People's Press.（Original work published 1950）

[埃·弗洛姆 .（2006）. 精神分析和宗教（孙向晨译）. 上海 : 上海人民出版社 .（原著出版年 :1950）]

Geertz，C.（1999）. *The interpretation of cultures*（Na，R. B. L. G.，Trans.）. Shanghai: Shanghai People's Press.（Original work published 1973）

[克利福德·格尔茨 .（1999）. 文化的解释（纳日碧力戈译）. 上海 : 上海人民出版社 .（原著出版年 :1973）]

Granet, M. (2010). *La religion des Chinois* (Wang, R., Trans.). Harbin: Harbin publishing Press. (Original work published 1923)

[葛兰言 .(2010). 中国人的信仰 (汪润译). 哈尔滨 : 哈尔滨出版社 .(原著出版年 :1923)]

Heidegger, M. (1999). *Sein und Zeit* (Chen, J. Y., & Wang, Q. J. Trans.). Beijing: SDX Joint Publishing Company. (Original work published 1927)

[海德格尔 . (1999). 存在与时间 (陈嘉映, 王庆节 译). 北京 : 生活·读书·新知三联书店 . (原著出版年 :1927)]

Houghton, D. P. (2013). *Political psychology: situations, individuals, and cases* (Yin, J. W., & Lin, M. W., Trans.). Beijing: Central Compilation & Translation Press. (Original work published 2009)

[戴维·P·霍顿 .(2013). 政治心理学 : 情境、个人与案例 (尹继武, 林民旺译). 北京 : 中央编译出版社 .(原著出版年 :2009)]

Hsu, F. L. K. (2001). *Under the ancestors' shadow: Kinship, personality, and social mobility in village China* (Wang, P., & Xu, L.D., Trans.). Taibei: Nantian Press. (Original work published 1967)

[许琅光 .(2001). 祖荫下: 中国乡村的亲属、人格与社会流动 (王芃, 徐隆德译). 台北 : 南天书局 . (原著出版年 :1967)]

Hunt, S. (2010). *Religion and Everyday Life* (Wang, X. X., Trans.). Beijing: Central Compilation & Translation Press. (Original work published 2005)

[亨特 . (2010). 宗教与日常生活 (王修晓译). 北京 : 中央编译出版社 .(原著出版年 :2005)]

Inglis, D. (2009). *Culture and Everyday Life* (Zhou, S. Y.,

Trans.）. Beijing: Central Compilation & Translation Press.（Original work published 2005）

[英格利斯.（2009）. 文化与日常生活（周书亚译）. 北京：中央编译出版社.（原著出版年 :2005）]

Kant, I.（1986）. *Grundlegung Zur Metaphysik Der Sitten*（Miao, L. T, Trans.）. Shanghai: Shanghai People's Press.（Original work published 1968）

[康德.（1986）. 道德形而上学原理（苗力田译）. 上海：上海人民出版社.（原著出版年 :1968）]

Loewenthal, K.M.（2002）. *The Psychology of Religion: A Short Introduction*（Luo, Y. J., Trans.）. Beijing: Peking University Press.（Original work published 2000）

[凯特·洛文塔尔.（2002）. 宗教心理学简论（罗跃军译）. 北京：北京大学出版.（原著出版年 :2000）]

绫部恒雄.（1988）. 文化人类学的十五种理论（中国社会科学院日本研究所社会文化室译）. 北京：国际文化出版社.（原著出版年 :1984）

Luckmann, T.（2003）. *The Invisible Religion: The Problem of Religion in Modern Society*（Tan, M. F., Trans.）. Beijing: China Renmin University Press.（Original work published 1967）

[卢克曼.（2003）. 无形的宗教：现代社会中的宗教问题（覃方明译）. 北京：中国人民大学出版社.（原著出版年 :1967）]

Lyons, E., & Coyle, A.（2010）. *Analysing Qualitative Data in Psychology*（Bi, C. Z. Trans.）. Chongqing: Chongqing University Press.（Original work published 2007）

[莱昂斯，考利.（2010）. 心理学质性研究的分析（毕重增译）. 重庆：重庆大学出版社.（原著出版年：2007）]

James, W. （2008）. *The Varieties of Religious Experience* （Shang, X. J., Trans.）. Beijing: The Huaxia Publishing House.（Original work published 1902）

[威廉·詹姆斯 .（2008）. 宗教经验种种 （尚新建译）. 北京：华夏出版社 .（原著出版年 :1902）]

Malinowski, B. （1999）. *A scientific Theory of Culture and Other Essays* （Huang, J. B. et. al., Trans.）. Beijing: Minzu University of China Press.（Original work published 1944）

[马林诺斯基 .（1999）. 科学的文化理论 （黄剑波等译）. 北京：中央民族大学出版社 .（原著出版年 :1944）]

Mitchell, S. A., & Black, M. J. （2007）. *Freud and beyond: A history of modern psychoanalytic thought*（Chen, Z. Y., Huang, Z., & Shen, D.Y., Trans.）. Beijing: the Commercial Press.（Original work published 1995）

[斯提芬·A. 米切尔，玛格丽特·J. 布莱克 .（2007）. 弗洛伊德及其后继者：现代精神分析思想史（陈祉妍，黄峥，沈东郁译）. 北京：商务印书馆 .（原著出版年 :1995）]

Moltmann, J. （2003）. *Der Gott Im Projekt der Modernen Welt*（Zeng, N. Y., Trans.）. Beijing: China Renmin University Press.

[莫尔特曼 .（2003）. 世俗中的上帝（曾念粤 译）. 北京：中国人民大学出版社 .]

M ü lle, F. M. （1989）. *Introduction to the science of religion* （Chen, G.S., & Li, P. Z., Trans.）.Shanghai: Shanghai People's Press.

[麦克斯·缪勒 .（1989）. 宗教学导论（陈观胜，李培茱译）. 上海：上海人民出版社 .]

M ü lle, F. M. （1989）. *Lectures on Origin and Growth of Religion*（Jin,

Z.，Trans.）.Shanghai: Shanghai People' s Press.（Original work published 1901）

[麦克斯·缪勒.（1989）.宗教的起源和发展（金泽译）.上海：上海人民出版社.（原著出版年:1901）]

Niebuhr，R.（2006）. *The Nature and Destiny of Man*（Cheng，Q.，Trans.）. Guiyang: Guizhou People's Press.（Original work published 1943）

[莱茵霍尔德·尼布尔.（2006）.人的本性与命运（成穷译）.贵阳：贵州人民出版社.（原著出版年:1943）]

Schmidt，A. J.（2013）. *Under the influence: how Christianity transformed civilization*（Wang，X. D.，& Zhao，W.，Trans.）. Shanghai: Shanghai People' s Press.（Original work published 2001）

[阿尔文·J·施密特.（2001）.基督教对文明的影响（汪晓丹，赵巍译）.上海：上海人民出版社.（原著出版年:2001）]

Smith，H.（2001）. *The World's Religions*（Liu，A. Y.，Trans.）Haikou: Hainan Press.（Original work published 1995）

[休斯顿·史密斯.（2001）.人的宗教（刘安云译）.海口：海南出版社.（原著出版年：1995）]

Stott，J.（2003）. *Understanding the Bible*（Liu，Q. R.，Trans.）. Huhehaote: Neimenggu People's Press.（Original work published 1972）

[斯托得.（2003）.见证基督：探索圣经的本来面目（刘庆荣译）.呼和浩特：内蒙古人民出版社.（原著出版年:1972）]

Streng, F. G.（1991）. *Understanding religious life*（3rd edition）（Jin, Z., & He，Q. M.，Trans.）. Shanghai: Shanghai People's Press.（Original work published 1984）

[斯特伦.（1991）.人与神：宗教生活的理解（金泽，何其敏译）.上海：

上海人民出版社 .（原著出版年 :1984）]

Tillich, P.（1988）. *Theology of Culture*（Chen, X. Q., & Wang, P., Trans.） Beijing: China Worker Publishing House.（Original work published 1958）

[保罗·蒂利希 .（1988）. 文化神学（陈新权，王平译）. 北京 : 中国工人出版社 .（原著出版年： 1958）]

Simmel, G.（2006）. *Der Moderne Mensch und Religion*（Cao, W. D., Trans.）. Beijing: China Renmin University Press.

[格奥尔格·西美尔 .（2006）. 现代人与宗教（曹卫东译）. 北京 : 中国人民大学出版社 .]

Stark, R., & Finke, R.（2004）. *Acts of faith: Explaining the human side of religion*（Yang, F. G., Trans.）. Beijing: China Renmin University Press.（Original work published 2000）

[罗德尼·斯达克，罗杰尔·芬克 .（2004）. 信仰的法则 : 解释宗教之人的方面（杨凤岗译）. 北京 : 中国人民大学出版社 .（原著出版年 :2000）]

Ugrinovich（У г р и н о в и ч, Д.М）.（1989）. *Psychology of religion*（*Психология религии*）（Shen, Y. P., Trans.）. Beijing: Social Sciences Academic Press .（Original work published 1986）

[德·莫·乌格里诺维奇 .（1989）. 宗教心理学（沈翼鹏 译）. 北京 : 社会科学文献出版社 .（原著出版年 :1986）]

Willer, D., & Walker, H. A.（2010）. *Building Experiments: Testing Social Theory*（Du, W. Y. , & Meng, Q. Trans.）. Chongqing: Chongqing University Press.（Original work published 2007）

[威勒，沃克 .（2010）. 实验设计原理（杜伟宇，孟琦译）. 重庆 : 重庆大学出版社 .（原著出版年 : 2007）]

Whyte, W. F. (1994). *Street Corner Society: The Social Structure of an Italian Slum*. (Huang, Y. F., Trans.). Beijing: The Commercial Press. (Original work published 1943)

[威廉·富特·怀特.（1994）. 街角社会：一个意大利人贫民区的社会结构.（黄育馥译）. 北京：商务印书馆.（原著出版年:1943）]

Yalom, I. D. (2003). *Existential Psychotherapy* (Yi, Z., X. Trans.). Taipei: Living Psychology Publishers. (Original work published 1980)

[欧文·亚隆.（2003）. 存在心理治疗（易之新译）. 台北：张老师文化事业股份有限公司.（原著出版年:1980）]

Yang, C. K. (2006). *Religion in Chinese Society* (Fan, L. Z., Trans.). Shanghai: Shanghai People's Press. (Original work published 1961)

[杨庆堃.（2006）. 中国社会中的宗教：宗教的现代社会功能与其历史因素之研究（范丽珠译）. 上海：上海人民出版社.（原著出版年:1961）]

Yin, R. K. (2004). *Case Study Research Design and Methods* (3rd., Zhou, H. T., Li, Y. X., & Zhang, H. Trans.). Chongqing: Chongqing University Press. (Original work published 2003)

[罗伯特·K. 殷.（2004）. 案例研究：设计与方法（第3版，周海涛，李永贤，张蘅译）. 重庆：重庆大学出版社.（原著出版年：2003）]

祖父江孝男. (1987). *The Concise Cultural Anthropology* (Ji, H. Z.Trans.) Beijing: The Writers Publishing House. (Original work published 2000)

[祖父江孝男.（1987）. 简明文化人类学（季红真译）. 北京：作家出版社.（原著出版年：1959）]

英文文献

Allport, G. W., & Ross, J. M .（1967）. Personal religious orientation and prejudice. *Journal of Personaliy and Social Psychology, 5*, 432-443.

Argyle, M., & Beit-Hallahmi, B. （1975）. *The social psychology of religion.* London: Routledge.

Atkinson, Q. D., & Bourrat, P. （2011）. Beliefs about god, the afterlife and morality support the role of supernatural policing in human cooperation. *Evolution and Human Behavior, 32（1）*, 41-49.

Aussems, M. E., Boomsma, A., & Snijders, T. B. （2011）. The use of quasi-experiments in the social sciences: A content analysis. *Quality & Quantity: International Journal of Methodology, 45（1）*, 21-42.

Baker, T., Hatsukami, D., Lerman, C., O' Malley, S., Shields, A., & Fiore, M. （2003）. Transdisciplinary science applied to the evaluation of treatments for tobacco use. *Nicotine & Tobacco Research, 5（Suppl1）*, 89-99.

Barker, S. L., & Floersch, J. E. （2010）. Practitioners' understandings of spirituality: Implications for social work education. *Journal of Social Work Education, 46*（3）, 357-370.

Barnard, A. （2010）. belief. In Barnard, A. & Spencer, J. （Eds.）, *Encyclopedia of Social and Cultural Anthropology*（Second edition）（pp.79-80）. New York:The Routledge.

Bartoli, E. （2007）. Religious and spiritual issues in psychotherapy practice: Training the trainer. *Psychotherapy: Theory, Research, Practice, Training, 44（1）*, 54-65.

Bellah, R. N. （1970）. *Beyond belief.* New York: Harper & Row.

Bender, A., Hutchins, E., & Medin, D. （2010）. Anthropology in Cognitive Science. *Topics in Cognitive Science, 2,* 374-385.

Benner, D. G. （1989）. Toward a psychology of spirituality: Implications for personality and psychotherapy. *Journal of Psychology and Christianity, 8,* 19-30.

Berry, J. W. （1969）. On cross-cultural comparability. *International Journal of Psychology, 4,* 119-128.

Bodnar, J. （1989）.Power and Memory in Oral History: Workers and Managers at Studebaker.*The Journal of American History, 75*（*4*）, 1201-1221.

Bonner, K.（2002）. *Relationships Among Spirituality, Cognitive Processing, and Personal Control.* Master’ s thesis, West Virginia University.

Bregman, L. （2006）. Spirituality: A glowing and useful term in search of a meaning. *Omega: Journal of Death and Dying, 53*（*1-2*）, 5-26.

Bruner, J. （1990）. *Acts of Meaning.* Cambridge, MA: Harvard University Press.

Cacioppo, J. T., Hawkley, L. C., Rickett, E. M., & Masi, C. M. （2005）. Sociality, Spirituality, and Meaning Making: Chicago Health, Aging, and Social Relations Study. *Review of General Psychology, 9*（*2*）, 143-155.

Campbell, D.T. & Naroll, R. （1972）. The Mutual Methodological Relevance of Anthropology and Psychology. In Francis L. K. Hsu （Eds.）, *Psychological Anthropology* （new edition）（pp.435-468）.Cambridge, Massachusetts: Schenkman Publishing Company.

Campbell, D. T. & Stanley, J. C. （1963）. *Experimental and quasi-experimental designs for research.* Boston: Houghton Mifflin Company.

Clark, W. H. （1958）. How do social scientists define religion? *Journal of Social Psychology, 47*, 143–147.

Csikszentmihalyi, M. （1990）. Flow: The psychology of optimal experience. New York: Harper & Row.

D' Andrade, R. （1995）. Introduction. In R. D' Andrade （Ed.）, *The Development of Cognitive Anthropology* （pp.xiii-xiv）. Cambridge: Cambridge University Press.

Dalton, J.H.,Elias, M.J.,& Wandersman, A. . （2001）. *Community psychology: Linking individuals and community*. Belmont: Wadsworth/Thomson Learning.

Downer, M. （1993）. *The New Dictionary of Catholic Spirituality. Collegeville*, MN: The Liturgical Press.

Dykstra, C. （1986）. Youth and the language of faith. *Religious Education, 81,* 163–184.

Encyclopædia Britannica Inc. （1997）. *The New Encyclopædia Britannica* （15th ed., Vol.2）. Chicago: Encyclopædia Britannica.

George, L. K., Larson, D. B., Koenig, H. G. & McCullough, M. E.（2000）. Special issue: Classical Sources of Human Strength: A Psychological Analysis. *Journal of Social&Clinical Psychology, 19*（*1*）, *1*02-116.

Genia, V. （1997）. The Spiritual Experience Index: Revision and Reformulation. *Review of Religious Research, 38*, 344-361.

Glaser, B., & Strauss, A. （1967）. *The discovery of grounded theory,* Chicago: Aldine.

Glaser, B. G. （2001）. *The grounded theory perspective: conceptualization contrasted with description,* Mill Valley, CA: Sociology Press.

Goel,V., & Dolan, R. J. （2003）. Explaining modulation of reasoning by belief. *Cognition, 87*（*1*）, B11-B22.

Gorsuch, R. L.（2002）. *Integrating psychology and spirituality. Westport*, CT: Praeger.from http://books.google.com.hk.

Fassinger, R. E.（2005）. Paradigms, Praxis, Problems, and Promise: Grounded Theory in Counseling Psychology Research. *Journal Of Counseling Psychology*, *52*（*2*）, 156-166.

Fetzer Institute/National Institute on Aging Working Group.（1999）. *Multidimensional measurement of religiousness/spirituality for use in health research: A report of the Fetzer Institute/National Institute on aging working group*. Kalamazoo: John E. Fetzer Institute.

Fiske, S. T., & Taylor, E. E.（2008）. Social cognition: From brains to culture. Boston, MA: McGraw-Hill.

Fuller, R. C.（2001）. *Spiritual, but not religious: Understanding unchurched America*. New York: Oxford University Press.

Johnstone, B., & Yoon, D.（2009）. Relationships between the Brief Multidimensional Measure of Religiousness/Spirituality and health outcomes for a heterogeneous rehabilitation population. *Rehabilitation Psychology*, *54*（*4*）, 422-431.

Hall, D. L., Matz, D. C. & Wood, W.（2010）. Why don't we practice what we preach?: A meta-analytic review of religious racism. *Personality and Social Psychology Review, 14*（*1*）,126-139.

Hamilton,D. L.（2005）. *Social cognition: key readings*. New York: Psychology Press.

Hardy, S. A., White, J. A., Zhang, Z., & Ruchty, J.（2011）. Parenting and the socialization of religiousness and spirituality. *Psychology Of Religion*

And Spirituality, 3（3）, 217-230.

Harris, S., Sherritt, L. R., Holder, D. W., Kulig, J., Shrier, L. A., & Knight, J. R.（2008）. Reliability and validity of the Brief Multidimensional Measure of Religiousness/Spirituality among adolescents. *Journal Of Religion And Health, 47（4）*, 438-457.

Helminiak, D. A.（2011）. Spirituality as an Explanatory and Normative Science: Applying Lonergan' s Analysis of Intentional Consciousness to Relate Psychology and Theology. *Heythrop Journal, 52（4）*, 596-627.

Hill, P. C., Pargament, K. I., Hood, R. r., McCullough, M. E., Swyers, J. P., Larson, D. B., & Zinnbauer, B. J.（2000）. Conceptualizing religion and spirituality: Points of commonality, points of departure. *Journal For The Theory of Social Behaviour, 30（1）*, 51-77.

Hill, P. C., & Pargament, K. I.（2003）. Advances in the conceptualization and measurement of religion and spirituality: Implications for physical and mental health research. *American Psychologist, 58（1）*, 64-74.

Hill, P. C., & Pargament, K. I.（2008）. Advances in the conceptualization and measurement of religion and spirituality: Implications for physical and mental health research. *Psychology of Religion And Spirituality,S（1）*, 3-17.

Hirsch Hadorn, G., Hoffmann-Riem, H., Biber-Klemm, S., Grossenbacher-Mansuy, W., Joye, D., Pohl, C.,Wiesmann, U.& Zemp, E.（2008）. *Handbook of Transdisciplinary Research.* Berlin:Springer,.

Hommel, B. & Colzato, L. S.（2010）. Religion as a control guide: on the impact of religion on cognition. *Zygon, 45,* 596–604.

Hood, R.W., Spilka, B., Hunsberger, B., & Gorsuch, R. L.（1996）.

The psychology of religion: An empirical approach （2nd ed.）. New York: Guilford.

Iyengar, S., McGuire, W. J. & William, J. （1993）. *Explorations in Political Psychology*. Durham NC: Duke University Press.

James, W. （1956）. *The Will to Believe and other Essays in Popular Philosophy, and human immortality.* New York: Dover Pubns.

Jernigan, H. L. （2001）. Spirituality in older adults: A cross-cultural and interfaith perspective. *Pastoral Psychology, 49,* 413-437.

Kapuscinski, A. N., & Masters, K. S. （2010）. The current status of measures of spirituality: A critical review of scale development. *Psychology of Religion And Spirituality*, *2（4）*, 191-205.

Kashima, Y. （2000）. Conceptions of culture and person for psychology. *Journal of Cross-Cultural Psychology*, *31（1）*, 14-32.

King, G. A. （2004）. The Meaning of Life Experiences: Application of a Meta-Model to Rehabilitation Sciences and Services. *American Journal of Orthopsychiatry, 74（1）*, 72-88.

King, P., & Roeser, R. （2009）. Religion and spirituality in adolescent development. In R. M. Lerner & L. Steinberg （Eds.）, *Handbook of adolescent psychology, Vol 1: Individual bases of adolescent development* （3rd ed., pp.435-478）. Hoboken, NJ: Wiley & Sons.

Koenig, H. G. （1995）. Religion as cognitive schema. *International Journal For The Psychology of Religion, 5（1）*, 31-37.

Kohlberg, L. L., & Kramer, R. R. （1969）. Continuities and discontinuities in childhood and adult moral development. *Human Development, 12（2）*, 3-120.

Krause, N. （2007）. Longitudinal study of social support and meaning in life. *Psychology And Aging, 22（3）*, 456-469.

Kurtines, W., & Greif, E. B. （1974）. The development of moral thought: Review and evaluation of Kohlberg' s approach. *Psychological Bulletin, 81（8）*, 453-470.

Lajoie, D. H., & Shapiro, S. I. （1992）. Definitions of transpersonal psychology: The first twenty-three years. Journal of Transpersonal Psychology, *24（1）*, 79-98. Retrieved from EBSCOhost.

Lau, S. （1989）. Religious schema and values. *International journal of psychology, 24,* 137-156.

Lazarus, R.. S., & Folkman, S. （1984）. *Stress, Appraisal, and Coping.* New York: Springer.

Lodge, M. & McGraw, K. M. （1995）. *Political Judgement: Structure and Process*. Ann Arbor MI: University of Michigan Press.

MacDonald, D. A. （2000）. Spirituality: Description, Measurement, and Relation to the Five Factor Model of Personality. *Journal of Personality, 68（1）*, 153-197.

Marler, P. L., & Hadaway, C. K. （2002）. 'Being religious' or 'being spiritual' in America: A zero-sum proposition? *Journal for the Scientific Study of Religion, 41,* 289-300.

Matsumoto, D. （2009）. The Cambridge dictionary of psychology. UK: Cambridge University Press.

Mead, M. （1953）. National character. In Tax S （ed.） Appraisal Anthropology Today. Chicago: University of Chicago Press.

Medin, D. L., Unsworth, S. J., & Hirschfeld, L. （2007）. Culture,

Categorization, and Reasoning. In Shinobu Kitayama & Dov Cohen.（Eds.）, *Handbook of cultural psychology*（pp.615-644）. New York &London: The Guilford Press.

Meissner, W. W.（1987）. *Life and faith: Psychology perspectives on religious experiences.* Washington, DC: Georgetown University Press.

James, A. & Wells, A.（2002）. Death beliefs, superstitious beliefs and health anxiety. *British Journal of Clinical Psychology, 41*, 43–53.

McClain, C. S., Berry, R., & William, C.（2003）. Effect of spiritual well-being on end-of-life despair in terminally-ill cancer patients. *The Lancet, 361,* 1603-1607.

McCullough, M. E., & Willoughby, B. L. B.（2009）. Religion, self-control, and self-regulation: Associations, explanations, and implications. *Psychological Bulletin, 135,* 69-93.

McCullough, M. E., & Carter, E. C.（2011）. Waiting, tolerating, and cooperating: Did religion evolve to prop up humans' self-control abilities?. In K. D. Vohs, R. F. Baumeister, K. D. Vohs, R. F. Baumeister（Eds.）, *Handbook of self-regulation: Research, theory, and applications*（2nd ed.）（pp. 422-437）. New York, NY US: Guilford Press. Retrieved from EBSCOhost.

McIntosh, D. N.（1995）. Religion-as-schema, with implications for the relation between religion and coping. *International Journal For The Psychology of Religion, 5*（*1*）, 1-16.

Miller, W. R., & Thoresen, C. E.（2003）. Spirituality, religion, and health: An emerging research field. *American Psychologist, 58*（*1*）, 24-35.

Moskowitz, G. B.（2005）. *Social Cognition: Understanding Self and Others.* New York, NY: Guilford Press.

Nelson, J. M. （2009）. *Psychology, Religion, and Spirituality.* New York: Springer Science & Business Media.

Norenzayan, A., & Shariff, A. F. （2008）. The origin and evolution of religious prosociality. *Science, 322,* 58-62.

Norenzayan, A., Choi, I.& Peng, K. P. （2007）. Perception and Cognition.In Shinobu Kitayama & Dov Cohen.（Eds.）, *Handbook of cultural psychology* （pp.569-594）. New York &London: The Guilford Press, pp.587-586.

O' Connor, K., & Chamberlain, K. （1996）. Dimensions of life meaning: A qualitative investigation at mid-life. *British Journal of Psychology, 87（3）*, 461-477.

Paloutzian, R. F., & Smith, B. S. （1995）. The utility of the religion-as-schema model. *International Journal For The Psychology of Religion, 5（1）*, 17-22.

Pargament, K. I. （1997）. *The psychology of religion and coping*. New York: Guilford Press.

Park, C. L., & Folkman, S. （1997）. Meaning in the context of stress and coping. *Review of General Psychology, 1（2）*, 115-144.

Park, C. L. （2005）. Religion as a meaning-making framework in coping with life stress. *Journal of Social Issues, 61（4）*, 707-729.

Pawar, B. （2009）. Individual spirituality, workplace spirituality and work attitudes: An empirical test of direct and interaction effects. *Leadership & Organization Development Journal, 30（8）*, 759-777

Pennington, D. C. （2000）. *Social cognition.* London & Philadeophia: Routledge.

Pohl,C., & Hirsch Hadorn, G. （2008）. Methodological challenges of transdisciplinary research. *Natures Sciences Sociétés,*16, 111-121.

Powell, L.H., Shahabi, L., & Thoresen, C. E. （2003） .Religion and spirituality: Linkages to physical health. *American Psychologist, 58（1）,* 36-52.

Price-Williams, D. （1980）. Toward the idea of a cultural psychology: A superordinate theme for study. *Journal of Cross-Cultural Psychology, 11（1）,* 75-88.

Redlawsk, D. P. （2002）. Hot Cognition or Cool Consideration: Testing the Effects of Motivated Reasoning on Political Decision Making. *Journal of Politics, 11,* 1021-1044.

Richmond, L. J. （2004）. Religion, Spirituality, and Health: A Topic Not So New. *American Psychologist, 59（1）,* 52.

Roof, W. C. （1999）. *Spiritual marketplace: Baby boomers and the remaking of American religion.* Princeton, NJ: Princeton University Press.

Rose, E. M., Westefeld, J. S., & Ansley, T. N. （2008）. Spiritual issues in counseling: Clients' beliefs and preferences. *Psychology of Religion And Spirituality, S（1）,* 18-33.

Schneiders, S. M. （1998）. The study of Christian spirituality: Contours and dynamics of a discipline. *Christian Spirituality Bulletin, 6（1）,* 3–12.

Shadish, W. R., Cook, T.D., & Campbell, D. T. （2001）. *Experimental and Quasi-experimental designs for generalized causal inferences.* Boston & New York: Houghton Mifflin Company.

Shariff, A. F., & Norenzayan, A. （2011）. Mean Gods Make Good People: Different Views of God Predict Cheating Behavior. *International*

Journal For The Psychology of Religion, 21（*2*）, 85-96.

Shek, D. T. L.（2010）. The spirituality of the Chinese people: a critical review. In M. H. Bond（Eds.）, *The Oxford handbook of Chinese psychology*（pp.343-366）. New York: Oxford University Press.

Sheldrake, P.（1998）. *Spirituality and theology: Christian living and the doctrine of God.* Maryknoll, NY: Orbis Books.

Skaggs, B. G., & Barron, C. R.（2006）. Searching for meaning in negative events: Concept analysis. *Journal of Advanced Nursing, 53*（*5*）, 559-570.

Simon, H.（1996）. *The sciences of the artificial*（3rd ed）. Cambridge, MA: MIT Press.

Spilka, B., Hood, R. W., Hunsberger, B.& Gorsuch, R.（2003）. *The psychology of religion: An empirical approach.*（3rd ed.）New York: Guilford Press.

Spilka, B.（1993）. *Spirituality: Problems and Directions in Operationalizating a Fuzzy Concept.* Paper presented at the annual meeting of the American Psychological Association, Toronto.

Smith, D. P., & Orlinsky, D. E.（2004）. Religious and Spiritual Experience Among Psychotherapists. Theory, *Research, Practice, Training, 41*（*2*）, 144-151.

Stanczak, G. C.（2006）. *Engaged spirituality: social change and American religion.* NJ: Rutgers University Press.

Takahashi, M., & Ide, S.（2003）. Implicit theories of spirituality across three generations: A cross-cultural comparison in the U.S. and Japan. *Journal of Religious Gerontology, 15*（*4*）, 15-38.

Tart, C. （1983）. *Transpersonal psychoklies*. El Cerrito, CA: Psychological Processes Inc.

Tomasello, M. （1999）. *The cultural origins of human cognition*. Cambridge, MA: Harvard University Press.

Topp, L., Barker, B. & Degenhardt, L. （2004）. The external validity of results derived from ecstasy users recruited using purposive sampling strategies. *Drug and Alcohol Dependence, 73,* 33-40.

Traphagan, J. W. （2005）. Multidimensional Measurement of Religiousness/Spirituality for Use in Health Research in Cross-Cultural Perspective. *Research On Aging, 27（4）*, 387-419.

Tu, Wei-ming & Tucker, M. E.（2004）. *Confucian Spirituality*（Vols. 1-2）. New York: The Crossroad Publishing Company.

Turner, R., Lukoff, D., Barnhouse, R., & Lu, F. （1995）. Religious or spiritual problem: A culturally sensitive diagnostic category in the DSM-IV. *Journal of Nervous and Mental Disease, 183*（*7*）, 435-444.

Tyler, S. A. （1969）. Introduction. In S. A. Tyler （Ed.）, *Cognitive anthropology* （pp.1-23）. New York: Holt, Rinehart, and Winston.

Unruh, A. M., Versnel, J., & Kerr, N. （2002）. Spirituality Unplugged: A Review of Commonalities and Contentions, and a Resolution. *Canadian Journal of Occupational Therapy, 69*（*1*）, 5-19.

van Dijk, T. A. （2002）. Ideology: political discourse and cognition. In P. Chilton and C. Schäffner. *Politics as Text and Talk*（pp.203-237）. Amsterdam: John Benjamins.

Vaughan, F. （1991）. Spiritual issues in psychotherapy. *Journal of Transpersonal Psychology, 23,*105-19.

Vygotsky, L. S. （1978）. Mind in society. In M. Cole, V. John-Steiner, S. Scribner, & E. Souberman, （Eds.）. *The development of higher psychological processes.* Cambridge, Massachusetts: Harvard University Press.

Verno, K., Cohen, S. H., & Patrick, J. （2007）. Spirituality and cognition: Does spirituality influence what we attend to and remember?. *Journal of Adult Development, 14*（*1-2*）, 1-5.

Wang,Q. & Ross, M. （2007）. Culture and Memory. In Shinobu Kitayama & Dov Cohen.(Eds.), *Handbook of cultural psychology* (pp.645-667). New York &London: The Guilford Press.

Way, B. M. & Masters, R. D. （1996）. Political Attitudes: Interactions and Affect. *Motivation and Emotion, 20*（*3*）, 205-236.

Wikipedia, the free encyclopedia. （2011, December 31）. *Spiritual But Not Religious*. Retrieved January 25, 2012, from http://en.wikipedia.org.

Wink, P., & Dillon, M. （2002）. Spiritual development across the adult life course: Findings from a longitudinal study. *Journal of Adult Development*, *9*（*1*）, 79-94.

Wulff, D. M. （1997）. P*sychology of Religion: Classic and Contemporary* （2nd ed.）. New York: Wiley.

Zinnbauer, B. J., Pargament, K. I., Cole, B., Rye, M. S., Butter, E. M., Belavich, T. G., & Kadar, J. L. （1997）. Religion and spirituality: Unfuzzying the fuzzy. *Journal for the Scientific Study of Religion, 36*（*4*）, 549-564.

Zinnbauer, B. J., Pargament, K. I., & Scott, A. B. （1999）. The emerging meanings of religiousness and spirituality: Problems and prospects. *Journal of Personality, 67*（*6*）, 889-919.

Zinnbauer, B. J., & Pargament, K. I. （2005）. Religiousness and spirituality. In R. F. Paloutzian & C. L. Park （Eds.）, *Handbook of the psychology of religion and spirituality* （pp.21-42）. New York: The Guilford Press.

后　记

本书的研究能够得以完成，首先要感谢我的博士生导师景怀斌教授！景师不弃后学浅薄，纳我入门，悉心指导，引我走入学术之路，以其深厚的学术积淀、严谨的治学态度和超凡的学术洞见让我明白学术的真谛，找到前进的方向。

家人是我努力不懈的动力之源，他们的爱让我在学术之路上倍感温暖。父母和姐姐一直以来的关爱，使我能安心完成学业和从事自己喜欢的学术研究。感谢爱人对我工作的支持和对家庭的付出，感谢女儿和儿子的到来，他们给全家带来了太多的欢笑，使我逐渐懂得生命的意义和爱的价值。

我在西镇的田野调查能得以顺利进行，要特别感谢岳父岳母提供的诸多帮助。初入田野点，局面很难打开，岳父就陪同我亲自拜访了教会的负责人。岳父在西镇经营一家五金店，镇不大，熟人社会这点好，人与人之间总能攀上点关系，他性格外向，帮助我在调查之初就能快速融入信徒们的生活。

感谢西镇老乡特别是“信教人”，他们给本书调查所提供的理解和支持为本书的最终完成奠定了良好的基础，并为我打开了一扇乡村基督徒的研究之门。

最后，感谢学院的领导和同事们，他们在课程安排上给我提供了便利，让我有时间来完成研究，在此一并致谢！

书稿付梓，有幸得到宗教文化出版社的大力支持，衷心感谢！

徐凯

2020 年 10 月 11 日

于安乐家中